零距离上岗 高职高专市场营销专业系列规划教材

SHICHANG YINGXIAO

市场营销

（第2版）

孙金霞　主编

電子工業出版社
Publishing House of Electronics Industry
北京 · BEIJING

图书在版编目（CIP）数据

市场营销 / 孙金霞主编．—2 版．—北京：电子工业出版社，2011.5
（零距离上岗·高职高专市场营销专业系列规划教材）
ISBN 978-7-121-11327-7

Ⅰ．①市… Ⅱ．①孙… Ⅲ．①市场营销学－高等学校：技术学校－教材 Ⅳ．①F713.50

中国版本图书馆 CIP 数据核字（2010）第 131753 号

策划编辑：晋　晶
责任编辑：刘淑敏
印　　刷：北京虎彩文化传播有限公司
装　　订：北京虎彩文化传播有限公司
出版发行：电子工业出版社
　　　　　北京市海淀区万寿路 173 信箱　邮编 100036
开　　本：787×980　1/16　印张：18　字数：413 千字
版　　次：2007 年 1 月第 1 版
　　　　　2011 年 5 月第 2 版
印　　次：2021 年 6 月第 16 次印刷
定　　价：29.00 元

凡所购买电子工业出版社图书有缺损问题，请向购买书店调换。若书店售缺，请与本社发行部联系，联系及邮购电话：（010）88254888，88258888。
质量投诉请发邮件至 zlts@phei.com.cn，盗版侵权举报请发邮件至 dbqq@phei.com.cn。
本书咨询联系方式：（010）88254199，sjb@phei.com.cn。

高职高专市场营销专业系列规划教材

编　委　会

出版说明

作为现代高等教育的重要组成部分的高职高专教育可以说是与经济建设、劳动就业联系最紧密、最直接的。它承担着为高新技术转化和传统产业升级提供智力支持的重任，承担着提高劳动者的就业能力和创业能力、促进劳动就业的责任。近年来，我国高职高专教育有了很大的发展，为生产、建设、管理、服务第一线培养了大批技术型和应用型专门人才，为我国经济发展和社会进步起到了重要的推动作用。

高职高专教育以培养高技能人才作为教学目标，因此，与普通本科教育相比，有自己鲜明的特点：① 理论知识以“必需”、“够用”为度；② 以服务为宗旨，以就业为导向，以产学研结合为途径，以培养实际操作能力为核心；③ 实践教学在教学计划中占较大比重，注重学生职业能力的培养，实现“零距离上岗”，即学生毕业进入企业后，不再需要专门的上岗培训，直接就可以上岗，从而实现人才培养与上岗就业的零距离。

为了真正实现高职高专教育与上岗就业零距离的目标，许多高职高专院校正在逐步深化教学改革，改革方案里提出要适当规模地控制基础理论课程教学的深度与广度，加强校内模拟实训室和校外实习基地建设，强化技能培训，熟悉岗位要求，增强学生择业就业能力，增加学生的就业机会。

教学改革，教材先行。为了推动我国高职高专教育教学改革向“以培养职业能力为中心，理论和实践并重”的方向发展，在国家教育部的指导下，电子工业出版社在全国范围内组织并成立了“全国高职高专教学研究与教材出版编委会”（以下简称“教学研究与教材出版编委会”），旨在研究高职高专教学目标、教学规律，以及与教学改革配套的教材建设、规划教材出版工作。教学研究与教材出版编委会的成员单位皆为教学改革成效较大、办学特色鲜明和办学实力强的普通高校、高等专科学校、高等职业学校、成人高等学校及本科院校主办的二级职业技术学院，而教材的编者和审定者则均来自从事高职高专和成人高等教育教学与研究工作第一线的优秀教师和专家。

教学研究与教材出版编委会根据《国务院关于大力发展职业教育的决定》和《教育部关于加强高职高专教育人才培养工作的意见》的文件精神，以及上岗就业零距离的教学目标，规划了这套“零距离上岗·高职高专系列规划教材”，力求能够反映高职高专课程和教学内容体系改革方向，按照突出应用性、实践性的原则优化系列教材结构；力求教材能够体现新知识、新技术、新工艺、新方法，突出教材内容的新颖性、基础理论知识的应用性和实践技能的培养。教材中的基础理论以“必需”、“够用”为度，专业知识加强针对性和实用性，同时注重实训和实习的环节，以利于学生综合素质的提高和创新能力、实践能力及操作能力的培养，以实现与实际岗位的无缝对接。教材还科学设置了一些实际案例及延伸阅读等功能性栏目，并将主要的专业核心课程设计成教材和模拟实训二合一的教学包，电子工业出版社华信教育资源网上还提供教学课件及习题答案免费下载等增值服务。这不仅方便学生课下学习，拓宽知识面，还有利于调动学生学习的积极性。规划教材覆盖了人力资源管理、财务会计、国际经济与贸易（国际商务）、物流管理、市场营销、金融保险、工程造价、商务英语等专业的基础课程和专业的主干课程，已在“十一五”期间陆续推出。上述规划教材适合各类高等专科学校、高等职业学校、成人高等学校及本科院校主办的二级职业技术学院使用。

编写高职高专教材是一个新课题，希望全国高职高专和成人高等教育院校的师生在教学实践中积极提出意见与建议，并及时反馈给我们，以便我们对已出版的教材不断修订、完善，与大家共同探索我国高职高专教育的特点和发展道路，不断提高教材质量，完善教材体系，为社会奉献更多更新与高职高专教学配套的高质量的教材。

全国高职高专教学研究与教材出版编委会

前　言

市场营销是一门建立在经济科学、行为科学和现代管理理论基础上的综合性学科，也是一门实践性很强的应用性学科。为了帮助高职高专财经类专业的学生学习市场营销课程，更好地掌握市场营销的基础知识，培养市场营销的一些基本技能，我们编写了本教材。

本教材的编写，主要依据生产经营第一线的营销职业岗位群对营销知识和技能的需求，本着以培养全面素质为基础，以能力为本位，以就业为导向的指导思想，从市场营销教学和学生的实际出发，力求体现时代精神和高等职业教育的特点，以市场营销基本理论的介绍为主线，较系统地阐述了市场营销的基本知识和基本策略，并结合实际介绍了国内外市场营销的新成果和营销实践的新经验。

本教材共12章，较好地体现了科学性、知识性和实用性的统一。本教材在内容和形式上力求有所突破，重点突出基本知识的传授，基本操作能力和创新能力的培养。具体有以下几个特点。

第一，每章前面都安排了“本章学习目标”模块，让学生在学习中有明确的引导目标。

第二，结合具体内容，在每章节设置了“小思考”、“实例”、“相关链接”，以帮助学生学习和掌握更多的知识，培养学生勤于思考的学习习惯。

第三，每章后都有本章小结，概要地总结本章的主要知识和一些基本概念，帮助学生理解和把握本章的知识要点。

第四，在基本知识和基本技能的训练方面进行了特别的设计，非常适合学生对市场营销知识的学习和市场营销技能的训练。内容分为两个层次：第一层次是复习思考题，包括基本概念、填空题、选择题、判断题、简答题五个部分，满足学生巩固和掌握基本知识的目的，也方便教师对学生进行基本知识的测试。第二层次是实训题，包括案例分析、课堂讨论等类型，通过课堂讨论或分组讨论，训练和培养学生运用基本知识认识和分析问题的能力；要求学生通过社会调查和社会实践，结合所学的营销知识，完成一些营销实践中的基本营销活动策划方案，设计一些营销专题活动，培养学生解决问题的能力和创新能力。

两个层次由知识学习到实践操作，理论与实践结合，突出了实用性和可操作性。

本次修改就市场营销的创新专门进行了论述，以拓宽学生的视野，更多地去关注市场营销的发展动态，运用新的营销模式开拓并占领市场。

本教材由孙金霞担任主编，具体分工：孙金霞编写了第1～7章，杜明汉编写了第8～10章，李光伟编写了第11～12章。

本教材在编写过程中，参阅了大量国内外有关市场营销方面的教材和文献资料，在此谨向这些教材和文献资料的著者、译者、编者表示衷心的感谢。

由于编者水平有限，书中疏漏之处在所难免，恳请同行专家及广大读者批评指正！

编　者

2010年5月

课时分配表

章　　次	教学内容	学时分配		
		理　论	实　训	合　计
1	市场营销概述	6	0	6
2	市场营销环境分析	6	2	8
3	消费者需求及购买行为分析	6	2	8
4	目标市场营销	6	2	8
5	市场营销战略和策略规划	2	2	4
6	产品和产品策略	4	2	6
7	产品市场生命周期与新产品开发策略	3	1	4
8	价格策略	4	2	6
9	分销渠道策略	4	2	6
10	促销策略	6	2	8
11	市场营销管理与控制	3	1	4
12	市场营销创新	2	2	4
合　　计		52	20	72

目　录

第1章

市场营销概述

◇ **本章学习目标** ◇

1. 理解市场、市场营销及其相关概念。
2. 了解市场营销观念的演变过程，明确新旧营销观念的区别。
3. 掌握现代市场营销观念的内涵和要点，从而树立科学的现代市场营销新观念。

市场营销是商品经济发展的产物，市场营销学是研究市场营销活动规律与策略手段的学科，是人类智慧在商战领域中的高度概括。市场营销学创立于20世纪初的美国，经由百年的市场“洗礼”，已发展成一门哲理性、艺术性、实践性很强的综合性应用学科。本章将就市场、市场营销、市场营销观念、市场营销管理等内容进行介绍和探讨。

1.1 市场营销及其研究对象

1.1.1 市场营销及相关概念

1. 市场营销的含义

市场营销译自英文“Marketing”一词。它有两层含义：① 指一整套活动，即对一种能满足现有的和潜在需要的产品、劳务、计谋，从设计、定价、促销、调运到销售互为影响的一系列活动的计划和实施过程。当它指活动时将其译为“市场营销”或“营销活动”。② 指一门学科，即建立在经济科学、行为科学、现代管理理论基础之上的应用学科，是与经济学、行为科学、心理学、社会学、管理学、公共关系学等学科密切结合的一门综合性、边缘性、实践性的经济管理学科。当它指学科时，习惯译为“市场营销学”。除此之外，还有的译为市场营运学、市场学、销售学等。

市场营销学的发展有一个过程。在其发展的不同阶段，其定义的内涵是不同的。市场营销最具权威的定义是：市场营销就是通过创造和交换产品和价值，从而使个人或群体满足欲望和需要的社会和管理过程。从这一定义可以看出，市场营销主要包括以下内容。

1）市场营销是一种创造性的活动。它不仅满足现有顾客的需要，而且激发和满足潜在顾客的需要。正像索尼公司的创始人盛田昭夫宣称的："它不是服务于市场，而是创造市场。"

实例

美国一鞋业公司的老板派他的财务主管到非洲国家去了解公司的鞋能否在那里找到销路。一星期后，这位主管打电报回来说："这里的人不穿鞋，因而这里一点市场都没有。"

接着该鞋业公司的总经理决定派最好的推销员到这个国家进行仔细调查。一星期后，推销员打电报回来说："这里的人不穿鞋，是一个巨大的市场。"

鞋业公司总经理为弄清情况，再派他的市场营销副总经理去解决这个问题。两星期后，市场营销副总经理打回电报说："这里的人不穿鞋，但是他们有脚疾，穿鞋对脚会有好处的。他们的脚比较小，所以我们必须再行设计我们的鞋子，而且必须在教育'穿鞋有益'方面花一大笔钱，在开始之前还必须得到部落首领的同意。这里的人没有什么钱，但是他们产有我未曾尝过的最甜的菠萝。我估计鞋的潜在销售量在3年以上，因而我们的一切费用包括推销菠萝给一家欧洲连锁超级市场的费用都将得到补偿。总算起来，我们还可以赚得垫付款30%的利润。我认为，我们应该毫不迟疑地去干。"

启示：市场营销创造需求。

2）市场营销是一种自愿交换的活动。买卖双方自由交换，使各方通过提供某种东西而取得回报，交换是营销的基础。

3）市场营销是一种满足人们需要的活动。消费者的各种需要和欲望是企业营销工作的出发点。因此，企业必须对市场进行调研，寻求、了解、识别并研究和掌握消费者的需要和欲望，从而确定需求量的大小。

4）市场营销是一个系统的管理过程。它不仅包括生产经营之前的具体经济活动，如收集市场信息、市场调研、分析市场机会、进行市场细分、选择目标市场、设计开发新产品等，而且还包括生产过程完成后进入销售过程的一系列具体的经济活动，如产品定价、选择分销渠道、开展促销活动、提供销售服务等，同时还包括销售结束之后的售后服务、信息反馈等一系列活动。可见，市场营销过程是远远超出了流通领域而涉及生产、分配、交换和消费的总循环过程。

5）市场营销是企业参与社会的纽带。营销工作者在制定营销策略时必须权衡企业利益、顾客需要和社会利益。只有满足三者利益的企业才能获得经营成功。

小思考

市场营销就是把产品推销或销售出去，这种说法对吗？

2. 市场营销的相关概念

为了进一步理解市场营销的含义，我们有必要讨论与市场营销相关的一些概念。它们是相互联系的，而且每一个概念都是基于上一个概念提出的，如图 1-1 所示。

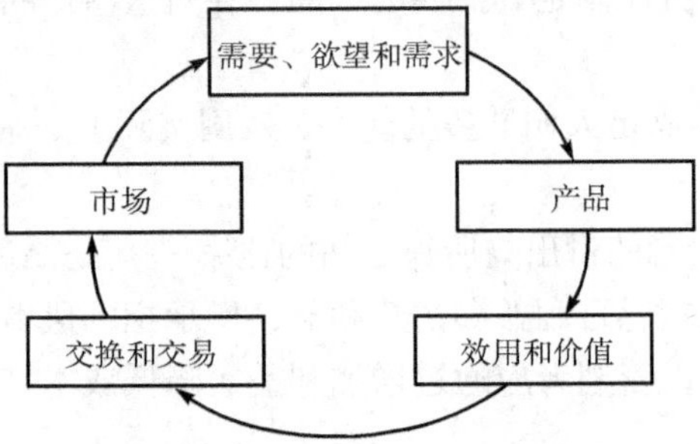

图 1-1　市场营销的相关概念

（1）需要、欲望和需求

人类的需要和欲望是市场营销活动的出发点。

1）所谓需要，是指个人没有得到某种满足的感受状态。

2）所谓欲望，是指对上述基本需要的具体满足物的企求，例如，为了满足“吃”的需要，西方人欲吃三明治、汉堡包，而中国人则欲求饺子、面条等。

3）所谓需求，是指人们对以商品和劳务形式存在的消费品的需要和欲望。需求可分为现实需求和潜在需求。前者指具有明确意识和足够支付能力的需求；后者指未来即将出现的消费需求。

当一个人具有购买能力且愿意购买他所期望的产品时，欲望就变成了需求。对消费者而言，需求是一种利益的集合，也就是说，消费者所选择的，是既能满足需求和欲望，又能买得起的产品。

（2）产品

人类靠产品来满足自己的各种需求和欲望。

市场营销学中所讲的产品是广义的，任何能满足人们某种欲望和需求的东西都可称为产品。除了我们通常所理解的有形的物品外，还包括无形的服务和人物、地点、组织、事件、活动及观念等。例如，当一个人感到烦闷，需要消遣轻松时，他可以去观看表演或去旅游点度假，还可以参加一些俱乐部的活动，或者接受一种不同的价值观、审美观等。从消费者的角度来讲，这些都满足了其消遣轻松的需求，因而都可称为产品。

很多产品的出现，都是一定时期内消费者需求的产物。当环境改变时，需求也随之变化，同时，产品形式也要迅速进行调整。然而，许多生产者依然继续经营原有的产品，完全不顾满足人们需要的形式已经有了彻底改变。在我国，缝纫机曾经是婚嫁用品的首选，收入状况改变后，人们开始追逐彩电、冰箱和洗衣机，一些缝纫机制造商无视这一变化，仍源源不断地向婚嫁市场供应自己的产品，结果陷入困境。

（3）效用和价值

消费者通常都面临一大批能满足其需要的产品，在对这些产品进行选择时，人们依据的标准是各种产品的效用和价值。

1）所谓效用，是指产品满足人们欲望的能力，效用实际上是一个人的自我心理感受，它来自人的主观评价。

2）所谓价值，是指消费者的付出与所得之间的比率。一般来说，消费者在获得利益的同时也要承担成本。所获利益包括感官利益和情感利益，所承担的成本包括金钱成本、时间成本、精力成本和精神成本等。所以营销者应通过增加利益、降低成本来提高产品带给消费者的效用和价值。

（4）交换和交易

交换是市场营销的必要条件，企业围绕目标顾客开展的一切营销活动都与产品的交换有关。

交换是指从他人处取得所需之物，而以某些东西作为回报的行为。交换方式对人类文明的影响是深远的，它克服了强制取得者的粗暴、乞讨者的怜悯和自行生产者的狭隘。交换是市场营销的核心概念。交换的产生，必须具有五个条件：① 至少有交换的双方；② 每一方都有对方所需要的有价值的东西；③ 每一方都能沟通信息和传送物品；④ 每一方都可以自由地接受或拒绝对方的产品；⑤ 每一方都相信进行交换是合适的或称心的。具备了上述条件，就有可能发生交换行为，但交换能否真正发生，取决于双方能否找到交换价值，即交换以后双方都比交换以前好，或者至少不比以前差。由此可见，交换是十分复杂的人类行为。

交换应被看做一个过程而不是一个事件。如果双方正在进行谈判，并趋于达成协议，这就意味着他们正在进行交换。一旦达成协议，可以视为发生了交易行为。交易是交换活动的度量单位，是由双方的价值交换所构成的行为。一项交易的实现要包括以下几个方面：① 至少有两个有价值的事物；② 双方同意的条件、时间和地点；③ 共同遵守通行的交易规则。

（5）市场

交易的概念导出市场的概念。从某种意义上说，市场也是市场营销的核心概念，脱离市场的营销活动必然导致失败，只有围绕市场开展的营销活动才能取得成功。

小思考

2000 年的第 27 届奥运会上，松下公司除了给主赛馆免费安装两台 135 平方米的世界最大现场电视超大屏幕、其他赛场设置 14 台大屏幕外，还提供了数码摄像机 1 000 台，数码照相机 300 台，监视器 4 000 台，合计约 100 亿日元。

从市场营销学相关的核心概念来看，上述行为属于什么范畴？

A. 交换　　B. 交易　　C. 让与

1.1.2 市场营销学的形成和发展

市场营销学是建立在经济学、行为科学和现代管理学基础上的一门应用性学科，产生于 19 世纪末 20 世纪初的美国。市场营销学的发展经历了形成时期、应用时期、变革时期和发展时期四个阶段。

1. 形成时期（19 世纪末至 20 世纪 20 年代）

19 世纪末 20 世纪初，继英国的产业革命后，一些主要的资本主义国家也相继完成了产业革命。生产迅速发展，生产效率大为提高，生产能力的增长速度超过市场需求的增长速度。在这种情况下，少数有远见的企业主在经营管理上，开始对市场进行调查研究，开始重视商品推销和刺激需求，注意研究推销术和广告术。与此同时，一些经济学家根据企业销售实践活动的需要，着手从理论上研究商品销售问题。1912 年，美国哈佛大学教授赫杰特齐（J. E. Hegertg）通过走访大企业主，了解他们如何进行市场销售活动，写出了第一本以 *Marketing* 命名的教科书，这本书的问世，被视为市场营销学从经济学科中分离出来，成为一门独立学科的里程碑。以后，美国的一些大学陆续开设了市场营销学的课程。但是这一时期的市场营销学，只注重研究产品推销和一些促进货物和劳务的销售方法，缺乏明确的理论原则与理论体系；研究活动基本上局限于大学课堂，还没有参与企业主争夺市场的业务活动，因此，没有引起社会的足够重视。但是研究先驱者们直面新经济现象的敏锐感知，以及把商业活动从生产中分离出来做专门研究，这无疑是一个创举。

2. 应用时期（20 世纪 20 年代至 40 年代末）

1929—1933 年资本主义国家爆发了空前的大危机，震撼了整个世界。由于生产严重过剩，商品积压，工人失业，企业纷纷倒闭。面对尖锐的市场矛盾，与企业休戚相关的首要问题不是怎样扩大生产和降低成本，而是如何把产品卖出去。企业家为了解决产品的销售问题，纷纷求助于市场学家，要求帮助和指导他们解决和开拓销售途径，以求得企业的生存。有的市场学家为了帮助企业家争夺市场，提出了“创造需求”的概念，并开始重视市场调查研究，分析、预测和刺激消费者的需要。1926 年，美国改组并成立了全美市场学和广告学教师协会，1931 年成立了美国市场营销协会，专门设立了为企业管理人员讲授营销学的讲习班。几年后，许多企业家也加入了协会，他们和营销学研究人员共同组成了现在的美国营销学会（American Marketing Association，AMA），这个协会设立了许多分会，从事营销学的研究和培训企业营销人才，并参与研究企业的销售决策。

自此，市场营销学的研究从大学的讲坛走向社会，理论与实践相结合，不仅促进了企业的经营，也为大规模地开展营销学的研究开辟了道路。这一时期，市场营销学开始为工商业提供咨询业务，涉及广告、推销员培训、开拓流通渠道、加强促销等。但是所研究的问题仍然局限于商品推销术和广告术，以及推销商品的组织机构和推销策略等，还没有超越商品流通范围。

3. 变革时期（20 世纪 50 年代至 70 年代）

第二次世界大战后，美国在战争中急剧膨胀的军事工业转向民用，同时，随着科学技术的迅速发展，生产力水平大大提高，产品数量急剧增加，商品供过于求的矛盾严重困扰着企业。在这种情况下，资本主义政府吸取过去的教训，采取“三高一缩”政策（即高工资、高福利、高消费和缩短劳动时间的政策），以刺激消费者的购买力，借以缓和生产过剩的经济危机。这时，企业面对的是一个需求状况更加复杂、竞争更加激烈的买方市场。建立在卖方市场基础上的局限于商品推销术和广告术及推销策略等为主体的旧的市场营销学越来越不能适应新形势的要求。一些市场营销学家和企业家们纷纷对过去的市场营销学提出了批评。于是，许多市场营销学学者从不同的角度提出了以消费者为中心的新的市场营销理论，代替以产品为中心的旧的市场理论，认为应该把市场作为生产过程的起点，以市场为导向组织企业界的经营活动。这一基本观念的变革被西方称为“销售革命”，将市场营销学的研究推向一个新的阶段，使市场营销学获得了强大的生命力。其理论上的意义可以与资本主义的工业革命相提并论，新旧市场营销活动的区别如图 1-2 所示。

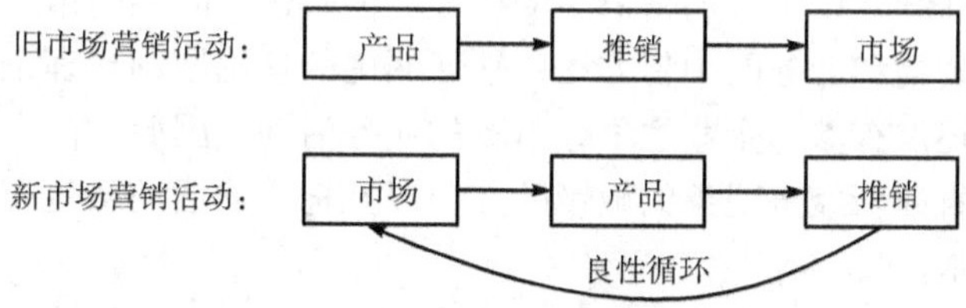

图 1-2　新旧市场营销活动的区别

4. 发展时期（20 世纪 70 年代至今）

70 年代以后，随着科学技术的进步，社会政治经济情况的变化及企业营销实践的发展，市场营销学得到了进一步的发展，它与经济学、哲学、管理学、数学、心理学、社会学等紧密地结合，并不断引进现代科学技术的新成果，运用信息论、控制论、运筹学等方法，将计算机运用到市场营销学中，使其成为一门综合性、边缘性和应用性的学科。这一时期，市场营销学的发展主要表现在以下几个方面。

在学科的基本理论上，20 世纪 60 年代末，伊·杰麦卡锡在其《基础营销学》中反映了强烈的管理导向理论，强调市场营销学应把消费者看成一个特定的群体，称为目标市场。企业一方面要考虑企业的各种外部环境，另一方面应制定营销组合策略，通过营销组合策略的实施，适应环境，满足目标市场的需要，实现企业目标。

在 70 年代，很多市场营销学家强调企业的社会责任，提出了以社会为中心的市场营销理论、系统中心论等。

进入 80 年代以来，市场营销学在理论研究上得到了极大的发展。1984 年，菲利浦·科特勒在《市场学纲要》中正式提出社会市场导向理论，它标志着传统市场营销走向现代市场营销。1986 年，他又提出了“大市场营销”概念，将营销组合由 4P 扩展为 6P。

进入 90 年代以来，定制营销、网络营销、绿色营销、营销决策支持系统等新的理论与实践问题，开始引起学术界和企业界的关注。

在学科体系上已由基础市场营销学发展到创立国际市场营销学。随着跨国公司的迅速发展，国际市场营销学的研究显得越来越重要，从而使国际市场营销学成为工商管理学院的必修课程。市场营销学在全世界得到了广泛的传播。展望 21 世纪，市场营销活动将在营销技术、营销策略、营销手段等方面取得更大的发展。

总之，随着市场经济的发展和企业营销实践的变化，市场营销学的内容在不断充实，概念时有更新，体系日益成熟。它不仅是企业经营实践一般经验的概括和总结，而且发展成一门建立在经济科学、行为科学、现代管理科学基础上系统地研究市场营销活动规律与策略手段的应用经济学科。

1.1.3 市场营销学在当代中国

我国市场营销学的形成和发展，可以说与我国改革开放是同步的。党的十一届三中全会以来，提出了“对外开放，对内搞活”的总方针。流通和市场问题日益被人们所重视，从而为我国引进和研究市场营销学创造了有利的环境。市场营销理论在我国经历了引进、传播、发展和应用等几个阶段。

1. 引进阶段（1978—1982 年）

在此期间，通过对国外市场营销学著作、杂志和国外学者讲课内容的翻译介绍，选派学者、专家到国外访问、考察、学习，邀请国外专家和学者到国内讲学等方式，系统地介绍和引进了国外市场营销理论。这些工作主要由大专院校和科研机构承担，为后来市场营销学在我国的进一步研究奠定了基础。

2. 传播阶段（1983—1988 年）

在前一阶段基础上，全国各地兴起了许多市场营销学研究团体。各团体在做好学术研究和学术交流的同时，还做了大量的传播工作。有的举办了各种类型的培训班和讲习班，也有些还通过当地电视台、广播电台举办了市场营销学的电视讲座和广播讲座。与此同时，市场营销学在大中专学校教学中也开始受到重视，部分院校已开设相关专业及其课程。通过这些活动，市场营销学知识得到了广泛的传播。

3. 发展和应用阶段（1989 年之后）

在此期间，市场营销学传播领域扩大，全国各地的市场营销学术团体不再局限于学术界、教育界范围之内，逐渐有企业界人士加入，其研究领域扩展到企业的市场营销实践之中。同时，学者们在对营销一般原理研究的基础上，开始对各分支学科进行深入研究，并取得了一定的研究成果。

1995 年，由中国人民大学、加拿大麦吉尔大学和康可迪亚大学联合举办的第五届市场营销与社会发展国际会议在北京召开，它标志着中国学者从此融入国际营销学研究的大团队之中。

相关链接

市场营销实践在中国的探索与应用

改革开放 30 多年来，市场营销在中国的历程曲折、艰辛而又富有中国特色。其过程大致有以下几个阶段。

1. 从蒙昧到启蒙（20 世纪 70 年代末到 80 年代中期）

这一时期中国经济的特点是：工业化进程刚起步，商品供不应求，人民物质资料严重匮乏。经济特点决定了改革开放初期的中国市场营销处于蒙昧期，只有一些国有企业模仿国外企业在户外和大众媒体上投放一些广告，例如，1982 年江苏盐城燕舞公司进京展销，由此展开的一系列广告宣传及其所产生的“轰动效应”；同时，也有一些企业产生了类似现代营销理念的市场概念，例如，1982 年上海飞跃电视倡导的“飞跃”精神就是“一切为用户着想”。这一时期，绝大部分中国企业还未完全摆脱计划体制下的习惯性思维方式，依然是以生产为导向，缺乏现代营销的基本观念。

2. 从探索到实践（20 世纪 80 年代中期到 90 年代初）

由于我国改革进程加快，一方面，沿海城市和部分地区试点改革开放的“示范效应”；另一方面，非国有经济迅速崛起等，促进了中国市场营销由启蒙期进入了普遍性的实验阶段。在境外品牌如中美史克肠虫清、康师傅、飘柔、上海大众等影响下，许多民族品牌开始了现代营销的尝试。孔府家酒、霞飞化妆品、郑州亚细亚、容声冰箱等代表不同行业的（国产）品牌开始以广告形式进行品牌推广，以长虹电视为代表的企业甚至运用“SP”手段进行价格促销。此外，广州白云山制药厂、广东健力宝集团还注意公共关系在企业市场营销中的运用，并获得了巨大的效益。这一切，使中国企业在营销组织架构、营销策略运用等方面具有了现代市场营销的新特点，并使这些企业保持了与中国市场经济环境变化的同步。

3．从发展走向理性（20 世纪 90 年代中期之后）

到了 90 年代中期，中国市场总体特征转为供大于求，中国经济积极参与国际分工和国际竞争，国内市场和国际市场趋向一体化。中国市场营销也迈向了理性化发展阶段。国有企业关于现代企业制度的改革，更加快了中国市场营销发展的步伐。在家电行业，以海尔、康佳、TCL 等为代表的品牌迈开了产品创新的新步伐，拓展了中国企业竞争的视野。国人从秦池、爱多的教训中认识到，树立品牌不等于"打广告"，市场营销具有更为丰富的内涵。自此，市场营销在中国全方位展开，特别是中国服务市场营销出现了革命性变化：铁路、民航、电信、银行、保险、证券和医疗等传统的国有垄断行业全面进入市场营销时代，电信市场的开放，打破了境外品牌一统天下的局面；中国 IT 行业崛起，在国际市场与强手同台竞技；品牌并购扩充了中国品牌的竞争实力；网络营销的新尝试，更将处于发展中的中国营销带到了一个新的历史时期。

在 21 世纪的今天，中国市场营销面对经济全球化、生存数字化、竞争国际化的宏观环境，不断积蓄自身的发展能力和参与国际竞争的能力，迎接新的挑战。

1.1.4 市场营销学的研究对象和主要内容

1．市场营销学的研究对象

市场营销学的研究对象是以满足消费者需求为中心的企业营销活动过程及其规律性。即研究在特定的市场环境中，为满足消费者现实和潜在的需要，所实施的以产品、价格、分销、促销为主要内容的营销活动过程及其客观规律性。市场营销并不包容所有的市场问题，如市场体制、市场机制、市场调控等，它是从微观的角度来研究市场营销活动过程及其运行规律。

2．市场营销学研究的主要内容

从结构体系上来看，市场营销学主要包括三大块，即营销原理、营销实务和营销管理，其具体的研究内容主要包括以下几个方面。

1）市场营销的基础理论、基本概念。这是市场营销的基础知识，主要包括市场营销及其相关概念、市场营销观念及其演变等。

2）环境与市场分析。这是市场营销活动的基础性工作，主要包括影响市场营销的微观和宏观环境、各分类市场分析、市场调研与预测、市场细分、选择目标市场和市场定位等。

3）市场营销战略和策略。这是市场营销的核心内容，主要包括营销战略和产品策略（Product）、价格策略（Price）、分销策略（Place）、促销策略（Promotion），即 4 P 组合策略。

4）营销管理与控制。市场营销管理与控制属于高层市场活动，主要包括如何制定正确的营销计划，建立合理的营销组织、控制体系，采用有效的计划、组织、控制的措施和方法等。

总之，市场营销学研究的内容非常广泛，它以了解消费者需求为起点，以满足消费者需求、实现企业营销目标为终点。

1.2 市场概述

1.2.1 市场的含义及一般特征

1. 市场的含义

企业的营销活动离不开生产，市场是企业进行营销活动的舞台和竞技场，是企业一切营销活动的出发点。

市场是商品经济的范畴，是以商品交换为基本内容的经济联系形式。在商品经济条件下，交换产生和发展的前提是社会分工和商品生产。由于社会分工，不同的生产者分别从事不同产品的生产，并为了满足自身及他人的需要而相互交换产品，从而使他们各自的产品相互变成商品，出现了商品的供与求，产生了相互交换劳动产品的市场。可见，市场是一个经济范畴，哪里有社会分工和商品生产，哪里就有市场。

市场又是历史的范畴，是随着社会生产力和商品经济的发展而不断发展的。从市场产生以来，经历了奴隶社会、封建社会、资本主义社会和社会主义社会阶段。由于在奴隶社会、封建社会中自然经济占主体地位，所以市场的发展较为缓慢，规模也很狭小，在整个社会经济生活中的作用并不十分突出。到了资本主义社会，一切都成了商品，商品生产占据绝对统治地位，市场才以空前的规模扩大和发展起来。随着商品生产和商品交换的发展，市场规模不断扩大，市场在商品经济生活中所起的作用也越来越重要。

那么，究竟什么是市场呢？

市场是一个有着多重含义的概念，主要包括以下方面。

1）市场是商品交换的场所。这是一种狭义的市场概念，这种认识将市场看做一个区域，即在特定的空间、固定的时间中，人们进行着商品的交换活动。“日中为市，聚天下之民，取天下之货，交易而退，各得其所”。在这里，买卖双方一手交钱，一手交货，钱货两清，各得其所，如农贸市场、超级市场等。

2）市场是指某种或某类商品需求的总和。商品的需求是通过买主体现的，因而也可以说，市场是某一产品所有现实买主和潜在买主所组成的群体。哪里有需求，哪里就有市场。对于企业来讲，商品定价以后，如果有人愿意以此价格购买，就意味着产品有市场。愿意购买又有货币支付能力的人越多，企业的市场就越大。企业明确自己的市场有多大，由哪些消费者构成，是企业营销战略和各项具体决策的出发点，对正确组织营销活动具有重要意义。在市场经济条件下，所谓企业要面向市场，就是指企业要面向消费需求，即面向自己的顾客。

3）市场是买主、卖主力量的结合，是供求双方力量相互作用的总和。如买方市场、卖方市场的提法。买方市场说明整个市场对买方有利，在交易过程中消费者处于主动地位，由顾客支配销售关系。判断市场供求力的相对强度和变化趋势，对企业进行营销决策是十分重要的。

4）市场是指一定时间、一定地点条件下商品交换关系的总和。这是广义的市场概念，任何一个商品生产者、经营者的买卖活动必然会与其他商品生产者、经营者的买卖活动发生联系。市场是商品生产者、中间商、消费者交换关系的总和。任何一个企业都只能在整体市场上开展营销活动，企业的运转时时刻刻都与市场保持着输入/输出的交换关系。正因为如此，市场才成为任何一个企业赖以生存与发展的空间和环境。通常所说的市场机制、市场调节，就是这种意义上的市场。

在现代市场经济条件下，每个人的劳动趋向专业化，人们通过劳动获得报偿，并用报偿去购买所需所欲之物。每一个国家的经济和整个世界经济都是由各种市场组成的复杂体系，而这些市场之间则由交换过程来连接。

市场营销学要研究作为销售者的企业的市场营销活动，即企业如何通过整体市场营销活动，适应并满足顾客需求，以实现经营目标。因此，在这里，市场是指某种产品的现实购买者与潜在购买者需求的总和。从市场营销者的角度来看，同行供给者即其他销售者，都是竞争对手，而不是市场，卖主（销售者）构成行业，买主（购买者）则构成市场。

因此，作为营销市场，它包含三个主要因素，即有某种需要的人，为满足这种需要的购买能力和购买欲望。用公式表示就是：

市场=人+购买力+购买欲望

构成市场的这三个要素是相互制约、缺一不可的，只有三者结合起来才能形成现实的市场，才能决定市场的规模和容量。例如，一个国家或地区人口众多，但收入很低，购买力有限，则不能构成容量很大的市场；又如，购买力虽然很大，但人口很少，也不能形成很大的市场。只有人口多，购买力又高，才能形成一个庞大而具有潜力的市场。但是，如果提供的产品得不到购买者文化和个性的认同，也不能引起人们的购买欲望，对于销售者来说，仍然不能成为现实的市场。所以，营销市场是上述三个因素的统一。

小思考

上述几种市场含义对企业的市场营销都具有实际意义，你认为哪一种含义的市场更切合营销实际？当我们说“北京的水果市场很大”时，这里的“水果市场”指哪一种含义的市场？

2．市场的一般特征

1）形成市场的基本条件。市场必须具有：① 能够满足消费者某种需要的一定数量的商品和劳务，这是构成市场的物质基础；② 一定数量的有货币支付能力的需求；③ 有从事市场交换活动的当事人，包括生产者、中间商、消费者；④ 交易双方都能接受的交易价格、畅通无阻的信息及其他相关的条件。只有这样，交易行为才能发生，才能成为现实的市场。

2）市场活动的基本内容。市场活动的基本内容是商品或劳务的买卖。生产者、中间商和消费者在市场活动中的地位和作用不同，参与市场活动的目的不同，具有各自独立的经济利益。生产者、中间商参与市场活动是为商品找到合适的购买者，而消费者参与市场活动是为了购买到合适的消费品。因此，必须正确处理交换双方的经济利益关系。

3）市场变化发展的动力。市场不断变化发展，并由低级形式向高级形式转变的动力，是企业追求利润最大化。为了获得最大利润，生产者、中间商不断地去分析市场，去设计追求新的市场战略和新的市场营销策略，努力扩大生产，增加销售，想方设法击败竞争对手或比竞争对手高出一筹。这就是推动市场不断向前发展的动力。

3．市场调节机制

市场是沟通生产与消费的桥梁和纽带，是供求双方发生作用的场所。市场的调节机制，如价值、供求、竞争、货币流通等，都要遵循商品交换的客观经济规律，才能在市场发挥作用。所以，在市场营销活动中，必须自觉地按照客观经济规律办事，这样才能收到事半功倍的效果。

相关链接

新疆的淘金

纪晓岚在《阅微草堂笔记》中，讲到他被流放新疆乌鲁木齐时遇到的一件事。新疆北部的阿勒泰地区当时有金矿，很多关内的流民去那里淘金。这事被清朝政府驻乌鲁木齐的大臣知道了，找谋士来商量。有个谋士出了个主意，说很简单，通往阿勒泰产金区就一条道，派兵把守住关口，不准粮食进去，里面的人没粮食，只有乖乖地出来。驻乌鲁木齐的大臣接受了这个建议，派兵把守路口，不准粮食往里运。这下糟了，里面有好几万人，粮食一短缺就乱了。他们翻山越岭出来后，不少人变成了土匪，到处抢掠。清朝政府派兵去围剿，打了好几年，花费的军饷不知道有多少。这就违背了客观经济规律。其实很好办，既然只有一条路可以进去，在路口设个关卡，采了金的人要出来，必须照章纳税。这样，民众有收入，国家也有收入。

1.2.2 市场的分类

总体市场是由不同类型的市场构成的。市场可按不同的标志进行划分，这样有助于研究分析各类消费者的不同需求，为制定不同的营销策略提供依据。

1）按流通区域，可分为国内市场和国际市场。

2）按竞争程度，可分为完全竞争市场、完全垄断市场和不完全竞争市场。

3）按产品形态，可分为有形商品市场和无形商品市场。

4）按市场主体，可分为消费者市场、生产者市场、转卖者市场、政府市场等。

5）按市场的时间结构，可分为现货交易市场、期货交易市场。

6）按购买者的性别年龄，可分为妇女市场、儿童市场、青少年市场、中年人市场、老年人市场等。

7）按市场要素，可分为商品市场、资金市场、技术市场、信息市场、劳务市场等。

8）按营销环节，可分为批发市场、零售市场等。

这些分类市场的相关内容，我们将在后面的章节中做介绍。

小思考

下列哪类商品和服务在我国属于寡头垄断市场？哪类属于完全垄断市场？

A. 汽车　B. 邮局　C. 地方电力公司　D. 自行车　E. 餐厅

1.2.3 市场营销的功能

1. 交换功能

交换功能是指通过销售和购买，将产品最终出售给消费者，实现商品所有权与货币持有权之间的互相转移，使买卖双方都得到满足。交换包括销售和购买两个方面。销售包括寻找顾客、销售促进、售后服务等决策；购买包括购买什么、购买多少、由谁购买、何时购买、何地购买等。

2. 物流功能

物流功能也称实体分配功能，是指产品的运输和储存活动。运输是为了实现产品在空间位置的转移，储存是为了保存商品的使用价值，解决产品在生产和消费时间上的分离这一矛盾。

3. 便利功能

便利功能是指为了使商品交易顺利实现而提供给买卖双方的各种便利条件，如资金融通、风险承担、信息沟通、产品标准化和分级等。① 资金融通是为了给买卖双方带来交易上的方便和利益，而给予营销各个环节提供资金和商业信用支持，如银行贷款等；② 风险承担是指承担营销过程中一些不确定因素可能导致的某些财产损失，如产品损坏而造成的经济损失；③ 信息沟通是指对营销活动所需的信息进行整理；④ 产品标准化和分级是指按产品的大小和品质对其进行分类，从而简化和便利交换过程。

通过执行上述功能，市场营销可以创造出产品的时间效用、地点效用和占有效用，并有助于实现或创造产品的形态效用。① 时间效用是指买主在适当的时间能买到所需要的产品，如常年生产、季节消费或季节生产、常年消费的产品，都要通过储存活动才能供应市场，这就创造了时间效用；② 地点效用是指买主在适当的地点能买到所需要的产品；③ 占有效用是指通过买卖行为，将产品从卖方转移到买方，从而使买方取得产品所有权；④ 形态效用是指产品能满足人们某种需要的使用价值的具体形式。

1.3 市场营销观念

1.3.1 市场营销观念的历史演变

企业的市场营销观念不是固定不变的，它是在一定的经济基础上产生和形成的，是与当时的经济发展程度和市场形势相适应的。随着市场环境的不断变化，市场营销观念经历了一个漫长的演变过程，它们分别是：生产观念、产品观念、推销观念、市场营销观念和社会营销观念。应该指出，这五种观念虽然产生于不同的历史时期，但它们绝不是一个“历史”的概念，也就是说，新观念的产生，并不意味着旧观念的消失。可以断言，无论发达国家，还是发展中国家，无论现在，还是将来，上述五种观念都将不同程度地共存于市场中。

1. 生产观念

生产观念是指企业以生产为中心来组织企业的生产经营活动。这种观念是在资本主义工业革命完成以前流行的。那时，生产发展缓慢，市场总的趋势是供不应求，只要有产品，就不愁找不到销路。因此，企业主要精力都集中在增加产量、降低成本上，很少考虑也没有必要考虑消费者的需要差异，根本不研究市场问题。其具体表现是：“我们能生产什么，就卖什么。”美国汽车大王福特公司的产品在当时供不应求，亨利·福特曾傲慢地宣称：“不管顾客需要什么颜色的汽车，我只有一种黑色的。”生产观念是指导企业经营行为的最古老的观念。

生产观念往往在三种情况下产生。① 就单个企业而言，创业型企业在“第一次创业”阶段，由于生存重于发展，也由于其资金、人才、技术和整体素质的限制，这类企业很容易形成生产观念。为了求得生存，企业往往以低价切入市场，通过扩大规模、降低成本来维持利润空间。如果其销售遇到阻力，企业甚至采用降低质量的办法，以求得通过低价来实现一定的利润，这是以牺牲消费者利益而谋求自身发展的行为。② 针对的是某一个行业。众所周知，行业成长初期，竞争对手并不多，市场是一个“漏斗”形状。大量新顾客从上面源源不断地涌进来，相比而言，那些不满意的老顾客是否从底下“漏”掉，对企业销售毫无影响。因此，企业集中精力发展生产，轻视市场营销，实行以产定销。③ 就某些产品而言，由于产品成本太高，企业希望通过提高生产率来降低成本，这也是一种生产导向行为。例如，20 世纪 90 年代，广东格兰仕企业（集团）曾倾全力于微波炉的大规模生产，努力降低成本，使其国内市场占有率快速增长，从 1992 年零起点至 2000 年达到 74%。

这种观念的经营着眼点是产品，经营的基本策略是以生产数量多、物美价廉的产品而取得优势，经营的基本方法是等客上门，通过大量生产来取得利润，不研究市场的促销。我国在计划经济体制下产品短缺，供不应求，那时工商企业基本上都是奉行生产观念。

2．产品观念

产品观念是与生产观念并存的一种观念。这种观念认为：消费者欢迎质量高、性能好、有特色、价格合理的产品，因此，企业应集中一切精力提高产品质量，只要产品做到精益求精，物美价廉，顾客就会主动上门，无须大力推销。其具体表现是："生产什么，就卖什么。"因此，从根本上说，产品观念只是生产观念的一种表现形式，只是它比生产观念多了一层竞争的色彩。在产品供不应求的情况下，这种观念常常会成为一些企业的经营指导思想。这种观念忽视了心理学意义上的一个基本事实，即消费者欲望是短期的、易变的，而需要作为消费者自身的本能是不会被营销者创造出来的。一种产品只能产生一种欲望，当市场上出现新的产品时，消费者的欲望将随之改变。

例如，手机在我国曾被高端人群视为身份地位的象征，它满足的是较高层次的心理需要。经过十多年的发展，手机已到了普及阶段，其主流消费人群不再是大款或者高收入人群，而是普通大众，以年轻人居多。国外手机巨头并未认真对待这种变化，其产品理念仍然是：设计上追求原创，强调手机产品的高功能和质量等。以TCL为代表的国产手机则趁势而动，通过大幅降价迅速淘汰机型，针对主流消费人群求新求奇的心理需要，推出时尚新颖的产品。结果，国产手机在四大跨国巨头的"围追堵截"之下，开拓了一片新市场。

抱有产品观念的企业最容易导致"市场营销近视症"，在市场营销管理中缺乏远见，只看到自己的产品好，而不是关注消费者基本需要的满足，看不到市场需要在变化，致使企业经营陷入困境。大量的事实证明，货真价实、经久耐用的产品并不会永远畅销。例如，近年来我国铁路营运一改过去十分红火的局面，营运额逐年下降，原因是忽视了飞机、公共汽车、小汽车的日益增长的需要变化，所以现在铁路部门开始放下"铁老大"的架子，不断地提速，改善服务质量，转变自己的经营观念。

3．推销观念

推销观念流行于20世纪20年代后期至40年代之间。这个时期，科学技术有很大发展，生产的产品迅速增加，供求状况发生了变化；卖主之间竞争日益激烈，企业的销售问题暴露出来，企业主们不再担心能不能大量生产而是担心生产出来的产品能不能全部销售出去；在经济危机时表现得更加严重，产品的销售问题成了企业生存和发展的关键。这种客观形势的发展，使企业感到仅仅有物美价廉的商品也未必能卖掉，要在竞争中获得更多的利润，还必须重视和加强产品的推销工作，在生产与产品之外的流通环节寻求转机，以诱导消费者购买产品。其具体表现是："我们卖什么，就设法让人们买什么。"

很显然，推销观念的产生是由于产品"过剩"所致。推销的目的是完成现时交易，而不是在满足需要的前提下与顾客建立长期的可获利的关系。推销者侥幸地认为，顾客在强力推销下购买了某产品，从此会喜欢该产品。即使他们不喜欢该产品，不久之后也可能会忘记自己的感受，并再次购买。而事实上，被蒙骗的顾客再也不会重复购买，正是所谓“一朝被蛇咬，十年怕井绳”。

实例

三株公司

1994 年，“三株”莺啼初试，销售额达 1.25 亿元，1995 年猛增到 23 亿元，1996 年则达到惊人的 80 亿元，支撑这个销售奇迹的是“三株”惊人的销售手段。它在全国所有的大城市、省会城市等注册了 600 家子公司，吸纳了 15 万名销售人员，“三株”的传单、招贴标语和横幅满天飞，成为家喻户晓的名牌。

最后，由于管理体制和狭隘的推销观念，“三株”只注重花费大量的人力、物力把生产出来的产品推销出去，而忽视了市场的调查研究工作，致使产品功能与消费者日益变化的需要脱节，“三株”彻底破产了。

启示： 不注重研究消费者的需要，再好的推销手段也难以奏效。

4. 市场营销观念

这是一种完全不同于上述三种营销观念的现代经营思想。这种观念认为，企业的市场营销工作应该以目标顾客的需要为中心，从顾客需要出发，集中企业的一切资源和力量，设计生产适销对路的产品，安排适当的市场营销组合，采取比竞争对手更有效的策略，满足顾客需要，取得利润。市场营销观念的核心就是：顾客需要什么，企业就应当生产、销售什么，一切以消费者需要为中心。流行的口号是“顾客至上”，“顾客就是上帝”，“哪里有顾客需要，哪里就有我们的市场”。

市场营销观念是在买方市场的条件下形成的。20 世纪 50 年代以来，随着科学技术的飞速进步和生产的不断发展，整个资本主义世界市场的格局发生了根本变化，买方市场全面形成。企业家们认识到，只抓生产或推销是不够的，在激烈的市场竞争中，企业只有注重产前市场调查研究，善于发现和了解顾客需要，从消费者需要出发，组织生产经营活动，市场需要什么，就生产什么，销售什么，市场需要在整个市场营销中处于中心地位。从推销观念到市场营销观念是企业经营观念的一次深刻变革，是一次根本性的转变。

事实上，奉行市场营销观念，是一项知易行难的艰苦工程。市场营销者常常面临两难抉择。

1）短期利益与长期发展问题。若企业选择短期利益，有可能损害顾客，失去未来的发展潜力；若企业注重长远利益，短期内又可能产生很大的生存压力。

2）面对不断变化的顾客需要和竞争对手战略，企业是否具备创新的勇气和实力去进行适时的调整。选择坚持的企业最终获得了巨大的成功，而选择放弃的企业则不断失去市场，甚至陷入困境。

经过20多年的探索与实践，中国有越来越多的企业将市场营销观念植入了企业文化之中。在市场营销观念指导下，海尔、联想等具有国际竞争力的知名品牌脱颖而出。2004年11月18日，江苏隆力奇生物科技股份有限公司以1.68亿元的竞标额，继2004年后又一次在央视黄金段夺得我国本土日用化工产品品牌第一名。世界最大的财经报纸《华尔街日报》记者在评价隆力奇时说："隆力奇是当今中国本土日用化工产品的领袖品牌，可以预言，隆力奇将带动中国日用化工产品品牌群的新一轮崛起。"隆力奇品牌的迅速崛起引起了国内外日用化工产品巨头的高度关注，宝洁、联合利华、欧莱雅等国际日用化工产品品牌，开始研究隆力奇这个在日用化工产品竞争的夹缝中异军突起的中国品牌。据了解，隆力奇的崛起源于多种因素，而其中最关键的一个因素，就是它所遵循的营销理念很先进——最大限度地满足顾客全方位的需要。

相关链接

树立"顾客永远是第一"的经营理念

在美国，一位顾客在沃尔玛店买了一个食物搅拌机，不久出了故障。他拿着机器和收银小票来到另一家沃尔玛店，几乎没费什么周折，营业员就给他换了一台新搅拌机，还解释说搅拌机又降价了，退给他5美元。这是展现沃尔玛"顾客永远是第一"经营理念的一个实例。

作为全球最大的零售商，沃尔玛创始人山姆·沃顿在其整个职业生涯中，一直遵循着一个非常简单的既定原则：顾客第一和保证顾客满意。世界著名连锁企业都有一套成熟理念来统领运营规范，这一理念贯穿在商品采购、价格定位、营销方式的全过程中。沃尔玛提出"顾客是合作伙伴"，日本大荣公司的企业格言是"顾客至上"，理念是"不断追求物美价廉的目标，使社会更富足"。

这些理念的核心是注重"以人为本"的服务方式，突出了"方便"二字，站在消费者采购代理的立场上，苛刻地挑选供应商，顽强地与其讨价还价。以顾客的观点看待商品陈列、商品选择、各项服务等。不少外资企业的店内专门设立顾客投诉台，随时记录和解决投诉。所有这些做法的最终目的都是为顾客节省购物成本，为顾客提供方便。

美国一家研究公司调查发现，在购物遇到问题的消费者中，有60%的人不向商家投诉，但他们会将其经历告诉另外9～10人。如果能让顾客在店里遇到问题就投诉，并很快得到解决，这些顾客就会成为商店的回头客。

5. 社会营销观念

社会营销观念是对市场营销观念的重要补充和完善。这种观念认为，企业的市场营销活动不仅应当满足顾客的需要并使企业获取利润，还必须考虑消费者和社会的长远利益；它强调要正确处理消费者需要、企业利润、社会整体利益之间的矛盾，要统筹兼顾，求得三者之间的协调与平衡，如图 1-3 所示。

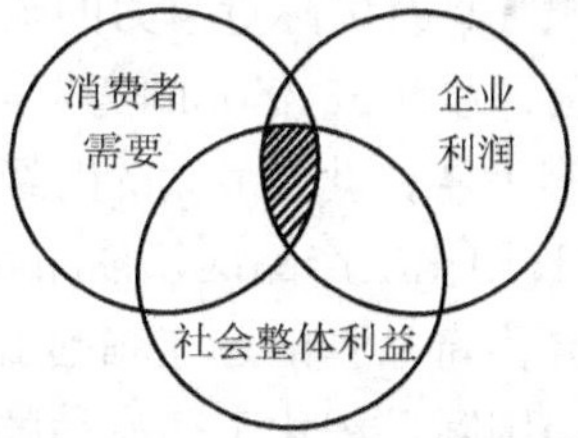

图 1-3 社会营销观念示意图

该观念起源于 20 世纪 70 年代。进入 70 年代以后，国际市场发生了新的变化，西方资本主义出现能源短缺、通货膨胀、失业增加、环境污染严重、消费者保护运动盛行。奉行市场营销观念的一些企业，在市场营销过程中，虽然满足了顾客的需要，也使企业获取了必要的利润，但却损害了消费者的利益或社会的长远利益。如以次充好、缺斤短两、掺杂使假等行为，严重损害了消费者的利益；如私人汽车的大量使用，造成空气严重污染，交通阻塞，事故频繁。在美国，人们因为日常生活工作的节奏较快，产生了对方便的快餐食品的需要，某些公司的汉堡包等快餐食品正投其所好，满足了顾客的这一需要，公司也获得了极大成功，但汉堡包脂肪过高，经常吃容易发胖，会引发一些疾病，不利身体健康，而且大量使用的包装纸也造成浪费。许多一次性的用品虽然给人们带来了方便，但却造成了资源的浪费和环境的污染。空调、冰箱的使用，改变了人们的生活条件，但却破坏了大气的臭氧层，危害了人们的身体健康，等等。这些问题在中国这样的发展中大国也凸显出来。

针对这种情况，到 20 世纪 70 年代，出现了一些新的观念，如“人性观念”，“理性消费观念”等，以修正和代替简单的市场营销观念，这种考虑了社会利益的营销观念是市场营销观念的进一步发展，使营销观念进入了更加完善的阶段。

小思考

松下电器公司的创立者松下幸之助曾经这样说过：“销售应该伴有服务，没有服务的销售已不能再称做销售，这一意义对商家来说，意味着服务就是一种义务。但是，如果只将其单单作为一种义务来看待，并且是迫于无奈才去做的话，那就再也没有比这个更累的了。服务应该使对方满意，只有双方满意，才能称做真正的服务。”松下幸之助的这一席话，体现了哪一种营销观念？

1.3.2 新旧营销观念的区别

上述五种营销观念可以归纳为两大类：以生产为中心的生产观念、产品观念和推销观念称为传统营销观念，也叫旧营销观念；以消费者为中心的营销观念称为现代营销观念，也叫新营销观念。新旧营销观念存在着本质的区别，如表 1-1 所示。

表 1-1 新旧营销观念的对比

观念类型	起　点	中　心	手　段	目标（终点）
旧营销观念	产品	现有产品	增加生产或加强推销宣传	通过扩大销售获利
新营销观念	市场	目标顾客的需要	整体营销活动	通过满足顾客需要获利

1．营销活动的起点不同

旧营销观念里，产品是起点，企业一切工作的重心都放在产品上，对市场需要重视不够，只要把产品卖出就万事大吉，没有真正为顾客着想；新营销观念中，市场是企业营销活动的出发点和归宿，以市场为起点来开展企业的一切生产经营活动，力求使消费者的需要得到最大限度的满足。

2．营销活动的中心不同

旧营销观念以卖方为中心，着眼于现有产品，"以产定销"；新营销观念则以目标顾客的需要为中心，根据顾客的需要组织生产，"以销定产"。

3．营销活动的手段不同

旧营销观念主要以增加生产量、提高产品质量、加强推销宣传等手段来刺激需要，增加销售；新营销观念则以消费者需要为中心，加强市场调查和预测，开展整体营销活动。

4．营销活动的目标不同

旧营销观念重视眼前利益，着眼于每一笔交易，以扩大销售、取得利润为目标；新营销观念是从战略高度出发，着眼于长期的整体利益，不仅考虑现实的顾客，而且争取潜在的顾客，从顾客的满足中获利。

从以上对比中可以清楚地看出，现代营销观念有如下几个要点：

1）顾客至上，把争取顾客作为企业的最高目标。

2）为了满足消费者的需要和欲望，实施整体市场营销组合策略。

3）满足消费者需要，增进社会福利，企业获取利润。

本章小结

市场营销就是创造和交换产品和价值，从而使个人或群体满足欲望和需要的社会和管理过程。它涉及的核心概念有：需要、欲望和需求，产品，效用和价值，交换和交易，市场等。

市场营销理论的形成和发展经历了四个阶段：形成时期、应用时期、变革时期、发展时期。

市场是商品经济的范畴，是以商品交换为基本内容的经济联系形式。市场的含义可以从四个方面去理解。从市场营销者的角度来看，卖主（销售者）构成行业，买主（消费者）构成市场。

市场营销观念是指企业从事市场营销活动的基本指导思想。近百年来，市场营销观念随着商品经济的发展，经历了生产观念、产品观念、推销观念、市场营销观念、社会营销观念五个阶段。

复习思考题

1．基本概念

市场营销　　交换　　市场营销观念

2．填空题

（1）市场营销理论的形成和发展经历了（　　　）、（　　　）、（　　　）、（　　　）四个阶段。

（2）（　　　）是市场营销的核心概念。

（3）在市场营销者看来，（　　　）构成行业，（　　　）构成市场。

（4）形成市场的基本条件有（　　　）、（　　　）、（　　　）和（　　　）。

（5）（　　　）是交换的基本单位。

（6）市场营销观念随着商品经济的发展，大致经历了（　　　）、（　　　）、（　　　）、（　　　）、（　　　）五个阶段。

（7）我们生产最好的电视机，这句话体现了（　　　）观念。

（8）社会市场营销观念强调，在市场营销活动中，要协调（　　　）、（　　　）、（　　　）之间的矛盾，统筹兼顾，求得三者之间的平衡和协调。

3．选择题

（1）市场营销作为一门新兴的学科，产生于（　　）商品经济发达的（　　）。

A．19 世纪末 20 世纪初　美国　　B．19 世纪末 20 世纪初　英国

C．20 世纪 30 年代　日本　　D．20 世纪 30 年代　美国

（2）营销市场包含的要素有（　　）。

A．人　　B．购买欲望　　C．购买地点　　D．购买力

（3）买方市场意味着市场供求的基本态势是（　　）。

A．供过于求　　B．供不应求　　C．供求平衡　　D．供求脱节

（4）从自身利益出发，企业考虑较多的观念是（　　）。

A．推销观念　　B．社会市场营销观念

C．生产观念　　D．产品观念

E．市场营销观念

（5）推销观念是企业在（　　）条件下奉行的一种指导思想。

A．卖方市场　　B．买方市场

C．卖方市场向买方市场过渡　　D．供求平衡的市场

（6）生产观念强调的是（　　）。

A．以量取胜　　B．以廉取胜　　C．以质取胜　　D．以形象取胜

4．判断题

（1）市场营销可以创造需求。（　　）

（2）市场营销活动就是指在流通领域内进行的经营活动。（　　）

（3）企业生产经营活动的起点是市场，它的归宿和终点是消费者。（　　）

（4）从市场营销者的角度，市场的大小就是指某种商品需求的多少。（　　）

（5）任何产品，只要货真价实，就会永远畅销。（　　）

（6）“顾客就是上帝”意味着顾客或用户需要什么，企业就应当生产或经营什么。（　　）

5．简答题

（1）市场营销涉及的相关概念有哪些？试述其含义。

（2）“营销”与“推销”、“销售”的关系如何？

（3）市场的含义有哪几种？你是如何理解的？

（4）不同营销观念各自的主张是什么？

（5）传统营销观念与现代营销观念有哪些区别？现代营销观念的要点是什么？

实训题

1．案例分析

（1）到和尚庙推销梳子

有四个推销员接到任务，到庙里找和尚推销梳子。

第一个推销员空手而归。他说到了庙里，和尚说没头发，不需要梳子，所以一把都没销掉。

第二个推销员回来了，销了十多把。他介绍经验说：“我告诉和尚，头发要经常梳理，不仅止痒，还可以活络血脉，有益健康。经念累了，梳梳头，头脑就清醒了。这样就销掉一部分梳子。”

第三个推销员回来了，销了百十把。他说：“我到庙里去，跟老和尚讲，你看这些香客多虔诚，烧香磕头，磕了头起来头发就乱了，香灰也落到他们头上。您在每个庙里的前面放一些梳

子，他们磕完头烧完香可以梳梳头，会感到这个庙里关心香客，下次还会再来。这样，就销出百十把。”

第四个推销员回来了，说他销掉好几千把，而且还有订单。他说：“我跟老和尚讲，庙里经常接受人家的捐赠，得有回报给人家，买梳子送给他们是最有意义和便宜的礼品。您在梳子上写上该庙的名字，再写上三个字‘积善梳’，说可以保佑对方，这样可以作为礼品储备在那里，谁捐赠了就送谁，保证庙里香火更旺。这一下就销掉好几千把。”

请问：1）以上的例子，告诉了我们什么？对你有何启发？

2）结合实际，谈谈掌握市场营销技能对你职业生涯规划有何意义。

（2）顾客永远是正确的

日本著名的大仓饭店，是世界上独具一格的高级饭店，是顾客真正的“家外之家”。大仓饭店有一条不成文的信条：顾客永远是正确的。大仓饭店的职工受过严格的训练，必须诚心诚意地接受每个顾客的意见和建议，使顾客的要求尽可能地得到满足，成为名副其实的“顾客之家”。

请问：1）大仓饭店的做法是否欠妥？

2）列举你的理由。

3）全班可分正方、反方讨论，各方将讨论结果拿出来进行辩论。教师进行点评。

2．课堂讨论

请看下面这个小故事：龟兔赛跑——最终双赢。龟兔赛跑的故事，连幼儿园的小朋友都知道。兔子骄傲，半路上睡着了，于是乌龟跑了第一，兔子不服气，要求再赛第二次。第二次赛跑兔子吸取教训，一口气跑到了终点，兔子赢了。乌龟又不服气，对兔子说，前两次都是按你指定的路线跑，第三次该按我指定的路线跑。兔子想，反正我跑得比你快，你怎么指定我都同意。一开始兔子当先，快到终点时，一条河挡住去路，兔子过不去了。乌龟慢慢地爬到河边，一下游过去了。当龟兔商量再赛一次的时候，突然改变了主意：何必这么竞争呢，咱们合作吧！陆地上兔子背着乌龟跑，很快跑到河边；过河时乌龟驮着兔子游。结果是双赢。

（1）以上的实例说明了什么？你从中得到什么启示？

（2）结合实际，谈谈还有哪些观念需要转变。这将会对市场营销产生什么影响？

3．营销实训

（1）实训题目：市场营销观念应用实训。

（2）背景资料：假如你负责一家中式快餐店，如果运用五种不同的市场营销观念，各会怎样经营，即有什么样的市场营销策略？

（3）任务要求：

1）分组讨论，独立完成。

2）提出的经营对策符合实际，具有一定的新颖性。

3）写在作业本上，字迹工整。

（4）结果评价：根据作业完成情况，成绩分 A、B、C、D 四个等级。

第 2 章

市场营销环境分析

◇ 本章学习目标 ◇

1. 了解市场营销环境的概念、特征及对企业市场营销活动的影响。
2. 理解微观环境和宏观环境的主要构成因素。
3. 掌握分析市场营销环境的基本方法及企业应对环境变化所采取的对策，具备分析、把握市场机会的能力。

任何企业的市场营销活动都不可能孤立地进行，而是在与外界环境的相互联系、相互制约中开展的。环境的变化，既可给企业带来发展的机遇，也能给企业带来威胁和风险。所以，关注并研究企业内外营销环境的变化，把握环境的变化趋势，识别由于环境变化而带来的机会和威胁，据此拟订营销战略和策略，是营销人员的主要职责之一。本章介绍市场营销环境的主要构成，并分析其对市场营销活动的影响。

2.1 市场营销环境概述

2.1.1 市场营销环境的概念

市场营销环境是指影响企业生存与发展的各种外部条件。这里所说的外部条件，不是指整个外界事物，而是指那些与企业的市场营销活动有关联的因素，即作用于企业营销活动的一切外界因素和力量。

达尔文在《物种起源》一书中，指出事物发展与环境变化的关系是“适者生存，不适者淘汰”。这个论断不仅适用于生物界，也适用于社会的发展。企业的营销活动只有密切注意环境变化，只有与环境的变化相适应、相协调，才能在激烈的市场竞争中求得生存和发展，才能使企业由被动转为适应或主动。

2.1.2 市场营销环境的内容

市场营销环境包括的内容广泛而复杂。根据不同的标志，可分为微观环境和宏观环境，自然环境和文化环境，直接环境和间接环境，可控因素和不可控因素等。我们采用菲利浦·科特勒的分类方法，把市场营销环境按影响范围的大小，划分为微观营销环境和宏观营销环境两大类，即直接环境与间接环境。

1．微观营销环境

微观营销环境是指与企业紧密相连，直接影响企业营销活动的参与者，包括企业本身、供应商、营销中介、顾客、竞争对手、公众等。

2．宏观营销环境

宏观营销环境是指与企业市场营销联系较为间接的、大范围的社会约束力量。它是企业不可控制的因素，企业只能通过调整自身的营销策略，来适应宏观环境的发展变化。宏观环境主要包括人口环境、经济环境、政治法律环境、自然环境、科学技术环境、社会文化环境等。

企业所面对的微观营销环境和宏观营销环境并不是固定不变的，而是处于经常变动之中。监测和把握环境诸力量的变化，善于从中发现并抓住有利于企业发展的机会，避开或减轻由环境带来的威胁，是企业营销管理的头等大事。一个企业如果不重视对环境因素的研究和分析，不能顺应市场潮流，就有可能由于不能适应环境变化而被市场所淘汰。

2.1.3 市场营销环境的特征

1．客观性与能动性的统一

环境作为营销部门外在的不以营销者意志为转移的因素，对企业营销活动的影响具有强制性和不可控性的特点。一般来说，营销部门无法摆脱和控制营销环境，特别是宏观环境，企业难以按照自身的要求和意愿随意改变它。比如，企业不能控制和改变国家的大政方针、政策法令和社会风俗习惯，更不可能控制人口的增长。但企业可以主动适应环境的变化和要求，充分发挥其应有的主观能动性，在变化的市场营销环境中不断寻找新机会，主动调整市场经营战略，并可能在一定条件下转变市场环境中的某些可能被改变的因素，从而冲破营销环境的某些制约，为企业创造出一个良好的外部环境。

2．多变性和相对稳定性的统一

市场营销环境是一个动态的系统。构成企业市场营销环境的因素是多方面的，这些因素总是在一个动态的变化中。20 世纪 60 年代，中国处于短缺经济状态，短缺几乎成为社会经济的常态，改革开放 30 多年后，中国经济已遭遇“过剩”危机，不管这种“过剩”的性质如何，仅就卖方市场向买方市场转变而言，市场的营销环境已发生了重大变化。通常，科技、经济、政治与法律因素的变化相对其他因素的变化要快一些、强一些，它对企业市场营销的影响相对较短且跳跃性较大，特别是科技因素的变化最快、最强，它是促使企业技术改造和产品创新的主要动力之一；而自然、社会文化和人口因素的变化则相对较弱、较慢一些，它对企业市场营销的影响相对较长和稳定。市场营销环境多变性的特征，客观上要求企业对环境变化适应要快，调整营销策略也要及时、迅速。市场营销环境相对稳定性的特征，为企业调查其现状和预测其变化并采取相应的对策提供了可能。

3．差异性和同一性的统一

市场营销环境的差异性主要表现在两个方面：一是表现在不同企业受不同营销环境的影响；二是表现在同一环境因素对不同企业的影响程度不同。由于外界环境对企业的作用存在着差异性，因而企业所采取的营销策略各有特点。市场营销环境的同一性表现为在同一个国家（地区）或同一行业中，企业所面临的市场营销环境又有共同性。市场营销环境的同一性，使企业有了一个公平竞争的前提和保证。由此也可以提示和反映企业之间生产经营的优势，以及是否充分发挥了企业内部的能量和优势。

4．关联性和相对分离性统一

营销环境各因素之间相互影响，相互制约，某一因素的变化，会带动其他因素的相互变化，形成新的营销环境。比如，市场价格不但受供求关系的影响，而且还受科学技术进步、财政政策和货币政策的影响。然而，在某一特定时期，对某些特定市场营销环境因素的特殊变化加以考察，我们又会发现市场营销活动的影响程度各不相同，正是这种相对分离性为企业分清主次环境威胁或机遇提供了可能性。比如，在战争年代，政治和军事因素的影响十分明显；而在和平年代，科技、经济和自然因素的作用更为突出。

2.1.4 企业分析评价市场营销环境的方法及对策

变化中的市场营销环境给企业带来影响，其正面作用力就是市场营销机会，负面作用力就是环境威胁。企业营销部门的首要职责就是对环境的变化进行监测和分析，并制定应对之策。分析研究营销环境，目的在于抓住和利用市场机会而避免环境威胁。

1．市场营销环境分析的方法

（1）环境威胁分析

所谓环境威胁，是指环境中不利的发展趋势对企业营销活动形成的挑战，对企业的市场地位构成的威胁。环境威胁对企业来说是客观存在的，如金融危机、绿色壁垒等，其对市场营销活动的影响程度是不同的，有的严重一些，有的则轻一些。因此可以用环境威胁矩阵图进行分析，如图 2-1 所示。

在环境威胁矩阵图中，环境威胁潜在严重性的大小和出现威胁的可能性的概率是不同的。

		出现威胁的可能性（概率）大	出现威胁的可能性（概率）小
潜在严重性	大	1	2
潜在严重性	小	4	3

图 2-1　环境威胁矩阵图

区域 1：潜在严重性和出现威胁的可能性均大，一旦出现，将会给企业造成极大的利益损失，应予以高度重视。

区域 2：潜在严重性大，出现威胁的可能性小，但一旦出现，会给企业造成较大的利益损失，因而不可掉以轻心。

区域 3：潜在严重性小，出现威胁的可能性也小，一般对企业不构成威胁，是最佳的市场营销环境。

区域 4：潜在严重性小，出现威胁的可能性大，出现以后对企业造成的损失虽小，但也应加以注意。

在环境威胁分析中，企业应特别重视区域 1、区域 2 的营销环境，要把主要精力放在对这两种环境的监测和改变上，防止威胁给企业带来的营销风险。

企业面对环境威胁时，如果不果断地采取措施，避免威胁，必然会给企业带来巨大的伤害，甚至使企业陷入困境。因此，营销人员必须善于分析市场环境发展趋势，识别环境威胁或潜在威胁，并正确认识和评估环境威胁的可能性和严重性，以便企业采取相应的对策和策略。

（2）环境机会分析

所谓环境机会，是指环境中出现的对企业市场营销极富吸引力的变化趋势。同样的环境对于不同的企业，其市场机会和市场容量往往大小不同，由此带来的潜在吸引力也不一样，企业在利用各种环境机会时，获得成功的可能性也有大小之分。据此企业可以运用环境机会矩阵图进行分析，如图 2-2 所示。

		成功的可能性（概率）大	成功的可能性（概率）小
潜在吸引力	大	1	2
潜在吸引力	小	4	3

图 2-2　环境机会矩阵图

在环境机会矩阵图的四个区域中，其潜在吸引力和成功的可能性是不同的。

区域 1：它是最好的营销环境机会，其潜在吸引力和成功的可能性都很大，企业应抓住和利用这一机会，谋求发展。

区域 2：潜在吸引力大，而成功的可能性小。企业应设法找出成功的可能性低的原因，然后设法扭转不利因素，使企业自身条件得以改善。

区域 3：潜在吸引力小，而成功的可能性也小。一般无机会可言。

区域 4：潜在吸引力小，而成功的可能性大。对中小企业来说，可积极加以利用；而对大型企业来说，应观察其发展变化趋势。

有效地捕捉和利用环境机会，是企业营销成功和发展的基本前提。企业只有密切注视市场营销环境变化带来的机会，适时地做出恰当的、符合企业自身条件的评价，并充分挖掘企业潜力和资源能力，才能及时将市场机会转化为企业机会，才能使企业不断开发新市场，扩大产品的销量，提高企业产品的市场占有率。

（3）威胁—机会综合分析

如果企业建立了完善的营销信息系统，运用市场机会矩阵图和环境威胁矩阵图，有助于对机会与威胁的综合分析。综合分析是指将环境威胁和市场机会综合起来，用以确定在既定的环境条件下，企业所面临的环境威胁和市场机会。因为在营销过程中，某一环境因素的变化，对企业营销的影响是两方面的，既存在机会，又产生威胁，如果综合起来分析，就可得出机会—威胁矩阵图，如图 2-3 所示。

机会水平 \ 威胁水平	低	高
高	理想环境	冒险环境
低	成熟环境	困难环境

图 2-3　机会—威胁矩阵图

通过机会—威胁分析矩阵，可以归纳出以下四种不同的环境状况和业务类型。

1）理想环境，即高机会和低威胁的环境，利益大于风险，这是企业难得遇到的好环境。企业必须抓住机遇，开拓经营，创造营销佳绩，切不可错失良机。

2）冒险环境，即高机会和高威胁的环境，利益与风险并存，在有很高利益的同时，也存在着很大的风险。企业面临这样的环境，必须加强市场调研，进行全面分析，发挥专业优势，降低风险，争取利益。

3）成熟环境，即低机会和低威胁的环境，这是一种比较平稳的环境。面对这样的环境，企业一方面要按常规经营，规范管理，以维持正常运转，取得平均利润；另一方面，企业要积蓄力量，为进入理想或冒险的环境做准备。

4）困难环境，即低机会和高威胁的环境，风险大于机会，企业处境已十分困难。企业面对困难环境，必须想方设法扭转局面。如果大势已去，无法扭转，则必须采取果断决策，退出在该环境中的经营，另谋发展。

很显然，机会—威胁矩阵图给出了简易的“概率性”分类思考的模式。其道理并不复杂，只要进行简单的“概率”计算，就可以对各种可能的机会或威胁进行量化的判断。企业决策层并不缺少这种判断能力，所需要的是为这种判断提供充分的环境信息。

2．应对环境威胁与市场机会的对策

面对环境威胁与市场机会，企业将采取何种应对之策，这是一个值得研究的课题。

首先，认识问题，任何事物都有其矛盾的两个方面，双方互为依存，并在一定的条件下可以相互转化。“危机”在汉语中是一个极富哲学思辨色彩的词语，其本身就隐含了“有危险才有机会”的道理。如果企业只看到威胁的一面，而没有看到机会的一面，就有可能采取消极的应对之策；反之，也有可能采取积极冒进之策。在决策上是否形成科学的辩证思维，对企业高管层是一种考验。

其次，制定对策必须进一步分析企业的优势和劣势。有市场就有竞争，就存在“大鱼吃小鱼”、“快鱼吃慢鱼”的竞争法则。扬长避短，寻求“相对优势”，对于“竞争导向型”企业来说，也许是唯一的选择。

最后，也是最重要的，企业决策是以创新为基础的科学工作，它依靠的是知识、流程、方法和工具，重点在于过程。任何不切实际的理论提示，都将为企业带来灾难性的结果。

相关链接

危机=危险+机会

美国前总统尼克松曾说过：“汉字用两个字符来书写 Crisis（危机）这个单词。‘危’字代表着危险的意思，‘机’字则代表着机会的意思。身处危机中，意识到危险的同时，不要忽略机会的存在。”

心理学家认为，“危险”是指对人构成威胁、让人产生畏惧、惊恐等不良情绪反应的人或事。用认知心理学的观点分析，“危险”的可怕不在于危险本身，而在于人们对危险的认知。例如，同样站在10米跳台上，训练有素的跳水运动员可以轻松地做出复杂动作后入水；而对于患有恐高症的人来说，光是走上10米跳台的过程都让他两腿发软。

所以，面对危险，首先要提醒自己：危险，并没有想象得那样可怕。

斯蒂芬·霍金身患肌肉萎缩已数十年，他失去语言能力也很长时间了，只能通过一台特殊的电子设备才能与外界交流。他曾在一本书中写道，当他得知自己患病时，情绪十分沮丧。但当他认真进行深思之后，却变得很高兴，因为这正好使他专心于自己最具潜能的事业。许多物理学家都因为来自外部世界的影响使他们偏离了自己的学术研究。霍金说：“我不会有比这更好的命运机遇了，对此我心存感激。”

> 霍金能把它看做一种机会。那么，我们如何从危险中抓住转瞬即逝的机会呢？用“两分法”看待危险，“逆向思维”寻找出路。任何事都不会是一味的“好事”或是“坏事”，既然如此，再坏、再可怕的危险，其本身就有值得我们细细推敲的“另一面”，找出这潜在的“另一面”就是发现机会的转折点。

西方有句俗语：上帝为你关上一扇门时，一定为你打开了一扇窗。不要只是认为只有“门”才是出路，去找那扇你一直没有发现的“窗”。因为成长，所以我们面临一次次的危机；因为危机，我们一点点地成长。

（1）面对环境威胁的对策

1）反抗策略。企业利用各种措施，限制不利环境因素对企业的威胁，并运用各种不同手段促使不利的环境因素向有利于企业的环境因素转变。

2）减轻策略。企业调整自身的市场营销策略，改变营销手段来适应营销环境变化，以减轻环境变化对企业威胁的影响程度，使企业在变化的市场营销环境中健康发展。

3）转移策略。对于无法反抗和顺应的威胁，企业只能采取转移策略，即停止或放弃原来的经营方式，转移到其他可以占领并效益较高的经营领域。

（2）面对市场机会的对策

1）及时利用。当市场机会与企业的营销目标一致，企业又具备利用市场机会的资源条件，并享有竞争中的差别利益时，企业应及时调整自己的营销策略，充分利用市场机会，求得更大的发展。

2）适时利用。有些市场机会相对稳定，在短时间内不会发生变化，而企业又暂时不具备利用市场机会的必要条件，可以积极准备，创造条件，一旦时机成熟时，再加以利用。

3）果断放弃。有些市场机会十分有吸引力，但是企业缺乏必要的条件，无法加以利用，此时企业应做出决策，果断放弃。因为任何犹豫和拖延都可能导致错过利用其他有利机会的时机，从而一事无成。

需要指出的是，企业在面对潜在吸引力很大的市场机会时，做出决策一定要特别慎重，要结合市场竞争的状况和发展趋势及企业自身的能力等各方面，考虑成功的可能性。在很多情况下，许多企业只是看到了市场的吸引力，而忽视了企业要取得成功的其他决定因素，贸然做出了进入的决策，导致企业陷入经营困境。许多产业的重复投资、重复建设，也与对市场机会的错误评价、做出错误的决策有关。在这个问题上，美国著名的市场学家西奥·多莱维特曾指出：“这里可能是一种需要，但是没有市场；或者这里可能是一个市场，但是没有顾客；或者这里可能是一个顾客，但是没有推销员。例如，这里对大规模控制污染有很大需要，但目前实在不是一个市场。又如，这里对新技术培训是一个市场，但是没有那么多的顾客购买这种产品。那些不懂得这些道理的市场预测者对于某些领域（如闲暇产品、住房建筑等）表面上的机会，曾做出惊人的错误估计。”

2.2 市场营销微观环境分析

市场营销微观环境因素，如图 2-4 所示。

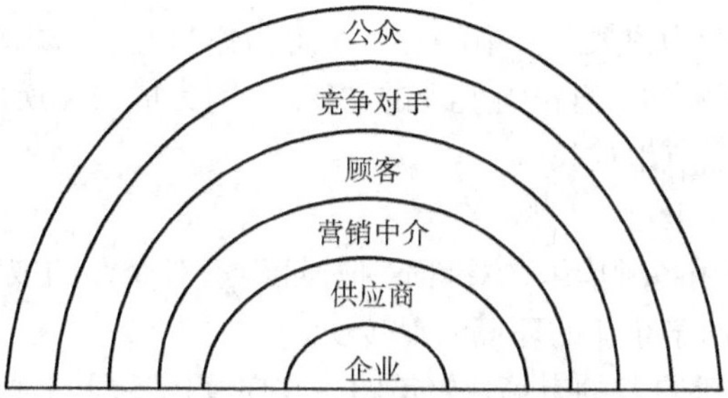

图 2-4　市场营销微观环境因素

2.2.1　企业本身

企业是组织生产和经营的经济单位，是一个复杂的整体。企业内部各个部门、各个管理层之间的分工是否科学，协作是否和谐，配合是否一致等，都会影响企业的营销管理决策和营销方案的实施。除市场营销管理部门外，企业内部还有最高管理层和其他职能部门。

1．企业最高管理层

市场营销目标是从属于企业总目标，并为总目标服务的分目标，因此，企业的营销经理只能在最高管理层所规定的范围内进行决策。以最高管理层制定的企业目标、战略和相关政策为依据，制定市场营销计划，并得到最高管理层的批准方可实施。

2．企业各职能部门

企业各职能部门主要是指诸如财务、采购、研发、生产等与市场营销工作密切相关的部门。营销部门的业务活动和其他部门的业务活动是息息相关的，如图 2-5 所示。

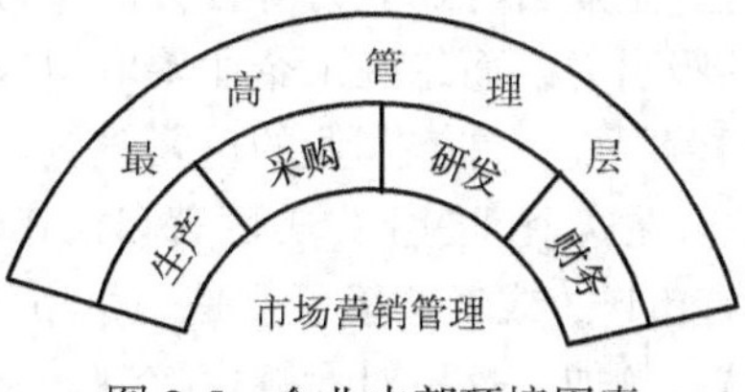

图 2-5　企业内部环境因素

营销部门在制定和执行营销计划的过程中，必须与企业的其他职能部门互相配合，共同协作。例如，财务部门负责解决实施营销计划所需资金，充分合理地把资金分配到各项营销活动中；会计部门关心的是利润指标的实现和营销计划，以及销售预测所冒的风险；研发部门把主要精力集中在开发有效的新产品上，并帮助营销部门满足顾客需要；采购部门负责采购企业生产所需要的各种原材料；生产部门负责完成各项生产指标，确保向市场提供优质的产品。所有部门均对企业营销活动产生影响。

2.2.2 供应商

供应商是指向企业及其他竞争对手提供所需商品或劳务的企业和个人。供应商对企业营销活动有着巨大的影响。供应商资源的稳定性和及时性、资源供应的价格变动，以及供应资源的质量水平，直接影响着企业产品的价格、销量、利润乃至企业的信誉和生存。因此企业在选择供应商时，必须注意以下几点。

1）选择能提供商品品质好、交货准时、提供担保和价格较低的最佳组合的供应商。

2）企业应设法与多个供应商建立长期稳定的合作关系，便于在供货时优先考虑。

3）尽量避免过分依赖一家供应商，拓宽企业的供货渠道。

2.2.3 营销中介

营销中介是帮助企业推广、销售和分配产品给最终买主的那些企业。它包括中间商、实体分销机构、营销服务机构、金融机构。

1. 中间商

中间商是指使产品从生产者流向消费者的中间环节或渠道，它主要包括商人中间商和代理中间商。商人中间商是从事商品购销活动，并对所经营的商品拥有所有权的中间商，如批发商、零售商等。代理中间商是推销产品，协助买卖成交，但对经营的产品没有所有权的中间商，如经纪人、制造商代表等。

2. 实体分销机构

实体分销机构一般是指那些协助企业储存产品和把产品从原产地运往销售地的单位，即物流机构，包括仓储公司和运输公司。

一般情况下，企业只有在建立自己的销售渠道时才会主要依赖仓储公司；在委托中间商销售产品时，仓储服务往往由中间商承担，仓储公司储存并保管要运送到下一站的货物。

3. 营销服务机构

营销服务机构是广义的范畴，包括广告公司、财务公司、营销咨询公司、市场调研公司等。

4. 金融机构

金融机构包括银行、信用公司、保险公司和其他协助融资或保障货物的购买、承担销售风险的公司。在现代经济生活中，企业与金融机构有着不可分割的联系，如企业间的财务往来要通过银行账户进行结算；企业的财产和货物要通过保险公司进行保险等。

企业要达到实现潜在交换、满足顾客需要的目标，离不开这些营销中介的共同配合。在现代化大生产的条件下，生产和消费之间存在的空间分离、时间分离和信息分离的矛盾，只有在各类营销中介的协助下才能得到有效的解决。

2.2.4 顾客

顾客是企业服务的主要对象，是企业经营活动的出发点和归宿，是企业最重要的环境因素，企业的一切营销活动都以满足顾客的需要为中心。企业营销实践证明：谁能赢得顾客对企业的信任和支持，谁就能在市场上立于不败之地。企业必须加强对顾客的研究。

在市场营销者看来，购买者就是市场，而市场有五种常见的类型，各有不同的特点，如图2-6所示。

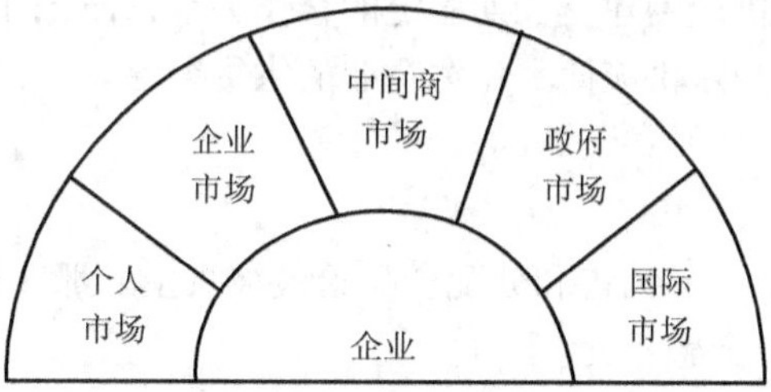

图 2-6 购买者类型示意图

个人市场也称消费者市场，是指为了个人的消费而购买的个人和家庭所构成的市场。企业市场特指那些为了生产或进一步加工使用的个人和企业所构成的市场。中间商市场是指以转卖为目的取得利润而购买的批发商、零售商所构成的市场。政府市场是指以满足公务之需为目的而购买的政府机构所构成的市场。国际市场是指由国外的上述四种类型购买者所构成的市场。这些市场顾客不同的、变化着的需要，要求企业以不同的服务方式和提供不同的产品去满足，从而制约着企业营销决策的制定和服务能力的形成。

2.2.5 竞争对手

一个企业很少能单独为一个目标市场服务。企业在营销活动中总会受到竞争对手的影响。竞争对手是指向企业所服务的市场提供相同或类似产品，并对企业构成威胁的企业或个人。市场经济是竞争的经济，企业在目标市场进行营销活动的过程中，不可避免地会遇到竞争对手的挑战。企业为了能在目标市场上取得较高的市场占有率，并不被竞争对手击败，就必须深入地进行市场分析，了解和重视竞争对手，做到"知己知彼"，主动参与竞争，保持顾客对本公司的信赖。

一个企业会面对以下四种竞争因素。

1）欲望竞争，购买者当前所要满足的各种欲望。

2）类别竞争，能满足需要的各种产品的竞争。

3）产品形式竞争，能满足需要的同一种产品形式之间的竞争。

4）品牌竞争，能满足同一需要的同种形式产品的各种品牌之间的竞争。

在激烈的市场竞争中，企业的竞争对手除了本行业的现有竞争对手外，还有替代用品生产者、潜在加入者、原材料供应者和购买者等多种竞争力量。因此企业必须加强对竞争对手的研究，在形形色色的竞争对手中，设法寻求增大本企业的产品吸引力的各种方法，在竞争中求得生存和发展。

竞争使企业经营环境更为复杂，致使一些企业过度关注竞争对手，忽略了市场的变化。例如，进入 21 世纪以来，跨国零售商如沃尔玛在我国快速扩张，大规模进行“跑马圈地”。一些本土零售企业纷纷跟进，也采用同样的圈地行为。其实，零售业的市场关键要素不是圈地和扩大市场区域，而是对于消费者的理解和单店的赢利能力。如果没有相应的经营能力做后盾，盲目扩张会使本土零售企业陷入危机。

因此，企业选择竞争战略应针对整体环境的变化，以及竞争对手的情况，形成自己独特的优势。水无常形，兵无常势。市场营销就是在合适的时间做合适的事情。

2.2.6 公众

公众是指对企业实现其目标具有实际或潜在利害关系和影响力的一切团体和个人。企业的公众主要有以下几种类型。

1）金融公众。金融公众是指关心并影响企业资金融通能力的一切团体，如银行、信托投资公司、保险公司等。

2）媒体公众。媒体公众是指报纸、杂志、广播、电视、互联网等具有广泛影响的大众传播媒体。这些团体对企业的声誉起着举足轻重的作用。

3）政府公众。政府公众是指负责管理与企业业务经营活动有关的政府机构，如行业主管部门和工商、税务、物价等部门。

4）地方公众。地方公众是指企业所在地附近的居民和社区组织。企业在营销活动中要避免与周围公众发生利益冲突，应指定专人负责处理这方面的问题，并应对公益事业做出贡献。

5）团体公众。团体公众是指消费者组织、环境保护组织及其他群众团体。

6）一般公众。一般公众是指除地方公众和内部公众以外的居民、员工或组织团体。一般公众虽然不是有组织地对企业采取行动，然而他们对企业的印象却影响着消费者对企业及其产品的看法。因此，企业必须在一般公众心目中树立良好的形象。

7）内部公众。内部公众是指企业内部的全体员工，如董事、经理及企业的所有员工。内部公众的态度会影响外部公众。

尽管企业必须把它们的主要精力用于市场营销活动中，但企业经营成功与否，却受到社会中各种公众的影响。鉴于此，精明的企业都建立了公共关系部门，专门负责处理与公众的关系。因为良好的公众关系是企业营销活动必不可少的一部分。

2.3 市场营销宏观环境分析

2.3.1 人口环境

人口是市场构成的主要因素。人口的多少不仅直接决定着市场的潜在规模，而且人口的规模、地理分布、年龄结构和家庭结构等都对市场需要格局产生深远的影响。所以任何一个企业都必须重视对人口环境的研究。

1. 人口数量与增长速度

世界人口总量已突破62亿大关，2005年1月6日，我国第13亿个公民降生。从短期来看，世界人口依然有较快的增长。经济学家担忧的是，人口的增加（特别是发展中国家）将导致资源的人均占有量降低，并相应地影响人均消费水平，由此还会产生一系列的社会问题。但是，众多的人口又意味着一个巨大容量和发展潜力的市场。企业营销者应充分了解人口数量及其增长，发现其现实与潜在的需要，把握商机，开拓市场。假如中国每个人每年买一罐可口可乐，一年就将有13亿罐的需要。这一巨大的市场潜力，令许多外国企业看好中国市场，都希望能早一天进入这个大市场。

2. 人口的地理分布

从世界各国情形看，人口的地理分布受多种因素影响。在人类社会早期，受经济、技术等各种条件限制，人口相对局限于不同的地理环境，带有明显的地域特征，各个国家和地区“土著”居多，外来“移民”极少。随着社会的发展，特别是近几百年以来，人口的地理分布呈现了加速“融合”的趋势。例如，美国就是一个典型的移民国家；我国的深圳、惠州等新兴城市，外来人口均超过70%以上。进入21世纪以来，随着中国西部大开发政策的进一步落实，我国将有更多的东部人口在西部安家、落户、创业和发展。因此，企业一旦进入某一特定地区的市场，既要研究所谓“土著”的人口消费特征，又要对当地的“移民群”予以关注。

3. 人口的地区流动

人类需要的总趋势大体是：生存—发展—享受。受需要驱使，人口的地区间流动也表现出相应的特征。以发达国家为例，在工业化早期，人口流向是“农村—城市”，原因是城市有更多机会满足人们生存与发展的需要；在工业化晚期，人口流向是“大城市—中等城市—小城市”，原因是中小城市的人居环境更能满足人们对享受的需要。研究我国的“民工潮”现象就可以发现，早期民工的群体目的主要是解决温饱问题，而近些年来，更多的人是以创业、致富和奔小康为主要目的。随着我国工业化进程的加快，人口的地区间流动将出现更多的新情况和新特点。市场营销者要注意研究人口流动的变化规律，并据以制定灵活的战略与战术。

小思考

人口的流动性对企业的市场营销会造成什么影响？

4．人口的结构

人口的结构主要包括人口的年龄结构、性别结构、家庭结构和社会结构。

人口的年龄结构对很多行业的市场营销都有深远的影响。我国自20世纪80年代以来，在“小皇帝”一族的基础上兴起的“儿童市场”，持续推动了儿童玩具、游戏、服装和食品等行业的巨大发展。由于不同年龄消费者的需要和行为模式明显不同，企业就要以不同的营销组合与之对应。在促销组合里，报纸的广告宣传也许只能影响成熟理性的成人消费者；对于17岁以下的少儿来说，电视与终端推广更容易让他们产生消费欲望。趋势表明，我国将步入人口老龄化社会，届时，诸如保健用品、营养食品、健康和医疗服务、老年公寓等的需要也将大幅增长。

人口的性别差异，除了男女在消费需要上表现出明显的不同外，在购买习惯与购买行为上也表现出较大的区别，比如，男性的购买特征通常表现为理智型，而女性则大多表现为冲动型。企业可根据产品的属性和消费者的性别制定不同的营销策略。

家庭是商品购买、消费的基本单位。家庭所包括的各种因素，如家庭数量、家庭人口、家庭生命周期、家居环境等，都在不同程度地影响着企业的营销行为。其中任何一个因素的变化，都有可能给企业带来机会或威胁。目前，我国家庭具有两个显著的特点：一是家庭规模趋于小型化，“三口之家”的家庭模式十分普遍；二是非家庭住户（单身家庭、集体户）增加。这些特点必然刺激家具、住房、家用电器、炊具等需要的快速增长，从而为这些行业提供巨大的商机。近几年我国房地产业持续升温，除国家产业政策引导等因素的影响外，广大城市居民对改善家居环境日益增长的需要，是主要因素。

人口的社会结构是最近几年来企业关注的营销环境因素。我国是一个农业大国，农村人口占80%左右。一些新兴的国产品牌在与实力强大的“洋品牌”博弈中，正是利用农村市场广阔的特点，以“农村包围城市”的战略战术赢得了竞争优势。社会阶层问题也是营销界关注的又一热点。2005年“两会”期间，党和政府提出了建立“橄榄型”社会的构想，专家指出，这意味着未来若干年内将在我国兴起一个富有中国特色的“中产阶层”。这一阶层的兴起，将为众多行业带来许多具有诱惑力的巨大商机。

总之，企业研究人口环境不仅将使企业在表面上看似饱和的市场中发现巨大的空间，而且将为企业找到满足消费者需要的策略和手段。

实例

老年人用品专卖“火”

广州已步入老年型社会，但与此不相适应的是，广州针对老年人的服务几乎是一片空白，在老年人用品方面，广州没有商家介入。直到1999年年底，气温骤降，保暖用品需要猛增，尤其是老年人保暖用品顿时成为大小商店的抢手货，一些形形色色的老人用品专卖店终于开始出现。

专卖店出现后，老年人的反响很热烈，他们纷纷到老年人专卖店选购用品。在广州百货大楼，有一个专为老年人提供保暖用品及其他用品的柜台，据营业员介绍，老年人虽然出手没有年轻人大方，对购买的商品总是左挑右拣，但老年人往往都是“有备而来”，很少空手而归。

启示：抓住不同年龄层次的消费需要，企业的市场就会潜力无限。

2.3.2 经济环境

经济环境是指企业进行市场营销时所面临的外部社会经济条件。一个国家社会经济状况及其发展变化趋势将直接或间接地对企业市场营销活动产生影响。

1．消费者收入水平及其变化

由于消费者的购买力来自消费者收入，所以消费者收入是影响社会购买力、市场规模大小及消费者支出多少和支出模式的一个重要因素。单就收入而言，影响消费的主要因素包括国民收入、个人收入、可支配个人收入、可任意支配个人收入等项目。

国民收入是指一个国家物质生产部门的劳动者在一定时期内新创造价值的总和。人均国民收入是以一年的国民收入总额除以总人口。它大体上反映了一个国家的经济发展水平。消费者个人收入是指消费者个人从各种来源所得到的全部收入，包括工资、奖金、福利、租金、退休金补贴、利息、馈赠等。

在不同收入水平下，消费者的消费内容各有侧重。如果消费者的个人收入扣除其应缴纳的税款和交给政府的非商业性开支后尚有结余，这就是可支配的个人收入。消费者在使用可支配的个人收入时，一般首先考虑购买的商品是与衣食住行及保险等有关的产品，以满足其生存需要和安全需要。倘若其个人收入仍有结余，这部分收入则称为个人可任意支配的收入。此时，消费者则可能考虑购买高档物品、奢侈品、旅游、汽车、大型用具等。这部分收入越多，人们的消费水平就越高，企业营销的机会也就越多。

收入通常用货币来计算，它并不能准确反映消费者的购买力。假如消费者的货币收入不变，如果物价上涨，消费者的实际收入则会减少；相反，如果物价下跌，消费者的实际收入则会增加。即使消费者的货币收入随着物价上涨而增长，但是，如果通货膨胀率超过了货币收入增长率，消费者的实际收入也会减少。因此，进行经济环境分析时，应将货币收入和实际收入区别开来。

小思考

在消费者收入中，哪一种是影响市场消费需要变化最活跃的因素？

2．消费支出模式和消费结构

消费者支出模式是指消费者在各种消费支出中的比例及相互关系。随着社会经济的发展，人们的收入会增加，人们的消费支出模式也会发生相应的变化，继而使一个国家或地区的消费结构也随之变化。

1875年，德国统计学家恩斯特·恩格尔根据对英国、法国、德国、比利时许多工人家庭收入预算的调查研究，发现了关于工人家庭收入变化与各方面支出变化之间比例关系的规律，即著名的恩格尔定律——用食物支出变动的百分比除以总收入变动的百分比，用公式表示为：

恩格尔系数=食物支出变动百分比÷收入变动的百分比

这个定律具体包括三层含义。

1）随着家庭收入的增加，用于购买食物的支出占家庭收入的比重下降，称恩格尔系数下降。

2）随着家庭收入的增加，用于住宅建筑和家务经营的开支占家庭收入的比重大体上不变。

3）随着家庭收入的增加，用于其他方面的开支（如服装、娱乐、卫生保健、教育等支出）和储蓄占家庭收入的比重会上升。

恩格尔系数常常被用做衡量家庭、社会、阶层乃至国家富裕的一个重要指标。根据联合国公布的数字，如果恩格尔系数在60%以上是绝对贫困型；50%～59%为温饱型；40%～49%为小康型；20%～29%为富裕型；19%以下为最富裕型。

与恩格尔系数相联系的是消费结构。消费结构是指消费过程中人们所消耗的各种消费资料的构成，即各种消费支出与总支出的比例关系。优化消费结构是优化产业结构和产品结构的客观依据，也是企业开展市场营销的基本立足点。

小思考

我国现阶段消费支出模式和消费结构总体有何特点？

3．消费者的储蓄与信贷

在一般情况下，消费者并不是将自己全部的收入用于当前的消费，而是将收入中的一部分以各种方式储存起来，如储蓄存款、购买债券、投资股票等，以求保值增值，积少成多，为今后购买做准备。当消费者的收入为一定量时，储蓄增加，就会减少现实购买力；反之，储蓄减少，现实购买力就会增加。所以，储蓄的增减变动会引发市场需要变动，从而对企业营销产生影响。

为了刺激和引导消费，促进社会购买力的良性发展，改革开放以来，我国政府采取了一系列措施以拉动内需，如鼓励教育消费，进行住房改革等。金融机构也配合政府及相关企业出台了消费者信贷政策。

随着市场经济的发展和人们消费观念的转变，消费者的消费方式发生了很大的变化。消费者已不再局限于用其货币收入购买商品，而是通过贷款的方式来购买商品，即消费信贷。所谓消费信贷，就是指消费者凭借信用可以先取得商品的使用权，然后通过按期归还贷款完成购买商品的一种方式。当前我国消费信贷主要有短期赊销、分期付款、信用卡信贷三种。消费者信贷可以增加人们的购买力，满足更多的需要，从而刺激经济的发展。因此，消费信贷在发达国家已经广泛被使用，在我国则刚刚起步，近十多年来发展很快，目前在住房、教育、大宗消费品（如家用小汽车）等领域使用，随着经济的发展，消费信贷必将得到更大的发展。因此，我国企业必须重视对消费信贷的研究，为今后的竞争创造有利的条件。

2.3.3 政治法律环境

政治和法律具有一定的权威性和强制性。不论处于何种社会制度，企业的营销活动必定要受到政治与法律环境的规范和约束，企业营销总是在一定的政治与法律环境下运行的。

1. 政治环境

政治环境是指企业市场营销活动所处的外部政治形势和状况。

对政治环境的分析主要是了解党和政府的各项路线、方针、政策的制定及调整给企业市场营销活动带来的影响。特别是我国加入 WTO 以后，我国政府出台了一系列新的方针政策和改革措施，对企业的营销活动影响很大。所以，企业应密切注意政府颁布的一系列新政策，相应地调整其市场营销组合策略和生产经营方向，使企业更好地占领、转移和开拓新的市场，在竞争中占据主动。

2. 法律环境

世界各国都颁布了相关法律、法规来规范、约束企业的活动。企业一方面可以凭借这些法律维护自己的正当权益，另一方面，企业也要依法进行生产经营活动。与企业市场营销有关的经济立法很多，既有利于保护竞争、保护消费者利益、维护市场正常秩序，也有利于保护社会利益、保护生态平衡、防止环境污染。近年来，我国颁布了许多与经济活动有关的法律法规，如《产品质量法》、《反不正当竞争法》、《经济合同法》、《环境保护法》、《消费者权益保护法》等。

实例

新交通法催生新行当

《中华人民共和国道路交通法》已于2004年5月1日起实施。其中规定：一年内两次酒后驾车的司机不仅要被吊销驾驶证，而且还可能面对5年禁驾的严惩。在这一法律环境下，许多城市的酒家、宾馆、饭店出现了一个新行当——代客驾车服务，对由于饮酒在餐后不能驾车者，提供代客驾车服务。这一服务推出后，既深受驾车一族的欢迎，使他们免除了喝酒后驾车受处罚的后顾之忧，又能吸引更多客人和维系老顾客。

启示：随着环境的变化，机会随时显现，一定要善于捕捉。

2.3.4 自然环境

2005年，我国政府主动将当年经济增长率调低到8.2%，其重要目的之一，就是防止经济的过快增长导致自然环境毁灭性的破坏。自然环境的保护不仅是政府及相关团体的职责，作为经济建设的微观主体——企业，更应身体力行，主动承担环保的义务。越来越多的企业认识到，自然环境的发展变化同样会给企业造成环境威胁和市场机会。自然环境有以下几大发展趋势。

1. 自然资源短缺

一般来说，自然资源可分为三类：① 有限而不能再生资源，如石油、天然气、煤炭等矿物资源，这类资源早已出现供不应求，使许多企业面临严重的原材料短缺，生产和经营成本越来越高；② 有限但可以再生资源，如森林、土地等；③ "无限"资源，如空气、阳光、水等。面对资源日益紧缺的自然环境，无疑会给企业的发展带来巨大的影响。对那些致力于开发和寻求新资源、研究新材料或替代品的企业提供了无限商机。

2. 环境污染严重

自然环境的污染已经成为举世瞩目的大问题。空气污染、水源污染及白色垃圾污染呈日渐升级的趋势，那些制造了污染的行业成为众矢之的，它们在社会舆论的压力和政府的干预下，不得不采取有效措施控制污染，从而给那些生产控制污染设备、研究开发污染包装新型材料或替代品的企业提供了无限商机。

3. 政府干预加强

面对地球生态资源日益匮乏及沙尘暴、海洋赤潮、噪声污染、全球气温升高、水土流失等自然环境不断恶化的状况，人类提高了对环境保护重要性的认识。以我国为例，新一届政府以"科学发展观"为指导，明显加强了对自然资源的管理和干预。例如，在进行地方干部的考核中，除了考核其经济建设等"政绩"外，还把对环境保护的结果作为其工作成绩的重要衡量标准。这就意味着：今后我国那些制造污染的企业，如果没有按照法律标准和合理污染标准控制污染，政府将勒令其关、停、并、转。

早在1992年6月，由100多位国家政府首脑出席的联合国环境与发展大会上，就通过了包括《21世纪议程》在内的一系列重要文件，提出21世纪人类应该走可持续发展的道路。如今，可持续发展理论逐渐为世界各国所采纳，并导致绿色产业、绿色消费、绿色营销的蓬勃发展。环境保护意识与市场营销观念相结合，形成了绿色市场营销观念，已成为21世纪市场营销的新主流。

2.3.5 科学技术环境

科学技术是在生产和科学实践中，认识自然和改造自然积累起来的经验、知识的总和。一项新的科学技术的出现必然会导致一个新的产业部门的产生，使消费对象的品种不断增加，范围不断扩大，又必然使消费结构发生变化。例如，电子工业的出现，产生了大量新型的电子产品，推动了消费结构的变化。在研究科学技术环境时，要特别注意新技术革命对市场营销的影响。由于以电子工程、生物工程等新兴科学技术为代表的工业技术的迅速崛起，社会生产方式、人们思维方式及消费习惯等发生了历史性的转变。新技术革命必然会给市场营销带来深刻的影响。

1. 新技术革命是一种"创造性的毁灭力量"

新技术革命带来的不仅是一两项生产技术革新，而是一股强大的浪潮，将导致整个生产方式的分化和改组。作为促进生产力发展的强大原动力，它不但能摧毁旧的产品和旧的生产工艺技术，甚至能摧毁一个旧的工业部门。企业如果不对技术变化进行密切关注，就有可能遭到灭顶之灾。只有跟上新技术革命的大趋势，及时采用新技术，才能求得生存和发展。

2. 新技术革命引起经济产业结构的变化，为某些企业提供了新的机会

由于新技术迅速发展，给企业带来了许多创造机会。企业可以利用世界上现成的新技术发展新的行业；也可以在某些传统工业技术中抛弃旧技术，而直接采用新的技术；还可以利用发达国家争相发展新技术、建立新工业的机会，结合我们自己的资源和劳动力优势，积极发展我国的传统产品，打进国际市场。

3. 新技术革命引起了企业市场营销策略的变化

新技术革命除了给企业带来市场营销机会外，也给企业带来了巨大的压力，并且改变了企业生产经营的内部因素和外部环境，引起了企业市场营销策略的变化。

即便是通俗意义上的技术——新材料、新设备、新工艺和新方法等，也会对企业实施营销策略产生重大影响。例如，计算机、传真机等设备的使用，无疑提高了营销效率；零售商店普遍使用的小型手提点钞机，极大地改善了终端服务水平。

新技术革命始终以渗透的方式改变着人类生活。在这种渗透过程中，企业的市场营销承担了"媒介"角色。例如，由于电子技术的迅速发展，企业在营销中创造了"电视购物"的在家

购物方式。电视购物方式的出现，不仅改变了零售商业格局，也深刻地影响了消费者的购物习惯。

相关链接

新技术革命引发信息产业的巨大发展，随着计算机、电话系统的迅速普及，电视购物、网络营销等销售方式的大量涌现，改变了人们的消费习惯和消费方式。如消费者想购买商品，只要打开家里连接各家商场的终端机，各种商品信息就会在电视荧屏上显示出来，消费者可以通过电话订购荧屏上显示出来的任何商品，然后按一下自己银行存款户头号码，即可把货款付给有关的商场，商场很快会将商品送到消费者的家里。这就要求企业相应地改变市场营销方式和销售网络。

2.3.6 社会文化环境

每个人都生活在一定的社会文化环境中，他的思想和行为必定要受到这种社会文化的影响和制约。消费者的欲望根植于文化与个性，所以研究社会文化环境，是市场营销研究的一个重要起点。社会文化环境包括价值观念、教育水平、消费风俗、审美情趣、道德规范。

1．价值观念

价值观念是指人们对社会生活中各种事物的态度和看法。价值观念的形成与消费者所处的社会地位、心理状态、时间观念，以及对变革的态度、对生活的态度等有关。不同国家和民族，其价值观念往往有很大的差别。我国人民普遍有节俭的美德，所以反映在产品的寿命曲线上，成熟期特别长，也喜欢把钱或贵重的东西存起来。西方国家的人，比较注重现实生活的舒适，“及时行乐”的思想占主导地位。价值观念不同，必然带来消费者对商品需要和购买行为上的差异。因此，对于不同价值观念的消费者，企业市场营销人员必须采取不同的营销策略。

2．教育水平

教育水平的高低，不仅直接影响着人们的消费行为和消费结构，而且制约着企业的市场营销活动，教育水平高的消费者，对新产品的接受能力较强，他们对商品的内在质量、外观形象、技术说明及服务有着较高的要求；教育水平低的消费者，对新产品的接受能力较弱，他们对操作简单方便的商品、通俗易懂的说明书有着更高的要求。

3．消费习俗

消费习俗是人们长期形成的消费方式。人们的消费习俗往往有着很大的差别。它作为社会文化环境的一部分，不但受到社会文化环境及其他因素（科技水平、文明程度、风俗、宗教信仰等）的影响，还受到政治、经济的影响。

常见的消费习俗有：民族性消费习俗、地域性消费习俗、信仰性消费习俗、禁忌性消费习俗等。

4. 审美情趣

审美是与美和高雅有关的文化概念，包括对音乐、艺术、戏剧、舞蹈、色彩等的鉴赏和偏好。

人们的审美观往往寓意在商品的设计、款式、色彩、声调、记号等中，这些都会影响商品的市场营销。

5. 道德规范

道德规范是社会健康发展的精神支柱，它直接影响社会系统的文化背景，包括民族精神、生活习俗、价值观念、社会制度等。

营销部门必须在引导消费、产品设计、广告宣传中贯彻道德规范。

总的来看，构成社会文化环境的因素十分复杂，不能把各部分孤立地看待，必须考虑其构成因素之间的相互作用的结果。

本章小结

市场营销环境是指影响企业生存与发展的各种外部条件。市场营销环境包括微观环境和宏观环境。对市场营销环境进行分析，可以把握营销机会，规避环境威胁。

市场营销微观环境主要包括企业本身、供应商、市场营销渠道企业（营销中介）、竞争对手、顾客和公众等。它们与企业形成协作、竞争、服务和监督的关系。

市场营销宏观环境主要包括人口、经济、政治法律、自然、科学技术、社会文化六个方面。企业不能控制这些因素，但可以积极地适应并利用这些因素。

面对威胁，企业有三种对策，即反抗策略、减轻策略、转移策略。面对机会，企业要慎重评价其质量，根据不同的环境质量，可以采取及时利用、适时利用、果断放弃三种做法。

复习思考题

1. 基本概念

市场营销环境　　市场营销机会　　环境威胁　　恩格尔系数　　个人可支配收入

2. 填空题

（1）市场营销环境的特征有（　　　）、（　　　）、（　　　）、（　　　）。

（2）对营销环境分析的目的是寻求（　　　），避免（　　　）。

（3）市场营销渠道企业包括（　　）、（　　）、（　　）、（　　）。

（4）消费者的收入水平可以从（　　）、（　　）、（　　）、（　　）四个方面进行分析。

（5）社会文化环境包括（　　）、（　　）、（　　）、（　　）、（　　）等因素。

（6）面对环境威胁，企业可以采取（　　）、（　　）、（　　）三种对策。

3．选择题

（1）企业对环境机会的评价，主要考虑（　　）。

A．潜在顾客多少　　B．市场潜在吸引力的大小

C．企业自身能力　　D．获得成功可能性的大小

（2）根据威胁水平和机会水平进行综合评价，企业面临的理想环境是指（　　）。

A．高机会高威胁　　B．低机会低威胁

C．高机会低威胁　　D．低机会高威胁

（3）国家为了鼓励农民种粮食，实行粮价补贴，这属于（　　）环境因素的影响。

A．法律力量　　B．政策因素

C．经济因素　　D．社会因素

（4）老年公寓、保健品市场的繁荣，是（　　）环境的变化给企业带来的机会。

A．人口环境　　B．经济环境　　C．文化环境　　D．科学技术环境

4．判断题

（1）环境是可控的，但又是不可控的，就看你如何把握。（　　）

（2）关注自然环境就是要求企业注意生产过程中的“三废”治理问题。（　　）

（3）市场营销微观环境牵涉很多关联企业，所以它是不可控制的因素。（　　）

（4）消费者有了“个人收入”就意味着他想怎么花钱就怎么花钱。（　　）

（5）恩格尔系数越高，人们的生活水平就越高。（　　）

（6）企业的成功在于公众的态度和影响，特别是外部公众。（　　）

5．简答题

（1）市场营销环境有何特征？为什么要分析市场环境？

（2）宏观环境包括的主要因素有哪些？任举一方面分析其对市场营销的影响。

（3）市场营销微观环境包括的主要因素有哪些？请简要分析。

实训题

1．案例分析

某烟草公司通过其市场营销信息系统和市场营销研究，了解到以下动向足以影响其业务

经营。

（1）有些国家政府颁布了法令，规定所有的香烟广告及包装上都必须印上关于吸烟危害健康的严重警告。

（2）有些国家的某些地方政府禁止在公共场所吸烟。

（3）许多发达国家吸烟人数下降。

（4）该烟草公司的研究实验室很快发明了用莴苣叶制造无害烟叶的方法。

（5）发展中国家的吸烟人数迅速增加。据估计，中国目前有 4 亿多人吸烟，占总人口的 1/3，吸烟者中青年人所占比例最高。

显然，上述前三个动向给这家烟草公司造成了环境威胁；后两个动向造成了使该烟草公司可能享有“差别利益”的市场机会。

请问：1）上例中烟草公司具体有哪些环境威胁和市场机会？除此之外，还有哪些环境动向影响其经营？

2）综合看来，该公司面临什么性质的营销环境？

3）面对环境威胁和市场机会，企业应采取什么对策？

2. 课堂讨论

（1）假如某人想在校园附近开一家小餐馆，请分析他所面临的四种类型的竞争对手。

（2）结合当地实际，查阅最新的人口统计资料，了解当地的社会文化因素，分析讨论它们的变化对企业市场营销活动的影响。

（3）请根据你所在学校的校园周边环境，讨论在学校门口开什么店最赚钱。要求对经营范围、营业面积、投资规划、基本的营销策略等方面做出策划。

3. 营销实训

（1）实训题目：市场环境分析及制定营销对策实训。

（2）实训目的：掌握市场营销环境分析的方法。

（3）背景资料：假如你是某企业的市场营销人员，面对日益多变的市场营销环境，请结合实际，分析汽车业、房地产业、快餐业、手机等行业的市场机会和环境威胁，并归纳总结出企业的环境状况及业务类型，提出切实可行的市场营销对策。

（4）任务要求：① 选择一种产品或一个行业，列出至少三种主要的市场机会和环境威胁；② 归纳总结企业的环境状况；③ 运用所学知识，提出面对市场机会和环境威胁时，企业应采取的营销策略；④ 每人提交一份分析报告，报告题目自拟，要求独立完成。

（5）实训步骤：① 你们将被分成几个小组，每个小组选择一种产品，从市场营销的宏观环境和微观环境等方面收集信息，可实际调查，走访用户，参考相关的报纸杂志、图书资料、上网查询。② 在获得信息的基础上，通过小组讨论，列出所有潜在的市场机会和环境威胁。③ 利用适当的分析方法，进行分析评价。④ 制定对策，并完成分析报告。

第 3 章

消费者需求及购买行为分析

◇ **本章学习目标** ◇

1. 了解顾客满意和顾客让渡价值的内涵。

2. 熟悉消费者需求的基本内容和特点，从而更好地满足消费需求。

3. 掌握消费者的购买动机及对消费者购买行为进行分析的内容和方法，实现市场营销的最终目的。

企业的营销活动都是围绕着消费者来进行的，满足消费者的需求，既是市场营销活动的出发点，也是市场营销活动的归宿点。要更好地为消费者服务，就必须充分了解和认识消费者的满意度和让渡价值，消费者的需求、动机、购买行为模式、影响因素、购买决策过程等内容。本章将对涉及消费者的这些相关问题进行研究。

3.1 顾客满意与顾客让渡价值

3.1.1 顾客满意度的内涵

顾客满意度（Customer Satisfaction，CS）是现代营销理论发展过程中提出的新概念，源于日本企业的顾客满意战略。企业大力推行顾客满意度战略，旨在建立顾客至上的服务系统。顾客满意度有两层含义：① 从顾客个人角度理解顾客满意度；② 从企业角度理解顾客满意度。

从顾客个人角度理解顾客满意度是顾客通过对某项产品或服务的消费所感知的效果或结果，与他的期望值相比较后所形成的感觉状态，简单地说，就是顾客对某项产品或服务的消费经验的情感体验。满意程度是可感知效果与期望值之间的差异函数。如果可感知效果低于期望，顾客就会不满意；如果可感知效果与期望值相匹配，顾客就会满意；如果可感知效果超过期望，顾客就会高度满意或欣喜。

从企业角度理解顾客满意度是衡量企业经营“质量”的重要方式，是企业用以评价和增强企业业绩，以顾客为导向的一整套指标体系。

在研究顾客满意度的过程中，必须注意的是：顾客的满意度是多方面的，不是单一的。顾客的满意不仅体现在对一件产品、一项服务、一次机会上，而且还体现在对一种体系和系统的满意上。顾客在整个消费过程中，不仅追求对经济效益的满意，而且还追求对社会性和精神性的满意。西方企业界流行一句名言，“最好的广告是满意的顾客”。顾客购买后的满意不仅影响消费者自己会不断重复购买，还会影响他人产生购买行为，从而扩大商品的市场销售。顾客满意是企业战胜竞争对手的最好手段，也是企业取得长期成功的必要条件。例如，本田公司在美国的成功经验充分说明了顾客满意度战略对提升企业营销管理和竞争优势的实效。

实例

1986 年，本田公司在美国市场上，针对前一年购入新车的顾客，就服务员的态度、售后服务等方面每月进行一次顾客满意度问卷调查，并对其结果进行迅速反应，进行有力的指导，从而改变顾客的不满意，结果以后的 5 年，本田汽车销售量由 69 万辆大幅度增长到 85 万辆。该公司的汽车成为全美国最受欢迎的汽车。于是，日本本田公司在国内全面推广顾客满意度战略。

启示：任何企业在激烈的市场竞争中，都要千方百计地提高顾客的满意度。

从生产发展的趋势来看，当市场进入买方市场后，顾客满意就成为企业成功的最基本的战略、目标和竞争手段之一。

“顾客满意”是将“顾客至上”思想具体化的管理方法，体现了一种先进的管理测评手段，它通过影响顾客满意状态的各种因素，从所获得的信息中，建立和完善顾客满意的指标体系，并有针对性地提出解决方案，将其应用在企业具体经营管理中，提高企业的市场竞争能力和经营管理水平。顾客满意是社会发展的必然结果，是企业永恒追求的目标。

随着社会生产力的发展，社会为人们带来了极为丰富的物质资源，市场实现了从卖方市场向买方市场的转换，买方即顾客左右了市场发展的方向：顾客决定要什么、什么时候要、怎样要、出多少价，真正成为企业赖以生存的基本条件。顾客满意成为企业发展的基本动力。

随着信息传递的快速和便捷，企业在价格、质量、款式方面进行竞争的余地日渐缩小，并且随着收入水平的提高，顾客在消费时对这些因素的重视程度也日渐降低，而越加追求个性化及心理满足。这使得企业必须提高立足点，放宽眼界，将注意力更多地集中在“人”的问题上，即不断地满足顾客需求，提高顾客的生活质量，让顾客满意。

3.1.2 顾客让渡价值

由于社会的不断发展，商品生产能力的极大提高，从而使如今的消费者面临着纷繁复杂的商品和品牌选择，这就使企业必须关注顾客是如何做出选择的。任何一种产品，要想引起消费者的注意和兴趣，产生购买欲望，并使他们购买，从根本上说取决于两个方面：一是这种商品必须能满足消费者的需求，即消费者所得到的某种效用和价值；二是消费者在满足需求时必须支付的成本。顾客在购买商品时，考虑最多的是将效用与成本进行比较，当效用大于成本时，即顾客让渡价值为正数，有可能决定购买，实现购买行为；当效用小于成本时，即顾客让渡价值为负数，就会放弃购买，不能实现购买行为。那么，什么是顾客让渡价值？

所谓顾客让渡价值，是指顾客购买商品时的总价值和总成本之间的差额。顾客总价值是指顾客在购买商品或劳务时得到的一组利益，包括产品价值、服务价值、人员价值和形象价值四个方面的内容。顾客总成本是指顾客购买这一商品或劳务时付出的全部成本，包括非货币成本（指顾客购买商品和劳务时付出的时间成本、精力成本和体力成本）和货币成本两个方面，如图 3-1 所示。

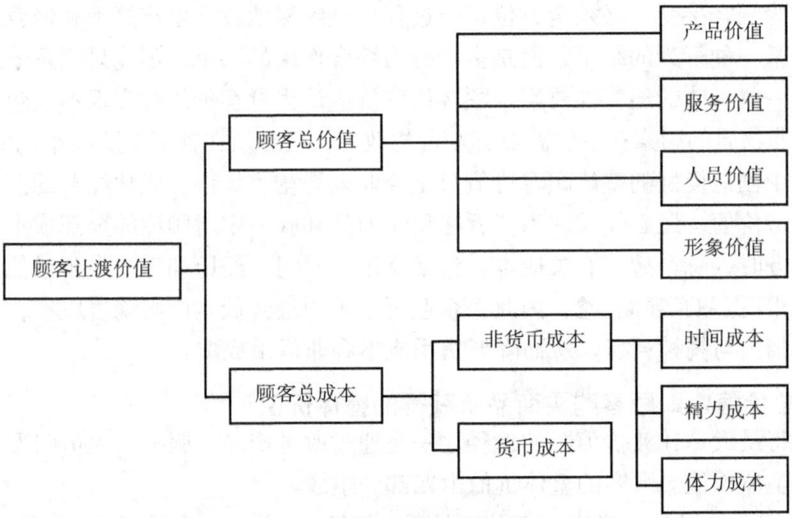

图 3-1　顾客让渡价值的构成

顾客在购买产品时，总是希望把各项成本降到最低限度，同时又希望从中获得尽可能多的实际利益，使自己的需要得到最大限度的满足。举例来说，小两口在商店里选购一台电冰箱时会综合考虑价格、维修、售后服务、品牌、送货及其他保证等因素，最后总是会选择他们认为相对满意的电冰箱。在他们看来，这台电冰箱价值最高，成本最低，即顾客让渡价值最大，顾客会将该商品作为首选对象。

每一个顾客在他购买商品的过程中总是力争得到最大的顾客让渡价值。但是限于不同顾客的知识水平，他们在购买某一特定的商品时，也许并没有实现顾客让渡价值最大的愿望，使争取得到最大顾客让渡价值的过程成为一个“试错”的过程。但是这一过程最终会成为逐渐逼近顾客让渡价值最大化的过程，几乎所有的顾客在重新购买时，都会通过总结自己积累的经验和知识，来增加其获得的让渡价值。需要指出的是，不同的顾客对于购买的总价值和购买的总成本两部分的重视程度是不一样的，收入水平低的顾客对货币价格水平非常敏感，收入水平高的顾客会对时间成本或体力成本、精力成本非常敏感，或者对品牌非常重视。因此，只有那些能够针对具体客户群，提供比竞争对手的产品具有更大顾客让渡价值的企业，才能争取长期留住顾客，通俗地说才会有“回头客”。

顾客让渡价值所包含的思想与传统的“一个便宜三个爱”的观念有根本的不同。如果认为顾客总是希望购买价值最便宜的商品，就只会导致恶性的价格竞争，实际上顾客购买商品所获得的不仅是产品所具有的各种功能和质量，还有不属于产品价值的其他诸方面价值；同时顾客购买产品时所付出的也不仅是购货价款，除了要付出货物本身的价格外，还要付出其他诸方面的成本。

顾客让渡价值概念的提出，为企业经营方向提供了一种全新的分析思路。首先，企业要让自己的商品能为顾客接受，必须全方位、全过程、全纵深地改善生产管理和经营，企业经营效果的提高不是某一种行为的结果，而是多种行为综合作用的结果，不能只侧重于产品、价格、分销、促销等一些具体的经营性要素。顾客让渡价值认为顾客价值的实现不仅包括了物质的因素，还包括了非物质的因素；不仅需要有经营的改善，还必须在管理上适应市场的变化。其次，企业生产经营中创造良好的整体顾客价值只是企业取得竞争优势、成功经营的前提，一个企业不仅要努力创造价值，还必须关注消费者在购买商品和服务中所倾注的全部成本。由于顾客在购买商品或服务时，总希望把有关成本，包括货币、时间、经历和精神降到最低程度，而同时又希望从中获得更多的实际利益，因此，企业还必须通过降低生产与销售成本，减少顾客购买商品的时间、精力与精神耗费，从而降低货币成本和非货币成本。

1. 顾客总价值，即顾客购买商品所获得的整体价值

使顾客获得最大“让渡价值”的途径之一是通过改进产品、服务、人员与形象，从而提高产品或服务的整体价值。顾客的整体价值由四部分组成。

1）产品价值。产品价值是指由产品的品质、特性、品种、功能和式样等所产生的价值。产品价值是顾客选购商品时的首要内容，也是顾客需要的核心要素。

2）服务价值。服务价值是指伴随产品实体的出售而向顾客提供的各种附加服务，包括产品介绍、送货上门、安装调试、维修保养、技术培训、产品保证等所产生的价值。

3）人员价值。人员价值是指企业员工的业务素质、经营理念、市场应变能力、工作绩效与工作作风等所产生的价值。

4）形象价值。形象价值是企业及其产品在社会公众中形成的总体印象所产生的价值。形象价值是企业各种内在要素统一的反映，任何一个内在要素的质量不佳，都会使企业的整体形象遭受损害，进而影响社会公众对企业的评价。因而塑造企业形象价值是一项综合性的系统工程，涉及的内容非常广泛。

2．顾客总成本，即顾客购买所付出的全部成本

顾客的购买成本包括货币成本和非货币成本两个部分。货币成本是顾客在购买商品时支付的货币数量，是构成顾客总成本大小最基本最主要的因素。但是在货币成本相同的情况下，顾客还要考虑非货币成本，即时间、精力和体力成本。时间成本是指顾客在购买商品时所花费的时间；精力成本是指顾客在购买商品时所付出的精力，如收集信息、考虑比较等方面的付出；体力成本是指顾客在购买商品时所耗费的体力。

这就要求企业一方面要改进产品的质量、服务的质量、人员与企业的形象；另一方面要降低产品的生产与销售成本，减少顾客购买商品时的时间、精力与体力的耗费，从而降低货币成本与非货币的成本。因此，企业为了争取更多的顾客，战胜竞争对手，提高市场占有率，就必须根据不同顾客的不同需要，努力提供综合价值高的产品，这样才能增加顾客购买的实际利益，减少购买成本，使顾客的需要获得最大限度的满足。

小思考

某一顾客欲购买一套杉杉牌西服，在毗邻的两个商店进行了考察。甲店是名牌大店，乙店是一般的百货商店，同样的服装，甲店比乙店贵 20 元，该顾客考虑再三，还是选购了甲店的西服。这是为什么？

3.1.3 吸引与保持顾客，实施 CS 战略

1．CS 战略的内容

CS 战略主要包括五个方面的内容。

1）理念满意。这是企业经营带给顾客的满足状态。它应包括营销宗旨满意、营销方针满意、营销哲学满意等方面。它要求企业的质量观、服务观、顾客满意等经营理念，必须体现以顾客为中心的思想。

2）行为满意。这是企业全部的运行状态带给顾客的满意度。行为满意包括行为机制满意、行为规则满意、行为模式满意三个方面的内容。

3）视听满意。这是企业可视性和可听性的外在形象，带给企业内外顾客的满意状态。视听满意系统强调了各个视听要素带给顾客的满意程度，它应包括企业名称满意、标志满意、标准色满意、标准字满意和应用系统满意等内容。

4）产品满意。这是企业产品带给顾客的满意状态。其内容有产品质量满意、产品功能满意、设计包装满意和产品价格满意等。

5）服务满意。这是企业服务带给顾客的满意状态。服务满意包括绩效满意、售后服务措施满意、方便性满意、情绪与环境满意等。

上述五个方面的内容，都是通过服务体现的。当今企业的竞争，可以说是服务的竞争，因此为顾客提供满意的服务，是企业赢得竞争、不断发展和掌握市场主动权的关键。

2. CS战略的实施

在市场经济条件下，营销企业正面临前所未有的竞争态势，激烈的市场竞争打破了地域、时空等局限性，形成了全方位高强度竞争之势，各种营销战略变幻莫测。CS战略从根本上推动了现代营销企业的发展。企业要实施CS战略，就必须树立以“顾客为中心”的经营理念，始终坚持以“顾客满意最大化”为服务目标和标准，把顾客的利益放在第一位，真正确立“顾客就是上帝、顾客就是市场”的理念，以服务赢得市场、赢得顾客、赢得主动。

1）转变观念，真正树立“以顾客为中心”的经营理念。一个成功的企业，必须把对顾客的研究和把握，放在企业营销工作极其重要的位置。只有对顾客负责，对市场科学细分，准确定位，才能实现规模经营和效益最佳。

2）实施产品创新策略，满足顾客的消费需求。纵观现代国内、国际市场，精明的企业决策者无不把眼光紧盯着人民的日常生活，从生活中找市场、求发展，为顾客提供所需产品，并视为制胜于人、立于不败之地的法宝。那么如何开发适销对路的新产品，满足不同顾客对产品的需求，真正实现顾客至上的营销理念呢？具体应做好三方面的工作：① 建立一支强大的新产品开发队伍，拥有大批熟知世界同行技术水平的高精尖人才；② 围绕顾客需求，开发高层次的产品；③ 提高对新产品的包装、宣传和销售力度。

3）提供令顾客满意的服务。谁能提供令顾客满意的服务，谁就会加快销售的步伐。要让顾客满意，就应提出超出顾客期望、高于竞争对手或对手做不到、不愿做、没想到的超值承诺，及时、足值兑现承诺，并根据顾客的需求变化不断推出新的、更高的承诺，创造新的更高的顾客满意，形成一种良性循环。如有的企业利用现代技术手段，使顾客、竞争、品牌三要素协调运转，使企业在顾客服务、市场竞争、销售及支持等方面形成彼此协调的全新关系体系，为企业带来长久的竞争优势。有的企业实行送货上门、包退包换、上门维修、终身修理等，便是让顾客购物后有安全感和放心感的表现；有的企业建立顾客信息资料档案，获得顾客忠诚，在已有业务的基础上，保持与顾客的长期关系。同时还要针对顾客需求适时调整企业行为，以满足顾客需求，达到并超越顾客期望，为顾客创造更高的消费价值，从而不断增强企业的核心竞争力。

4）促销措施和价格让顾客满意。价格是商品价值的货币表现，价格策略在市场营销策略中具有重要地位。商品定价必须依据市场形势、竞争激烈程度和顾客的接受能力来综合考虑。如努力减少价格波动，试行讨价还价的销售方式，可以赢得顾客心理上的平衡。根据顾客心理，采取各种有效的促销措施吸引顾客，达到顾客满意的目的。

总之，实施CS战略，是从根本上推动现代企业发展的动力。从某种意义上说，只有让顾客感到满意的企业才是不可战胜的。正如美国营销大师菲利浦·科特勒指出的："顾客满意是公司未来利润的最好指示器和增长点。"这是现代市场营销观念的经典名句。

3.2 消费者需求研究

在影响消费者行为的诸多因素中，需求和动机占有特殊重要的地位，与行为有着直接而密切的联系。当一种需求未得到满足时，人们会产生内心紧张；这种紧张状态激发人们争取实现目标的动力，即形成动机；在动机的驱使下，人们采取行动以实现目标；目标达到，需求得到满足，内心紧张状态消除，行为过程即告结束。三者关系如图 3-2 所示。

图 3-2 需求、动机与行为的关系

3.2.1 消费者需求的概念

需求是指人们在个体生活和社会生活中感到某种欠缺而力求获得满足的一种心理状态。

需求是现实要求的反映。人作为生物，为了维持生命，延续种系，就有补充养料、求得安全和进行繁殖的客观要求。人作为社会成员而存在，又离不开群体与社会而孤立地生活。人们的生理性、社会性需要，推动着生产的发展和社会的进步，而生产的发展和社会的进步又会使人们产生新的需求。

消费者需求是指消费者在一定的社会经济条件下，为了自身的生存与发展而对某一产品或服务的渴望与欲望。消费者需要通常以对商品或服务的愿望、意向、兴趣、理想等形式表现出来。消费者需求既是营销活动的出发点，又是营销活动转化为购买活动的中介，没有消费者需求，营销活动就失去了它存在的意义。

3.2.2 消费者需求的对象和内容

由于消费者的主观欲望个性化越来越强，外部环境又十分复杂多变，因而消费者需求的对象和内容也多种多样。为了便于了解，一般按以下几个标准对消费者的需求进行划分。

1. 按照需求的产生和起源，可以分为生理性需求和社会性需求

生理性需求是人们为了维持和发展个体生命而产生的对客观事物的需求和欲望，如饮食、睡眠、休息、运动、御寒等。它们是人类所共有的，甚至是动物也有的。

社会性需求是与人的社会生活相联系的一些需求，这类需求起源于人类的社会生活，属于人类社会历史的范畴。人们的社会性需求是在人类社会历史发展的过程中形成和发展的，它受到政治、经济、文化、地域和民族等因素的制约。

2. 按照需求的性质，可以分为物质需求和精神需求

物质需求是指人们对物质对象的欲望和要求，如对衣、食、住、行等有关物品的需求，对劳动工具、劳动对象的需求等。随着社会生产力的发展和科学技术的进步，人的物质性需求也在不断地丰富与发展。

精神需求是指人们对社会精神生活的需求，如对知识、艺术、道德、宗教及美的需求等。精神需求是高层次需求，它是人们学习科学知识、追求真理、探索自然和社会发展规律的动力。

3. 按照需求的层次，可以分为生存需求、享受需求和发展需求

生存需求是指人们为维持机体生产而产生的对基本生活用品的欲望和要求，如对粮食、服装、住房等的需要。生存需求是人类最基本的需要。

享受需求是指人们为增添生活情趣，实现感官和精神愉悦而产生的各种欲望和要求，如对音响、彩电、DVD、冰箱、高档衣料、装饰品、奢侈品等供娱乐、休闲用的各种消费品及服务的需求。享受需求不是人类生存所必需的基本生活需求，但是随着生产力水平的提高和科学技术的进步，其在人类各种需求中所占的地位变得越来越重要。

发展需求是指人们为发展智力和体力，提高个人才能，实现人生价值而产生的欲望和要求，如对书籍、学习机、计算机、打字机、滋补品等的需求。当人们的生存需求、享受需求得到基本满足之后，发展需求就显得突出了。

4. 按照需求由低级到高级的顺序，美国人本主义心理学家马斯洛将人类的需求分为生理需求、安全需求、社交需求、尊重需求和自我实现的需求

1）生理需求。维持个体生存和人类繁衍而产生的需要，如对食物、氧气、水、睡眠等的需要。

2）安全需求。安全需求是在生理及心理方面免受伤害，获得保护、照顾和安全感的需要，如要求健康的人身，安全、有序的环境，稳定的职业和有保障的生活等。

3）社交需求，即归属和爱的需要。社交需求是希望给予或接受他人的友谊、关怀和爱护，得到某些群体的承认、接纳和重视，如乐于结识朋友，交流情感，表达和接受爱情，融入某些社会团体并参加活动等。

4）尊重需求。尊重需求是希望获得荣誉，受到尊重和尊敬，博得好评，得到一定的社会地位的需要。自尊的需求是与个人的荣辱感紧密联系在一起的，涉及独立、自信、自由、地位、名誉、被人尊重等多方面内容。

5）自我实现的需求。自我实现的需求是希望充分发挥自己的潜能，实现自己的理想和抱负的需要。自我实现的需求是人类最高级的需要，涉及求知、审美、创造、成就等内容。

小思考

在以上的需求中，哪些是人类所特有的？你怎样看待这些需求？

3.2.3 消费者需求的特征

现实生活中，消费者的需求丰富多彩，纷繁复杂，并随着社会经济和时代的发展而不断丰富、发展和变化。尽管如此，消费者的需求仍有某些共同的趋向性和规律性，表现出了消费者需求的一些基本特征。

1．消费需求的多样性和差异性

这是消费者需求最基本的特征，表现为不同消费者之间有不同的需求，同一消费者存在多种需求及在不同时期消费者有不同的需求。

消费者需求的差异性取决于消费者自身的主观状况和所处的消费环境两方面。不同的消费者在年龄、性别、民族传统、宗教信仰、生活方式、文化水平、经济条件、个性特征、所处地域的社会环境等方面的主客观条件千差万别，由此形成多种多样的消费需求。每个消费者都按照自己的需求选择、购买和评价商品，或者经济实用，或者新潮流行，或者美观新颖，都鲜明地显示出不同消费者之间消费需求的差异性。

就同一消费者而言，消费需求也是复杂多样的。每个消费者不仅有生理的、物质的需求，还有心理的、精神方面的需求；不仅要满足衣、食、住、行方面的基本要求，而且希望得到娱乐、休闲、审美、健身、文化修养、社会交往的高层次需求的满足。

2．消费需求的层次性和发展性

消费者的消费需求是有层次的。按照不同的划分方法，可以把消费需求划分为若干个高低不同的层次，如充饥、御寒属于较低层次的需求；受人尊重、实现自我属于较高层次的需求。通常，消费者必须首先满足低层次的需求，在较低层次需求得到满足的基础上才能追求较高层次需求的满足。当然在特殊情况下，需求的满足顺序也会发生改变，即消费者可以跨越低层次的需求去首先满足高层次的需求。

就发展性而言，消费者的需求是一个由低级向高级、由简单向复杂不断发展的过程。这一过程与人类社会的历史进程密切相关，是随着满足需求的消费对象在内容、范围、方式上的改变而变化发展的。在生产力水平低下、物质产品匮乏的情况下，人们更多地关注基本的生理要求的满足。当社会提供的物质产品日益丰富时，人们需求的内容也日益扩展，特别是在现代社会，科学技术和生产力更加发达和先进，物质产品已经极为丰富，新的消费领域、新的消费方式也不断涌现，人们的消费需求在内容、层次上不断更新和发展，例如，吃要营养可口，穿要时尚漂亮，住要宽敞舒适，用要高档名牌，还要求通过各种有形、无形产品的消费满足社交、尊重、情感、审美、求知、实现自我价值等多方面的高层次的需求。

相关链接

从20世纪70年代的“老三件”——手表、缝纫机、自行车，到80年代的“新三件”——

彩电、冰箱、洗衣机，作为中国人消费水平标志的“三大件”的内容在不断翻新。2000年以来，中国居民在经历了家电产品全面进入家庭的万元级消费后，目前正进入一个以教育、购房、买车为主要内容的“大三件”消费时期。

3．消费需求的伸缩性和周期性

伸缩性又称需求弹性，是指消费者对某种商品的需求会因为某些因素如支付能力、价格、储蓄、信贷等的影响而发生一定限度的变化。价格是引起需求伸缩性的主要因素。一般而言，价格与消费需求弹性的关系呈反比例，即价格上升，需求减少；价格下降，需求增加。从支付能力看，现实生活中，每个消费者都同时具有多种需求。但在一定时期内，多数消费者的支付能力是有限的。多方面的消费需求与有限的支付能力之间矛盾斗争的结果，是消费者需求有限地得到满足，并表现出一定的伸缩性，即在需求数量上可多可少，满足程度上可强可弱。

除伸缩性外，消费者需求的变化还具有周期性的特点，一些需求在获得满足后，于一定时期内不再产生，但随着时间的推移还会重新出现，并显示出明显的周期性。重新出现的需求不是对原有需求的简单重复，而是在内容、形式上有所变化和更新。因此，消费需求的周期性循环出现不仅是需求形成和发展的重要条件，也是社会经济发展的直接推动力。消费需求的周期性主要由消费者的生理运行机制及某些心理特性引起，并受到自然环境变化周期、商品生命周期和社会时尚变化周期的影响。在上述因素的共同作用下，消费需求的周期呈现出多种不同的特性。例如，对食品的需求周期具有时间短、循环快、重复性高的特点；对服装的需求周期直接受气候变化的影响，表现出明显的季节性；某些流行时尚的变化周期则具有不确定性。

实例

日本一家酿酒厂收集了30年间（1951—1980年）的有关资料，证明啤酒销量与天气变化之间存在一定的关系，由此提出了“啤酒天气指数”的概念。他们首先汇集了30年来全国15个地区的每日最高气温，然后计算出各地区每隔10天的平均最高气温和每月的平均最高气温，再把它们同各地区当月的啤酒销售情况相联系，便绘出了当年的“啤酒气温曲线”。把30年“啤酒气温曲线”的平均值作为参考基数，那些具体某年的平均“啤酒气温曲线”同基数之比被称为“啤酒天气指数”。这样就可以一目了然地观察出天气变化同啤酒销售量之间的关系。比如，1974年和1976年的“指数”低于参考基数，啤酒销售量则出现明显下降趋势。1978年日本出现酷暑，“指数”高于“基数”，当年啤酒销售量上升10%。

进一步的研究表明，在市场趋于饱和的情况下，气温就成了决定啤酒销售量升降的主要因素。因此，这家啤酒厂十分注意观察研究天气情况，合理安排生产，收到了良好的效果。如今，日本已经有人把这种研究推而广之，提出了“天气市场”的概念。他们认为：在经济繁荣和市场成熟时期，天气的波动会有效地影响生意的成交。因而天气成了商业决策方面的一个重要因素。

启示：不同的商品，形成消费周期性的原因是不同的，企业要认真关注影响消费的各种因素。

4．消费需求的可变性和可诱导性

消费需求作为消费者个体与客观环境之间不平衡状态的反映，其形成、发展和变化直接受到所处环境状况的影响和制约。客观环境包括社会环境和自然环境，无一不在变化、发展之中。因此，一定阶段社会政治经济制度的变革、伦理道德观念的更新、生活和工作环境的变迁、社会交往的启示、广告宣传的诱导等，都可能改变人们消费需求的指向或强弱。这说明消费需求不是一成不变的，无论何种内容、层次的需求都会因社会环境的变化而发生改变。也正由于此，消费需求具有可诱导性，即可以通过人为地、有意识地给予外部诱因或改变环境状况，诱使和引导消费需求按照预期的目标发生变化和转移。实践中，许多企业正是利用消费者需求的可变性和可诱导性这一特点，开展广告宣传，倡导消费时尚，创造示范效应，进行优惠刺激，以有效地影响、诱导消费者形成、改变或发展某种需求。

3.3 消费者购买动机分析

3.3.1 消费者购买动机的概念

如果说需求是消费者购买活动的基本动力和源泉，那么购买动机就是消费者需求的具体表现。研究消费者的购买动机，是要了解消费者为何购买，掌握了消费者购买的规律，企业就可以采取相应的对策。所以必须了解消费者购买行为背后的真正动机，并对消费者购买动机进行分析研究。

动机，原是心理学中的一个术语，解释为推动人们从事某种活动的内在机能，它由需要引发，并支配着行为，是激励行为的直接原因。任何人的任何活动都是在动机的支配下进行的，没有动机就没有行为。

消费者购买动机是指能够引起消费者购买某一商品或选择某一目标的内在动力。它是购买行为的原因和条件。消费者购买动机作为购买行为的先导，具有三方面的作用。

1．购买动机激起和发动消费者的购买行为

动机是激励人们行为的直接原因，是个体基于某种欲望所引起的心理冲动。在购买行为中，购买动机是直接驱使消费者实施某项购买活动的一种内在动力，它反映了消费者在心理上、精神上和感情上的需要，是消费者为达到某些愿望采取购买行为的推动力。任何购买行为，都受一定的购买动机支配，甚至受多种购买动机共同支配。企业充分搞清楚顾客的购买动机，可以引发其购买行为。只有千方百计地激发消费者的购买动机，才能使更多的消费者购买本企业所营销的商品。

2．购买动机指引购买行为向着某一目标展开

消费者的购买动机具有指向性，它能使购买行为保持一定的方向和目的。在某种情况下，购买动机与目的具有完全的一致性。研究消费者为什么购买某种特定商品，而不购买其他类似的商品；研究消费者为什么愿意经常到某一类型或某一特定的商店购买。只有这样，才能掌握其中的规律性，并据此改善经营管理，不断提高服务质量。

3．购买动机是维持、增加或制止、减弱购买行为的力量

消费者购买动机的性质与强弱程度必然影响购买行为的效能。一个购买动机稳定而持久的消费者，其购买行为必然是积极而稳定的，能够克服困难、排除干扰去实现购买目标。企业要重视对消费者复杂的动机体系的研究，科学地分析影响消费者购买动机的各种因素，揭示对消费者购买行为具有决定性作用的优势动机和真实动机，并采取有效的营销策略，维持和强化对企业和社会健康发展起积极作用的购买动机，制止和减弱无益于社会物质文明和精神文明建设的购买动机，从而达到企业营销的目的。

因此，企业必须认真识别顾客的购买动机，才能识别未来市场，才能产生产品和服务的新概念，并走在市场的前面。

3.3.2 消费者购买动机的种类

消费者需求与刺激因素的多样性，决定了消费者购买动机的复杂性。

1．生理性购买动机

生理性购买动机是由人类生理本能引起的购买动机。俗话说，饥思食，渴思饮，乏思止。为了保持和延续人的生命，人类都具有吃饭、穿衣、休息、繁衍后代等生存本能。因而由这种生理本能需要所引起的购买动机，称生理性购买动机，也称本能动机。

1）维持生命动机——为了保持人的生命，人类都具有吃饭、穿衣、休息等本能。

2）保持生命动机——消费者为保护生命安全，而购买建筑材料，修建房屋；为防止疾病购买药品、保险等。

3）延续生命动机——消费者为组织家庭、抚育儿女，而购买的商品。

4）发展生命动机——为了提高劳动技能和学习知识，以求生存和发展而购买的商品。

一般来讲，在生理动机驱动下的购买行为，具有经常性、重复性等特点。

2．心理性购买动机

由于人们的认识、感情和意志等心理活动而引起的动机，称心理性购买动机。它是消费者为了满足社交、友谊、娱乐、享受和事业发展而产生的购买动机。

1）感情动机——由人的情绪和情感引起的购买动机，人都有七情六欲，都会存在感情动机。

2）理智动机——消费者对商品做了认识和分析后，所产生的购买动机。它不受感情支配，冷静慎重。

3）信任动机（惠顾动机）——消费者基于感情和理智的经验，对某家商店或某个商品产生一种特殊的偏爱和信任。

3．个性购买动机

在实际生活中，由于消费者各自的需要、兴趣、爱好、性格和价值观的不同，在具体购买商品时的心理活动要错综复杂得多，一般来说，常见的、具体的个性购买动机大体上有以下几种。

1）求实动机——以注重商品的实际使用价值为主要特征的购买动机。这种购买动机并不一定与消费者的收入水平有必然联系，而主要决定于个人的价值观念和消费态度。

2）求美动机——以追求商品的美观、讲究商品的艺术价值或欣赏价值为主要目的的购买动机。追求美好事物是人类的天性。例如，通过款式色彩协调的服装搭配美化自我形象，选购家庭装饰用品美化居住环境，以及对美容、美发服务的消费等，都是求美动机的体现。

3）求名动机——以仰慕优质名牌商品为主要特征的购买动机。这类消费者一般是高收入者。求名动机不仅可以满足消费者追求名望的心理需要，而且能够降低购买风险，加快商品选择过程，因而在品牌差异较大的商品如家电、服装、化妆品购买中，成为带有普遍性的主导动机。

4）同步动机——以保持与别人一致而产生的购买动机，也称模仿或从众动机。持模仿动机的消费者，其购买行为受他人影响比较大，一般希望同左邻右舍、亲戚同事在消费中保持一致水平。一般而言，普通消费者的模仿对象多是社会名流或其所崇拜、仰慕的偶像。电视广告中经常出现某些歌星、影星、体育明星使用某种产品的画面或镜头，目的之一就是要刺激受众的模仿动机，促进产品销售。

5）求新动机——以追求新颖别致商品而产生的购买动机。这类消费者一般思想活跃、性格开朗，喜欢接受新事物，具有一定的购买力，敢于大胆一试，引领潮流。

6）求廉动机——以注重商品价格低廉为主要特征的购买动机。出于这种购买动机的消费者，选购商品时会对商品的价格进行仔细比较，在不同品牌或外观质量相似的同类商品中，会尽量选择价格较低的品种。求廉的动机固然与收入水平较低有关，但对于大多数消费者来说，以较少的支出获取较大的收益是一种带有普遍性的动机。

7）求安动机——出于安全性能和是否有益身心健康而产生的购买动机。消费者不仅要求商品在使用过程中各种安全性能可靠（如家用电器不出现意外事故，化妆品不含有毒物质），而且刻意选购各种防卫保安性用品和服务，如保险、保镖等。与此同时，追求健康的动机日益成为消费者的主导性动机，在这一动机的驱动下，选购医药品、营养品、保健品、健身产品已经成为现代消费者经常性的购买行为。

8）嗜好动机——为满足某种特殊偏好而产生的购买动机。许多消费者由于生活习惯和业余爱好，而特别偏爱某一类商品，如集邮、摄影、花鸟鱼虫、古玩字画、音响器材等。

9）好奇动机——在好奇心的驱使下产生的购买动机。

实例

一家泰国酒吧的主人在门口放了一只大酒桶，很长时间也没有引起人们多大的关注。后来有一天，酒桶的外面蒙上一块布，上面写了几个字："不许偷看。"说来很奇怪，过往的行人见此纷纷驻足，非要打开布看个究竟。只见里面是香气扑鼻的陈酒，酒水下面还有一行字："本店美酒与众不同，请享用。"顾客们先是会心一笑，然后就寻着酒香走进了酒吧。

启示：人的动机是很微妙的，利用消费者的购买动机可以收到意想不到的效果。你还能举出一些其他的例子吗？

3.3.3 掌握购买动机，做好营销工作

企业掌握消费者购买动机，一般应做好以下两方面的营销工作。

1）从顾客让渡价值理论分析，顾客购买产品时，总希望把各项成本降到最低限度，而同时又希望从中获得更多的实际利益。这种购买动机决定了营销工作必须综合考虑产品价格、维修、售后服务、产品保证等因素，协助顾客最经济地使用各种有限的企业资源，从而扩大销售，最大限度地提高企业的经济效益。

2）从顾客满意角度分析，每一位顾客购买产品和服务的动机，就是他们对购买的产品和所感受的服务，超过他们的预期，他们感到满意或十分满意。企业营销人员要找出最具潜力的顾客群，以及他们的行为特点，在此基础上开展独特的营销战略；找到影响顾客满意的主要因素，争取更多的忠诚顾客；明确自身产品和服务存在的急需解决的问题；不断改进产品并开发新产品；开发完善一套科学的工作体系，用以评价企业的服务水平；传达顾客心声，以检测顾客对企业产品和服务的满意程度，及时反馈给企业管理层，为企业持续不断地改善营销工作、真正地满足顾客的需要服务。

3.4 消费者购买行为分析

3.4.1 消费者购买行为模式

研究购买动机主要是了解消费者为何购买，研究购买行为是了解消费者如何购买。

消费者购买行为是指消费者为了个人和家庭的生活需要而购买商品和劳务的行为。消费者购买行为的形成过程是十分复杂的，既有共性的一面，又有差异性的一面，即由于经济条件、生活水平、社会环境等方面的差异和不同，消费者的购买行为表现出来的差异性是很大的。

心理学认为，人的行为是大脑对刺激物的反应，在这个过程中，人的心理活动支配着人的行为，将这一模式应用到消费者的购买行为中，可以发现营销要素和营销环境的刺激，进入购买者的意识后，购买者的特征和决策过程导致了购买决策。所以，购买行为的模式即市场营销刺激与消费者反应之间关系的模式，如图 3-3 所示。

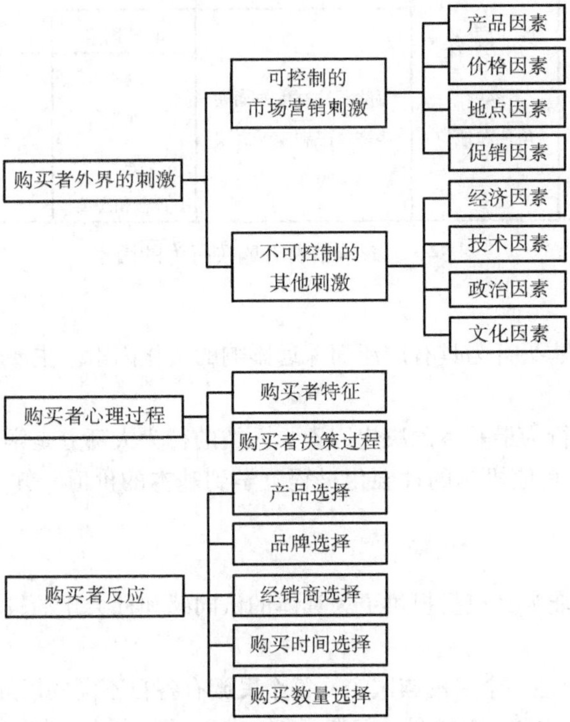

图 3-3　消费者购买行为模式

图 3-3 中，购买者所受外界的刺激有两类：一类是企业可控制的市场营销刺激，包括产品、价格、地点和促销；另一类是企业不可控制的其他刺激，包括经济、技术、政治和文化等因素的刺激。这些外界刺激，通过一定的心理过程，消费者就会做出各种反应，如产品选择、品牌选择、经销商选择、购买时间选择和购买数量选择等。外部刺激和消费者反应，往往是有形的，看得见摸得着。而消费者如何消化各种外部刺激，从而形成各有特色的某种反应，则常常难以揣摩。

企业的管理者和市场营销人员，必须千方百计地调查研究和了解购买者的心理反应过程，以便采取相应的对策。

3.4.2　影响消费者购买行为的主要因素

影响消费者购买行为的因素主要有文化因素、社会因素、个人因素和心理因素，如图 3-4

所示。

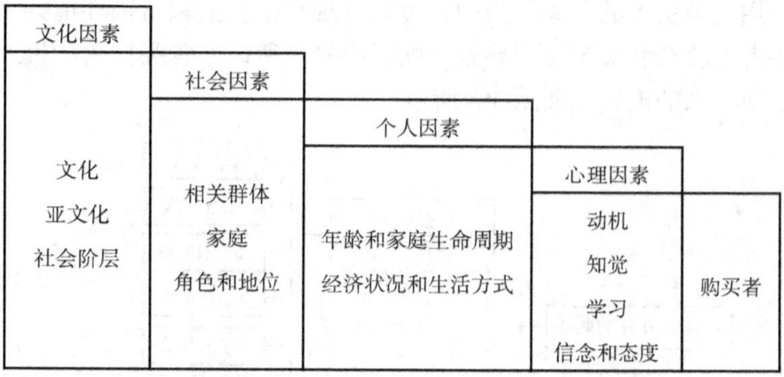

图 3-4　影响消费者购买行为的因素

1. 文化因素

它是指对消费者的购买行为具有广泛而深远影响的文化因素。主要包括以下几方面。

（1）文化

文化是人类欲望和行为最基本的决定因素，人类的行为大部分是学习而来的，在社会中成长的儿童通过其家庭和其他机构的社会化过程，学到基本的价值、知觉、偏好和行为的整体观念。

（2）亚文化

每一文化都包含着能为其成员提供更为具体的认同感和社会化的较小的亚文化群体。主要有以下几个。

1）民族群体。我国是一个多民族国家，每个民族有各自不同的民族习惯和生活方式。

2）宗教群体。如天主教、基督教、伊斯兰教、佛教等，各宗教都有其偏好和禁忌，形成一定的宗教文化。

3）种族群体。如黑人、白人和黄种人，他们都有特定的文化和状态。

4）地理地域。如南方、北方、沿海、内地，他们都有各自的风俗习惯。

（3）社会阶层

社会阶层是具有相对的同质性和持久性的群体，每一阶层成员具有类似的价值观、兴趣爱好和行为方式。不同社会阶层的人对产品的品牌有不同的偏好，因此营销者只能集中主要力量为某些阶层服务。

2. 社会因素

（1）相关群体

相关群体是对个人的态度、意见和观点有直接影响的群体。人们的生活方式和偏好不是天生的，而是后天形成的，它无时、无处不受到相关群体的影响。

1）主要群体——对个人影响最大的群体，如家庭、朋友、邻居、同事等。

2）次要群体——对个人影响较次一级的群体，包括宗教组织、各类专业协会和团体等。

3）崇拜性群体——个人并不直接参加，但受影响显著且希望从属的群体，如社会名流、影视明星、体育明星等。

营销者必须注意识别目标顾客的相关群体。相关群体对消费者有重大影响，具体表现为：① 使一个人受到新的行为和生活方式的影响；② 影响人的态度和自我概念，因为人总是迎合群体；③ 产生某种趋于一致的压力，影响个人对产品和品牌的选择。

（2）家庭

家庭是社会的细胞，对人的影响最大。人们的价值观、审美观、爱好和习惯等多半是在家庭的影响下形成的。

（3）角色和地位

角色和地位是一个人在不同的场合扮演不同的角色，并且具有不同的社会地位，因此产生不同的需要，购买不同的商品。

3．个人因素

（1）年龄和家庭生命周期

不同年龄的消费者，由于生活经历、习惯、爱好和兴趣等方面的差异，对商品有不同的需要和偏好。例如，年轻人喜欢奇装异服；老年人喜欢端庄朴素的服装，需要老花镜、助听器等。

家庭生命周期是指一个以家长为代表家庭，从产生到子女独立的发展过程。根据购买者的年龄、婚姻和子女等状况，其家庭生命周期大体可分为七个阶段。

1）未婚阶段——年轻、单身。

2）新婚阶段——年轻夫妇，没有孩子。

3）“满巢”期I——年轻夫妇，有六岁以下的幼儿。

4）“满巢”期II——年轻夫妇有六岁或六岁以上的孩子。

5）“满巢”期III——年龄较大的夫妇有未独立的孩子。

6）“空巢”期——年龄较大的夫妇，与子女已分居。

7）鳏寡期——年老、单身，即失去配偶后，只剩下一位老人的家庭。

消费者处在不同的家庭生命周期阶段，会有不同的爱好与需要。例如，新婚夫妇需要购买家具、家电等耐用消费品，“满巢”期I需要婴儿食品、玩具等，“满巢”期III需要青少年用的图书杂志、体育用品、服装、交通工具等商品。由此可见，购买者的家庭生命周期也会影响消费者的购买行为。

（2）经济状况和生活方式

购买者的经济状况是指购买者的收入情况（包括购买者的收入水平、稳定性、时间）、储蓄和资产情况（包括有多少现款和流动资产）及借贷能力。消费者的经济状况决定其购买能力的大小，因此在很大程度上制约着消费者的购买行为。

生活方式是指一个人在生活方面所表现出的兴趣、观念及参加的活动。不同生活方式的消费者，对商品有不同的需要，一个消费者的生活方式发生变化后，就会产生新的需要。例如，当女性作为家庭主妇时，她们一般需要较朴素的服装；当她们上班工作时，就需要较体面的服装，需要交通工具等商品。所以购买者的生活方式也是影响消费者的需要和购买行为的一个因素。

4．心理因素

1）动机。人们的行为是受动机支配的，而动机是由需求引起的。

2）知觉。知觉是通过感觉器官，对外界刺激的反应。人们会对同一刺激物产生不同的知觉，人们会经历三种知觉过程，即选择性注意、选择性扭曲和选择性保留过程。人们的需求受到刺激形成动机，随时可付诸行动，但人的行为如何，还要看其对客观环境的知觉如何。

3）学习。人类的行为有些是本能的和与生俱来的，但大多数行为是从后天经验中得来的，即通过学习实践得来的。

4）信念和态度。信念是指人们对事物所持的认识，人们对商品的信念可建立在不同的基础上，不同的信念可导致人们产生不同的态度，如对名牌的争购，对新商品的观望等。

3.4.3 消费者购买决策过程

消费者购买决策由一系列的相关活动构成，在实际购买之前就已经开始。从心理学的角度讲，购买决策过程也是一个认识过程。因此，研究消费者的购买，不能只注意其意向购买或实际的购买，而应研究从需求形成到购买后的反应的全过程。购买者决策过程可分为五个阶段，如图 3-5 所示。

图 3-5 购买决策过程示意图

1．唤起需求

唤起需求是购买行为的起点。当消费者感到一种需要并准备购买某种商品以满足这种需要时，购买决策过程就开始了。这种需要，可能是由内在的生理活动引起的，也可能是受外界的某种刺激引起的，如广告、流行的时尚、他人的评价等，或者是内外两方面因素共同作用的结果。在该阶段营销人员应注意的是，不失时机地采取适当措施，唤起和强化消费者的需求。

2．收集信息

如果唤起的需求很强烈，可供满足的产品能很方便地得到，消费者就会马上产生购买冲动。但在多数情况下，消费者的需求并非马上就能获得满足，他必须先寻找和收集有关信息，以便尽快完成从知晓到确信的心理程序，做出购买决策。

消费者获取信息的来源一般有以下几个方面：个人来源，即从家庭、亲戚、朋友、同事和其他熟人处得到的信息；公共来源，指从大众媒体报道和消费者团体评价得到的信息；商业来源，即从广告、营销人员介绍、商品陈列、商品包装、商品说明书、商品展览及DM传单等得到的信息；经验来源，以往的购买和消费经验，以及通过体验和学习所获得的信息。在这一阶段，营销人员既要千方百计地做好商品的广告宣传，吸引消费者注意，又要努力搞好商品陈列和说明，使消费者方便地获取对企业有利的各种信息。

3. 比较评判

消费者将根据所掌握的信息，对选择范围内的各种品牌的商品进行比较评判，从中选择和确定他所偏好的品牌的商品，形成购买意向。在比较评判的过程中，营销人员要注意消费者如何评价选择范围内的各个品牌的商品，以及如何选择本企业的商品。

4. 购买决策

这是消费者决策的中心环节。购买决策通常有三种情况：① 消费者认为商品质量、款式、价格等符合自己的要求和购买能力，决定立即购买；② 对商品的某些方面不能完全满意而延迟购买；③ 对商品质量、价格等不满意而决定不买。消费者的购买决策是许多项目的总抉择，它包括购买什么产品、什么型号、什么款式、多少数量、何时购买、何地购买、以什么价格购买、以什么方式付款等。

购买决策是消费者购买行为的关键阶段，营销人员在这一阶段一方面要向消费者提供更多更详细的商品信息，以便消费者消除各种疑虑；另一方面要通过提供各种销售服务，方便消费者选购，促进消费者做出购买本企业产品的决定。

5. 购后评价

完成购买决策和消费者实际购买产品后，并不意味着购买活动的结束。为验证自己的决定是否最优，所得的利益是否最大，消费者还需进行购后评价。

购后评价集中指向所购商品，评价标准也以产品效用为主要内容。评价可以由消费者个人进行，也可以征求亲友、同事的意见，观察社会反应。评价时间可以发生在买后即时，也可以在使用一段时间以后再进行评价。评价结果表现为满意、基本满意和不满意及十分不满意几种情况。消费者根据自己从卖主、朋友及其他来源所获得的信息来形成产品期望，如果卖主夸大其产品的优点，消费者将会感受到不能证实的期望，这种不能证实的期望会导致消费者的不满意感。当他们感到十分不满意时，肯定不会再买这种产品，甚至有可能退货 、劝阻他人购买这种产品。所以，营销者应使其产品真正体现出价值的可觉察性能，以便使购买者感到满意。事实上，那些有保留地宣传其产品优点的企业，反倒使消费者产生了高于期望的满意感，并树立起良好的产品形象和企业形象。

消费者对其购买的产品是否满意，会影响消费者是否重复购买，并将影响其他人的购买决策，对企业信誉和企业形象关系极大，所以，市场营销人员应采取有效措施，尽量降低消费者买后不满意的程度，并通过加强售后服务、保持与顾客联系、提供使他们从积极方面认识产品的特性等方式，增加消费者的满意感。

小思考

如何理解“满意的顾客是最好的广告”？

相关链接

营销界有一个著名的等式，即 100−1=0，意思是说即使 100 位顾客中 99 位对企业的产品或服务表示满意，但其中只要有 1 位顾客持否定态度，企业的美誉就立即归零。虽然这种比喻是一种夸张的说法，但事实显示：每位非常满意的顾客会将其满意的感觉告诉至少 12 个人，其中大约有 10 人会产生相同的需求并光顾该企业；相反，1 位非常不满意的顾客会把不满的意见告诉至少 20 个人，当这些人产生相同需求的时候，几乎不会光顾这一被批评的企业。

3.4.4 消费者购买决策内容分析

消费者在决策过程中所要解决的问题，主要是在最便利的条件下选购到质量好、价格合理、符合个人需要的产品。因此，消费者的购买决策内容主要有以下六个方面，可以简单地概括为“5W1H”。

1．购买什么（What）

这是购买决策最基本的任务之一。如果购买什么都不能决定，那么就不会有任何购买活动的产生。对于消费者来说，决定买什么不能只停留在一般产品类别上，必须要有明确具体的指向对象，例如，口渴不能只决定买液体或固体，还要具体到买什么液体（如纯净水），什么品牌（如娃哈哈），哪个厂家生产的（如杭州娃哈哈集团有限公司生产的）。

2．为何购买（Why）

消费者为何购买，这主要是由消费者的购买动机引起的。产生购买动机的因素很多，是为了满足生理需要购买（如衣服、食物等），还是为了满足心理需要（如娱乐、旅游等），或者是满足其他需要。

3．何时购买（When）

对于不同的商品，消费者进行购买的时间常常是不同的。有的商品要一天购买多次，有的一年才购买一次，有的甚至几年才购买一次。因此，企业在市场营销活动中应注意了解消费者购买商品的时间、习惯和规律，以便适时满足消费需求。如季节性的购买，企业应掌握哪些月份、哪些日子、哪段时间购买的人数最多，并随时准备充足的商品货源供消费者选购。

4．何地购买（Where）

分析消费者在何地购买要从两个方面入手，即消费者在何地决定购买及在何地实际购买。这往往与所购商品的类型、数量的多少、价格的高低、商店的远近、商家的服务态度等有关。对于高档耐用品，消费者在购买前通常在家中做出决定，然后宁愿多花时间走远点，到繁华商业区或专卖店选购称心如意的产品；对于日用消费品和一般食品，消费者大多是在现场做出购买决定，并就近购买。

5．如何购买（How）

如何购买主要是指消费者购买商品时的货币支付方式和获得产品所有权的方式及途径，如现金支付、分期付款、赊销、邮购、网上订购、自购、托人代购等。消费者如何购买，不仅会影响市场营销活动的状态，而且会影响产品设计、价格政策，以及营销计划的制定和其他经营决策。因此，工商企业要认真加以研究。

6．谁来购买（Who）

家庭成员在购买决策中通常扮演着不同的角色，这些角色有发起者、影响者、决策者、购买者、使用者。对承担购买任务的购买者进行分析，有利于企业有针对性地制定营销策略。

3.4.5 消费者购买行为的类型

1．按购买态度与要求分类

按消费者购买态度与要求分类，可分为习惯型、理智型、经济型、冲动型、想象型、疑虑型和随意型。

1）习惯型——通常是按照自己过去形成的爱好和习惯购买某种品牌、商标、规格的商品，甚至习惯到某一商店购买，购买商品时目标明确，成交迅速，并经常重复购买。

2）理智型——头脑冷静，一般在购买之前对于所要购买的商品经过慎重考虑和比较，不轻易受广告等外界因素的影响。购买商品时，总要反复比较，慎重选择才决定购买，交易过程较慢。

3）经济型——喜欢购买廉价的商品，购买商品时，主要以价格高低为购买条件。

4）冲动型——易受外界刺激物影响而采取购买行为。这类消费者对商品的选择以直观为主很少思索，不大考虑价格是否合理，商品是否适用，而是从兴趣出发，喜欢追求新颖时尚的商品，成交迅速。

5）想象型——在感情支配下而采取的购买行为。这类消费者感情丰富，善于联想，对商品的外观、造型、颜色、命名都较重视。他们购买商品时，例如，松鹤——联想到健康长寿，双喜——联想到幸福等，往往把商品命名、商标、图案与自己的向往和理想联系起来。

6）疑虑型——存在戒备的购买行为。在选择商品时顾虑重重，对售货员介绍和宣传的商品，持怀疑态度。

7）随意型——缺乏购买经验，缺少主见的一种购买行为。

2．按消费者购买目标的选定程度分类

按消费者购买目标的选定程度分类，可分为全确定型、半确定型、不确定型。

1）全确定型——消费者在进入商店之前已有明确的购买目标，对购买什么品种、牌号的商品已有明确的要求，只要与自己购买要求符合便采取购买行为。

2）半确定型——消费者进店之前，只有大致的购买目标，而具体要求并不十分明确，需经过比较挑选后才能做出最后的购买行为。

3）不确定型——消费者缺乏主见，凡是自己需要的商品没有固定的偏爱，进店之前，没有明确的购买目标，更没有具体的要求，一般是观看商品，不购买商品，但若看到合适的或感兴趣的马上会由看客变为购买者，他们一般不考虑品牌。

本章小结

如今的顾客在他们能够购买的产品和服务上，面临着越来越多的选择，他们是在对质量、服务和价值期望的基础上做出决策的，企业应当了解决定顾客价值和满意的因素。顾客让渡价值是指顾客购买商品时的总价值和总成本之间的差额。总顾客价值包括产品价值、服务价值、人员价值、形象价值四方面内容，总顾客成本包括货币成本、非货币成本（时间成本、精力成本、体力成本）。营销者应努力降低成本，增加商品的使用价值，以实现最大限度的顾客让渡价值。

需求是指消费者对某种产品或劳务的渴望与欲望。研究消费者需求是营销活动的出发点。现代消费需求表现出许多特征，如多样性和差异性，层次性和发展性，伸缩性和周期性，可变性和可诱导性等，这些都为制定营销对策提供了依据。

消费者的需求是多种多样的，基本可分为生理需求和社会需求，物质需求和精神需求，现实需求和潜在需求等。了解消费需求，才能更好地满足消费需求。

动机是行为的原动力，购买动机是引起消费者购买某一商品或选择某一目标的内在动力。消费者的购买动机多种多样，主要有求实、求廉、求新、求美、求名、求安、同步、嗜好、好奇，掌握消费者为何而买的规律，有效地赢得购买者并为购买者服务提供线索，就能找到营销制胜的对策。

消费者购买行为是指消费者为满足自身需要而发生的购买和使用商品的行为活动，消费者购买行为要受经济因素、社会因素、心理因素的影响。消费者购买决策过程前后包括唤起需求、收集信息、比较评判、购买决策、购后评价五个阶段；购买决策的内容主要包括购买什么，为何购买，何时购买，何地购买，如何购买，谁来购买等。对购买行为的分析，可以识别目标购买者及他们的决策过程，使得市场营销计划能够吸引并赢得购买者及主要的参与者，这是市场营销成功的基础。

复习思考题

1．基本概念

顾客让渡价值　消费者需求　购买动机　相关群体　信任动机　社会阶层

消费者购买行为

2．填空题

（1）顾客让渡价值是（　　）和（　　）之间的差额部分。

（2）顾客购买产品的总成本包括（　　）、（　　）、（　　）、（　　）。

（3）按照需求的产生和起源，可把消费者的需求分为（　　）和（　　），按需求的层次可分为（　　）、（　　）和（　　）。

（4）由于人们知、情、意等共性的心理活动而引起的动机包括（　　）、（　　）、（　　）。

（5）消费者获取信息的来源主要有（　　）、（　　）、（　　）和（　　）。

（6）消费者购买决策的内容因人、因条件和所处环境的不同而不同，但所有消费者购买决策都包括（　　）、（　　）、（　　）、（　　）、（　　）和（　　）六个方面的内容。

3．选择题

（1）某夫妇携刚上小学的儿子上街，经过鞋城时，儿子要求购买在电视广告中经常出现的130元一双的“彪马”运动鞋，后经夫妇商量并说服儿子，买了一双35元的“四驱兄弟”运动鞋。这种购买行为属于（　）。

A．经济型购买　　B．理智型购买

C．情感型购买　　D．冲动型购买

（2）影响消费者购买行为的心理因素包括（　）。

A．信念和态度　　B．年龄和家庭生命周期

C．社会阶层　　D．经济状况和生活方式

（3）按马斯洛的需求层次论，人的最高层次的需求是（　）。

A．生理需求　　B．安全需求

C．自我实现的需求　　D．社交需求

E．尊重需求

（4）（　　）是消费者购买决策的起点。

A．收集信息　　B．唤起需求

C．外部刺激　　D．比较评判

4．判断题

（1）顾客满意就是顾客能购买到称心如意的商品。（　　）

（2）衣食住行等需求是每个人都需要的，因此所有人的需要都是大体相同的。（　　）

（3）决定消费者是否重复购买的最重要阶段是购后评价阶段。（　　）

（4）消费者需求是多种多样的，因此他们的动机也是多种多样的。（　　）

（5）需求是可以刺激的，因此企业的刺激越大，需求就越大。（　　）

（6）相关群体是人们的社会联系，而家庭是最重要的相关群体。（　　）

5．简答题

（1）企业如何提高产品的顾客让渡价值？

（2）现代消费需求的基本特征有哪些？举例说明据此应如何制定营销策略。

（3）以自己最近的一次购买活动为主题，分析购买决策的全过程，在各个阶段营销者应注意什么？为什么要把购后反应包括在整个购买决策的过程之中？

（4）马斯洛需求层次论的主要内容是什么？这一理论对市场营销有何指导意义？

（5）消费者购买行为的模式如何？

实训题

1．案例分析

（1）美国著名篮球明星迈克尔·乔丹高超的技术和令人振奋的体育精神，使他成为全世界青少年心目中的英雄，耐克公司请乔丹作为其代言人，设计以“飞人乔丹”命名的篮球鞋，还在商店设立乔丹专柜，“飞人乔丹”上市第一年即创下1亿美元的销售佳绩，耐克很快成了高档篮球鞋的主导产品。

请问： 1）耐克公司成功的主要原因是什么？

2）举出我国企业的一些类似例子并分析。

（2）某食品公司生产的水果罐头，曾一度无人问津。为摆脱困境，老板遂思得一巧计——在罐头上印上谜语，并注明打开罐头吃完东西，谜底就在罐底。这一新奇的招数竟使得销售量大增，产品也由滞销变为畅销，打开了市场。

请问： 1）这利用了消费者什么样的购买动机？

2）请再举出其他类似的实例，并分析说明，体会其中的营销智慧。

2．分析讨论

（1）购买以下产品或服务的决策过程有何不同?

1）一本市场营销学书籍。

2）任何价值超过3 000元的产品或服务。

（2）结合当地的市场，分析讨论目前的市场消费热点，并写一份分析报告。

3．营销实训

（1）实训题目：分析市场特点，了解消费心理和购买行为。

（2）背景资料：对学校附近的超市进行调查，了解销售资料，由学生组织分析研究，得出结论。分析的具体内容由教师指导学生拟订。

（3）任务要求：① 根据商品类别，将学生分成几个小组，任课教师协调整个实训过程。如超市参与时，可根据学生目前的实际需要，确定商品类别，展开调查。② 在实地观察，接触消费者的实际感受。结合消费行为理论剖析消费者2～3种行为过程，说明其有可能受哪些心理活动的影响。③ 每位同学提交一份分析报告，1 500字以内。

第 4 章

目标市场营销

◇ 本章学习目标 ◇

1. 了解市场细分、目标市场、市场定位的概念。
2. 熟悉有效市场细分的标准和条件，市场细分的方法，能够进行有效的市场细分。
3. 把握目标市场的选择，掌握目标市场策略和市场定位策略及运用，为市场营销战略和策略的制定奠定良好的知识基础和技能基础。

企业的市场营销要解决的一个中心问题，就是如何制定市场营销战略。目标市场是企业营销战略制定的核心，企业要确立目标市场，就必须进行市场细分。企业只有进行合理的市场细分，准确地选择目标市场，才能将自身的优势与社会需要更好地结合起来，制定出切实有效的市场营销战略和策略。本章将系统地阐述市场细分，目标市场选择，目标市场策略，以及市场定位的基本思路、原理和方法。

4.1 市场细分的原理和方法

4.1.1 市场细分的含义、原理和作用

1. 市场细分的含义

市场细分是美国市场学家温德尔·史密斯（Wendell R. Smith）在20世纪50年代中期提出的，日益受到工商企业的重视，现已成为市场营销理论的重要组成部分。

所谓市场细分，是指根据消费需求的明显差异，把某一产品的市场整体划分为若干个顾客群体，需求特点相似的顾客组成的群体就构成一个细分市场。每个细分市场都是由需求与欲望相似的消费者组成的。市场细分又可称为市场区划、市场分片。

市场细分的客观基础是顾客对同一产品需求的差异性。这些差异是客观存在的，它是由消费者所处的不同地理环境及千差万别的文化、社会、个人和心理特征的影响而形成的。市场上任何一项产品和服务，只要包含两个以上的消费者，这个市场就可以细分。

市场细分的实质是细分消费者，即辨别具有不同需求与欲望的消费者并加以分类的过程。大中求异，小中求同。也就是说，就大市场来讲，要找出消费者的差异性，把消费者划分为若干个消费群体；就小市场来讲，每个细分市场都是由需求、欲望、动机、购买行为等大体相似的消费者组成的。市场细分并不是一个单纯的分解过程，分解只是手段，聚合才是目的。

市场细分的目的在于，认识消费者在需求、动机、购买行为等方面的差异性和共同性，以便选择适当的服务对象，确定目标市场，制定最佳的营销策略。

2. 市场细分的原理

市场细分作为现代市场营销观念的产物，其产生与发展经历了三个阶段。

1）大量市场营销阶段。19 世纪末 20 世纪初，西方经济发展的中心是速度和规模，企业市场营销的基本方式是大量营销，即大批量生产品种规格单一的产品及通过大众化的渠道推销。在当时的生产条件下，由于大量营销降低了成本和销售价格，企业获得了丰厚的利润。

2）产品差异化营销阶段。20 世纪 20 年代，发生了震撼世界的资本主义经济危机，各个企业努力生产具有不同质量、外观和品种规格的产品，力求比竞争对手更快地将产品销售出去。由于产品差异化缺乏市场基础，因此不能大幅度地提高产品的适销率。

3）目标营销阶段。20 世纪 50 年代以后，在科学技术革命的推动下，生产力水平大幅度提高，产品日新月异，生产与消费的矛盾日益尖锐。于是市场迫使企业转变经营观念，由产品差异化转向以市场需求为导向的目标营销。即企业在研究市场和市场细分的基础上，结合自身的资源和优势，选择其中最有吸引力和最能有效地为之提供产品和服务的细分市场作为目标市场，从事营销活动，设计与目标市场需求特点相匹配的营销组合等。于是市场细分理论应运而生。

在市场细分理论中，依据消费者对商品的同质需求和异质需求，可以把市场分为同质市场和异质市场。同质市场是指消费者对商品的需求大致相同的市场。例如，消费者对大米、火柴、食糖等的需求差异很小，购买这些商品数量比较稳定，对其需求是方便的购买和最低的价格，则这些商品的市场就具有较大的同质性。异质市场是指市场群之间的差异大，但各市场群内部的差异趋小的市场。市场细分实际上是将异质市场分成若干个同质市场的过程。因此消费者存在异质需求是市场细分的理论基础。

小思考

汽车、服装市场需要进行细分吗？为什么？

3. 市场细分的作用

1）有利于企业发掘新的市场机会。寻找新的市场机会、占领新的目标市场已越来越成为企业营销的重要课题，影响企业将来的市场定位。而市场细分就是企业挖掘新的市场机会的技巧。市场细分是以调查、分析为基础的研究过程，经过市场细分后的子市场，易于发现未被满足或未被充分满足的消费需求，从而及时发现新的市场机会，寻找市场空当，开展有针对性的营销，占领新的目标市场，取得先机。

实例

日本的钟表企业就是通过对美国市场的细分进入美国市场的。按产品的需求档次把美国钟表市场分为高、中、低三个档次的细分市场。进一步分析发现，高档钟表市场主要由瑞士等国生产名牌手表的厂商所占领，且竞争激烈，中低档钟表市场上的顾客需求并未得到很好的满足。于是日本的钟表厂商专门开发中低档钟表，满足中低档钟表市场顾客的需求，取得了良好的销售效果。现在日本的钟表厂商不仅在美国市场上站稳了脚跟，还在进一步谋求向高档钟表市场发展。

启示：通过市场细分，发现营销机会。

2）有利于中小企业开拓市场，在大企业的夹缝中求生存。顾客的需求是多变的，各不相同的，即使是大企业的资源也是有限的，不可能满足整个市场与日俱增的所有需求。为了求生存，中小企业应善于运用市场细分原理对整个市场进行细分，拾遗补阙，从中找到适合自己的、需求尚未得到满足的细分市场，采取与目标市场相对应的产品、价格、渠道、促销策略，从而获得良好的发展机会，取得较大的经济效益。例如，某小型毛巾厂，在整个毛巾市场上缺乏竞争力，但是通过市场细分，它们发现日本旅馆每日更换盥洗室毛巾，且对质量要求不高，而一般大型毛巾厂对此不屑一顾。于是该厂瞄准此细分市场，生产和提供该市场所需要的毛巾，获得了很好的经济效益。

3）有利于企业制定和调整营销战略与策略。对整个市场来说，任何企业的营销能力都是有限的。如何把有限的资源利用好，产生最佳的经济效益，是现代企业经营的关键。通过市场细分，一方面，分析目标市场上竞争对手的战略与策略，发现对手的不足，做到“知己知彼”，取得局部的竞争优势；另一方面，面对一个或少数几个子市场，可以及时地捕捉信息，并根据需求的变化及时调整市场营销策略，这样可以使经营更具针对性、更加及时有效，从而最大限度地发挥企业的资源优势。

4）有利于企业合理配置和运用资源。企业根据市场细分确定目标市场，扬长避短，集中有限的人力、物力、财力于少数几个或一个细分市场上，可避免分散使用力量，取得事半功倍的效果，获得最大的经济效益。例如，某乡镇的小型轴承厂通过对轴承市场进行细分，选择农村马车运输细分市场作为目标市场，集中企业的所有资源，生产马车所需的轴承。这不仅满足了农村马车运输户的需要，而且在农村马车轴承市场上有较高的市场占有率，获得很大的经济效益。

小思考

"全球各地都是我们企业的市场，所有人都是我们的用户和潜在用户"，此话听起来很有企业家气魄，你对这样的观点有何看法？

4.1.2 市场细分的标准

由于市场细分是建立在消费需求差异性的基础上的，因此凡是使消费需求产生差异的因素，都可以作为市场细分的标准。这里针对消费者市场和生产者市场的不同特点，分别介绍细分标准。

1．消费者市场的细分标准

（1）地理因素

按地理因素进行细分，就是依据消费者所处的不同地理区域进行细分，如不同国家、地区、省市，南方、北方，城市、乡村等（见表4-1）。

表4-1 地理因素细分表

地理位置	行政区划（东北地区、华北地区、西北地区、山区、平原） 地理区划（农村、城市、郊区）
气候状况	北方、南方，热带、寒带等
城市规模	大城市、中等城市、小城镇等

由于所处地理区域不同，消费者会形成不同的习惯和偏好。例如，农村市场比较偏爱坚固耐用、能负重的自行车，而城市市场则倾向于轻便、新颖的自行车；北方人选择棉衣主要看保暖性能，而南方人选择棉衣主要看款式。地理因素是企业常用的一个因素，也是最明显、最容易掌握的一个因素。但是对消费者来说，即使是在同一地理环境中，它们的需求往往也会有很多明显的差异，这就要求企业必须经常深入地研究其他因素。

（2）人口因素

人口因素是按照消费者的年龄、性别、家庭人数、家庭生命周期、收入、职业、教育、种族和国家等，把市场细分为不同的消费群体。由于人口因素易于统计且直接与市场规模相关，因此是企业进行市场细分的主要标准。

1）按消费者年龄与生命周期阶段细分。不同年龄与生命周期阶段的消费者的需求和购买行为具有明显差异。例如，儿童对玩具、少儿读物的需求量最大；青年对服装、文化体育用品的需求量较大；老年人对营养保健品和医疗物品的需求量最大。然而，年龄与生命周期是复杂而微妙的因素。随着社会发展和人们生活水平的提高，人们的消费习惯也产生了一些细微的变化。例如，现在的中老年人对服装、文化用品的需求在不断提高；另外，即使同属于一个生理年龄层次，不同心理年龄也会产生不同需求。因此，企业不应只看生理年龄，还要注意心理年龄。

2）按消费者性别细分。性别也是对消费需求有重要影响的因素。在服装、化妆品等市场上，因性别而产生的需求差异尤为明显。因此在这些行业中性别早已成为一个常用的划分标准。其他行业也期望通过性别细分，来发现新的营销机会。我国不少企业在设计产品时也越来越注意应用这一因素。例如，眼镜、手表等行业都更加注意根据男女的不同特点设计产品，深受消费者的欢迎。

3）按消费者收入水平细分。消费者的收入直接影响他们的购买力、生活方式及对将来生活的期望，因而对消费需求的数量、结构和趋向具有决定性的影响。例如，家具、家电、饮食、服务、房产等行业均可以以此为细分标准。但是这一标准也不是绝对的，有时往往是那些自认为比较贫困的人购买廉价品，而有些收入不高的人却在购买高档商品。这就要求企业在细分市场时还要考虑其他因素。

4）按消费者的职业和受教育程度细分。消费者的职业不同也会引起不同的需求。例如，公司的女职员、女教师和女演员对服装和化妆品等产品的需求有很大的差异。消费者受教育程度不同也必然形成不同的消费行为和需求特点，这是因为文化水平影响人们的审美观和价值观。

（3）心理因素

按心理因素细分市场就是根据消费者的生活方式、个性、心理动机等对市场进行细分。

1）按消费者生活方式细分。生活方式是指个人或集团对消费、工作和娱乐的特定习惯。人们追求的生活方式不同，消费倾向不同，需要的商品也就不同。可将消费者分为紧追潮流者、享乐主义者、主动索取者、因循保守者等，据此来确定自己的目标市场及营销策略。

2）按消费者个性细分。消费者的个性千差万别，表现各异，这些都会对消费者的需求和购买动机产生不同程度的影响。例如，女性由于个性的差异，在化妆品的选择上各有所好，基本上可以分为随意型、科学型、时髦型、本色型、唯美型、生态型六种类型。这对化妆品公司开发新产品很有参考价值。

3）按消费者心理动机细分。动机是个体发动和维持其行为的一种心理机制，是驱使消费者实现个人消费目标的一种内在力量。心理动机分为求实动机、求名动机、求廉动机、求新动机、求美动机等，也可作为企业细分市场的标准。

（4）行为因素

按行为因素细分就是依据消费者购买商品的时机、寻求利益、使用状况、使用频率，以及对商品与品牌的了解、态度等对市场进行细分。

1）按消费者购买时机细分。企业可根据顾客提出需求、购买商品或使用商品的时机将它们分类。例如，在西方，国家消费者往往在圣诞节、情人节、母亲节、父亲节等节日期间对礼品、食品、鲜花等的需求剧增；而在我国，人们则在春节、中秋节、国庆节等传统节日里对这些商品产生大量的需求。

2）按消费者所寻求利益细分。根据顾客追求的利益不同进行市场细分是一种有效的细分方法。例如，牙膏，有的消费者追求其经济实惠、有的消费者追求其防治牙病、有的消费者追求其洁齿美容等，这就要求牙膏生产厂家根据这些标准对市场进行细分，提供有针对性的商品。

3）按消费者使用状况细分。按使用状况的不同可将消费者分为非使用者、曾使用者、潜在使用者、初次使用者、经常使用者五类。在我国，随着经济的发展和居民消费水平的提高，消费结构正在悄悄发生变化。例如，原本为高收入阶层购买的高档服装、家电、新兴的家庭装饰用品等，正逐步进入寻常人家，成为大众化商品。所以企业应注意市场需求的变化动态，及时依据需求的变化来制定相应的发展战略。

4）按消费者的使用频率细分。按消费者使用频率的不同可把市场细分为大量使用者、中量使用者、少量使用者。大量使用者虽然只占总消费者数量的很小一部分，但其购买量占总量的比重很大。例如，啤酒的大量使用者为中青年人，化妆品的大量使用者为成年女性，玩具的大量使用者为儿童等。这些都是企业开发的重点市场。

5）按消费者对品牌的忠诚度细分。根据对品牌的忠诚度可把消费者细分为坚定忠诚者、动摇忠诚者、喜新厌旧者、无固定偏好者四类。例如，市场有 A、B、C、D、E 五种品牌的同一类商品，坚定忠诚者只购买某一品牌，从不动摇；动摇忠诚者则购买其中的两三种品牌，交替使用；喜新厌旧者则经常由一种品牌转移到另一种品牌上；无固定偏好者则没有形成固定的品牌喜好。对企业来说，应该提高自己的品牌意识，并注意根据顾客的喜好特点，有针对性地开发产品，以培养自己的忠诚顾客，在经营上也要以企业现有的忠诚顾客为重点。

实例

日本资生堂公司曾对日本女性化妆品市场做过深入调查，按照年龄把她们分为以下四类。

第一类，15～17 岁的女性。她们正当花季，讲究打扮，追求时髦，对化妆品的需求意识较为强烈，但购买的往往是单一的化妆品。

第二类，18～24 岁的女性。她们对化妆品也非常关心，消费积极，而且只要看中合心意的产品，即使价格昂贵也在所不惜。

第三类，25～34 岁的女性。她们大多数已经结了婚，化妆品的使用已经成为一种日常习惯了。

第四类，35 岁以上的女性。她们对化妆品的需求比较朴素，而且比较单一。

启示：通过市场细分，有针对性地推出不同的产品。

2．生产者市场的细分标准

生产者市场的购买者一般是集团组织，购买的目的主要是用于再生产。生产者市场的细分标准有的与消费者市场的细分标准相同，如地理环境、产品利益、使用率、品牌忠诚度、购买阶段、态度等。但是，生产者市场还有与消费者市场不同的特点，因此，生产者市场也有其不同的细分标准。生产者市场的细分标准主要有以下三种。

1）最终用户。不同的最终用户对同一产品的市场营销组合往往有不同的要求。例如，轮胎，不同生产者的要求就不一样，飞机轮胎的质量要求高于拖拉机轮胎的质量要求，载重卡车轮胎与赛车轮胎的质量要求也不一样。高技术产品生产者更看重产品的质量、服务，而不是价格。有时候，一个用户就可能形成企业的一个细分市场。因此企业应根据最终用户的不同，制定不同的营销策略，以促进产品的销售。

2）用户规模。很多企业根据用户规模的大小来细分市场。用户的购买能力、购买习惯等往往取决于用户的规模。在西方国家，很多企业把用户分成大用户和小用户，并建立适当的制度与之打交道。大用户数目少，但购货量大，企业往往采用更加直接的方式与之进行业务往来，这样可以相对减少企业的推销成本；小用户则相反，数目众多但单位购货量较小，企业可以采用其他的方式，如中间商推销等，即利用中间商的网络进行产品的推销工作。

3）用户的地理位置。用户的地理位置对企业的营销工作，特别是产品的上门推销、运输、仓储等活动有非常大的影响。地理位置相对集中，有利于企业营销工作的运筹、开展。很多国家和地区，由于自然资源和历史的原因，形成了若干工业区。例如，美国五大湖地区是钢铁工业区，就形成了对矿石产品的集中需求；我国以山西省为中心的煤矿区，则形成了矿山机械的需求市场。随着经济结构的调整，新疆地区将成为我国新的纺织工业区，对纺织机械会有大量需求。

4.1.3 有效市场细分的条件

对不同的行业、不同类型的企业来说，实行市场细分必须具备一定的条件，否则，不一定能形成有效的细分市场，很可能徒劳无功，得不偿失。例如，购买食盐的顾客可以分为儿童、青年人、中年人、老年人，但是，年龄的大小与购买食盐没有任何关系。另外，所有顾客购买食盐的量基本上都是相同的，而且他们认为盐的质量相同，并愿意支付相同的价格，从企业营销的角度来说，这个市场就没有必要细分，如果细分了也是无效的。一般来说，市场细分应具备这样几个条件。

1．差异性

差异性是指某种产品整体市场中确实存在着购买与消费上的明显差异，完全有细分的必要或某一因素足以成为细分依据。例如，肉食品、糕点等产品有必要按民族细分，而大米、食盐就没有必要按民族来细分。

2．可衡量性

可衡量性是指细分市场的规模和购买力是可以估测衡量的，既有明显的区别，又有合理的范围。

3．可进入性

可进入性是指企业进行市场细分时，要考虑企业本身的实力、规模、经营状况。细分市场中，必须有本企业能有效进入和为之服务的市场部分。否则，就失去了细分的意义。

4．可营利性

可营利性是指细分市场的容量能够保证企业获得足够的赢利。如果容量太小，分得过细，则产品销售量有限，不应作为细分的依据。

5．稳定性

稳定性是指所划定的细分市场，必须具有相对稳定性，以保证企业有足够的时间实施营销方案、进入市场、获得赢利。否则，如果市场变化太快，变动幅度又很大，企业还没来得及实施营销方案，目标市场已面目全非了，这样的市场细分也就毫无意义。

4.1.4 市场细分的方法和步骤

1．市场细分的方法

1）单一因素细分法。它是根据市场主体的某一因素进行细分。例如，按收入的高低来划分服装市场，按年龄的大小来划分玩具市场等。这种划分比较简单易行，但是消费者或用户的需求很少只受单一因素的影响，往往受多种因素的影响。

2）系列因素细分法。它是指为了使细分市场更有效、更切合实际，往往需要使用多种因素为标准，利用多因素组合来进行市场细分，由粗到细，由浅入深。例如，对服装市场进行细分，就可以利用与服装关系最密切的地区、性别、年龄、个人收入等因素作为划分的标准，如图 4-1 所示。

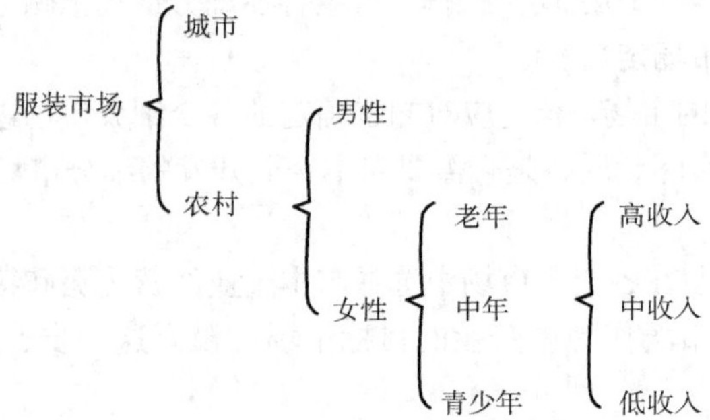

图 4-1　系列因素细分示意图

3）主导因素排列法。当细分市场的选择存在多种因素时，可以从消费者的特征中寻找和确定主导因素，然后与其他因素有机结合，确定细分目标市场，这种方法叫做主导因素排列法。以青年服装市场为例，职业与收入通常是影响服装选择的主导因素，文化、气候则居于从属地位，因此应以职业、收入作为细分青年服装市场的主导依据。

4）综合因素法。综合因素法是用影响消费需求的两种以上的因素为标准，从多个方面对市场进行细分，该方法的核心是并列多因素进行分析，所涉及的各项因素无先后顺序和重要与否的区别。例如，可以同时用收入水平、年龄、职业三种因素将女性服装的消费者划分为许多具有不同需求特征的细分市场。

小思考

某化妆品的经营者将18～45岁的城市中青年女性确定为目标市场，它运用了几个细分变量？牙膏、服装市场可按什么标准来细分？

2．市场细分的步骤

1）选择与确定营销目标。企业根据自身的经营条件和能力拟订营销目标，即拟订从事何种产品的生产经营或从事何种劳务服务，这是细分市场的前提。然后，做好市场调查研究与预测工作，分析市场对该产品消费需求的现状与发展前景。

2）确定市场细分的标准。用户的需求是企业进行市场细分的依据，它决定企业实行哪些因素组合，即确定市场细分的标准。因此要尽可能地列出消费者的需求特点，以便企业确定市场细分的标准。

3）初步细分。根据用户需求的具体内容，初步确定可以分成哪几种类型的用户群体。

4）筛选。由于同类的用户还会存在某些差异和不同的要求，因此，要抓住重点，求同存异，剔除某些次要的和不合理的因素。

5）为细分市场初步定名。为了便于操作，可结合各细分市场上顾客的特点，用形象化、直观化的方法为细分出来的市场定名。

6）复查各个细分出来的市场。企业应对初步确定的各个细分市场进行分析比较，看是否科学合理、是否符合市场的实际状况、是否需要对本企业开发的细分市场做必要的合并和舍弃，以便进一步完善。

7）确定目标市场。企业在各个子市场中选择与本企业经营优势和特色相一致，特别是经济效益高和发展前景好的子市场作为本企业的目标市场。没有这一步，就不能达到细分市场的目的。

经过以上环节和操作，企业便完成了市场细分的工作，就可以根据自身的实际情况确定目标市场并采取相应的目标市场策略。

4.2 目标市场营销策略

4.2.1 目标市场的选择

所谓目标市场，就是指在市场细分的基础上，企业决定要服务的最佳细分市场，即企业的产品和劳务所要满足的特定消费群。目标市场选择，就是选择其中某个或某几个目标市场作为自己的经营目标。选择目标市场是企业制定营销策略的出发点。

1．评估细分市场

企业在对整体市场进行细分之后，要对各细分市场进行评估，然后根据细分市场的规模、发展潜力、竞争状况、本企业资源条件等多种因素，决定把哪一个或哪几个细分市场作为目标市场。一般而言，企业考虑进入的目标市场，应符合以下标准或条件。

1）有适当的规模。企业进入某一市场是期望有利可图，如果市场规模狭小或趋于萎缩，企业进入后难以获得发展，此时，应审慎考虑，不宜轻易进入。当然，适当的规模是一个相对的概念，大公司可以偏好销售量很大的细分市场，小公司由于竞争实力较弱，可以避开较大规模的细分市场。

2）有一定的发展潜力。有的市场虽然现在规模不大，但未来可能会迅速增长，或者预计会有所增长，这样的细分市场就值得去经营。当然，企业也不宜以市场吸引力作为唯一标准来取舍，特别是应力求避免“多数谬误”，即与竞争企业遵循同一思维逻辑，将规模最大、吸引力最大的市场作为目标市场。大家共同争夺同一顾客群的结果是，造成过度竞争和社会资源的无端浪费，同时使消费者的一些本应得到满足的需求遭受冷落和忽视。

实例

柳州五菱汽车制造厂，在20世纪80年代初刚转产微型汽车时，微型汽车还很小，但它们根据国际上的普遍情况预计到，我国汽车工业发展必将从依靠公费购车构建支柱产业转变为发展私人购车为主，从而认为微型汽车市场具有广阔的发展前景，于是投巨资进行技术改造，1985年达到年产5 000辆的生产能力。1993年，我国出台了以发展个人购车为主来推动汽车产业发展的政策，微型汽车市场获得了快速发展，柳州五菱汽车制造厂的微型汽车产量也从1991年的10多万辆，发展到1996年的47万多辆，5年间增长了3.4倍。

启示：着眼长远，考虑潜力，开发新市场。

3）竞争对手未完全控制的市场。企业选择目标市场不仅要求有较大的潜在需求，而且还要了解竞争对手是否完全控制了市场。应尽量选择那些竞争相对较少，对手相对较弱，有足够吸引力的市场作为目标市场。如果竞争已经十分激烈，而且竞争对手势力强劲，企业进入后付出的代价就会十分昂贵。

4）符合企业目标和资源。某些细分市场虽然有较大吸引力，但不能推动企业实现发展目标，甚至分散企业的精力，使之无法完成其主要目标，这样的市场应考虑放弃。另外，还应考虑企业的资源条件是否适合在某一细分市场经营。只有选择那些企业有条件进入、能充分发挥其资源优势的市场作为目标市场，企业才会立于不败之地。

2. 选择目标市场

企业在对不同细分市场进行评估后，就必须对进入哪些细分市场和为多少个细分市场服务做出决策。企业考虑的目标市场选择模式一般有以下五种，如图 4-2 所示。

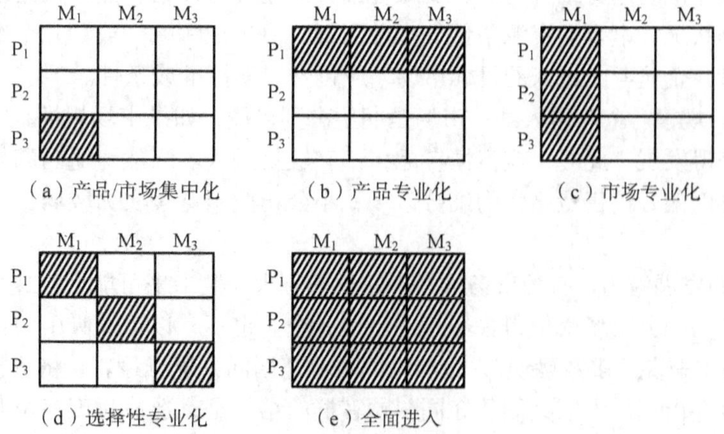

图 4-2　目标市场选择模式示意图

1）产品/市场集中化。企业只生产某一型号、规格的产品，满足某一群体的需求。这种策略目标单一，生产经营力量集中，可以有针对性地满足某一消费群体的需要，可在该细分市场建立稳固的市场地位。另外，企业通过生产、销售和促销的专业化分工，也获得了许多经济效益。如果细分市场补缺得当，企业的投资便可获得高回报。其局限性是经营风险大，当市场容量小或者波动大时，会造成损失。因此，许多企业宁愿在若干个细分市场分散营销。

2）产品专业化。企业只生产某种类型（规格）的产品去满足不同类型消费者的需求。例如，显微镜生产商向大学实验室、政府实验室和工商企业实验室销售显微镜。企业只向不同的顾客群体销售不同种类的显微镜，而不去生产实验室可能需要的其他仪器。企业通过这种战略，在某个产品方面树立起很高的声誉。如果产品——这里指显微镜，被一种全新的显微技术取代，就会发生危机。

3）市场专业化。它是指企业生产不同类型、规格的产品去满足某一固定的消费群体的需求。例如，公司可为大学实验室提供一系列产品，包括显微镜、示波器、本生灯、化学烧瓶等。

公司专门为这个顾客群体服务，而获得良好的声誉，并成为这个顾客群体所需各种新产品的销售代理商。但如果大学实验室突然预算经费削减，它们就会减少从这家公司购买仪器的数量，这就会产生危机。

4）选择性专业化。企业同时生产不同类型和规格的产品，去满足不同类型消费者的需求。采用这种方法要选择若干个细分市场，其中每个细分市场在客观上都有吸引力，并且符合企业的目标和资源。但在各细分市场之间很少有或者根本没有任何联系，然而每个细分市场都有可能赢利。这种多细分市场目标优于单细分市场目标，因为这样可以分散企业的风险，即使某个细分市场失去吸引力，企业仍可继续在其他细分市场上获取利润。

5）全面进入。企业为所有消费者生产各种类型的产品，以满足不同消费者的需要。只有大公司才能采用这种完全市场覆盖战略，如国际商用机器公司（计算机市场）、通用汽车公司（汽车市场）和可口可乐公司（饮料市场）。

小思考

著名时装设计师夏奈尔于1913年在法国巴黎开设女帽及时装店制作高级服装，受到法国贵族女性的喜爱。此后历经几十年的发展，其产品除了高级时装外还包括高级香水、珠宝、饰品、化妆品、皮件、手表、太阳镜和鞋等各类顶级奢侈品。请问，夏奈尔选择的是何种目标市场模式？

4.2.2 目标市场营销策略的类型

在市场营销中，由于企业选择的目标市场不同，其营销策略也不同。一般有以下三种营销策略可供选择。

1. 无差别营销策略

它是指企业只推出一种产品，采用单一的市场营销组合手段，去吸引所有顾客的市场策略，是一种求同存异的营销策略。即以整个市场中的共同部分为服务对象，不加以细分，不管差异，只求满足大多数顾客的共同需求。

因为企业所设计的产品和营销方案都是针对大多数顾客的，所以它适用于顾客需求大致相同的产品，如自来水、电、煤气等，能够大量生产、大量销售的产品。

该策略的优点是：① 成本的经济性；② 取得规模效应。因为产品营销方式单一，同时进行大量生产和经营，节省了生产和经营费用，降低了销售成本，提高了利润率，从而实现了规模经济效益。例如，美国可口可乐饮料公司在长达近一个世纪的时间里，由于拥有世界性专利，只生产一种口味、一样大小、一种形状的瓶装“可口可乐”，面向全世界的市场，并长期统治世界饮料市场。

该策略的缺点是：满足不了消费者的多样化需求，企业产品单一，风险较大，应变能力差。如果许多企业同时在一个市场上实行无差别营销策略，竞争必然激化，企业获利的机会反而下降。同时，凭借一种产品和一种营销方案，想要使不同层次、不同类型的所有顾客满意，也是不可能的。

2．差异营销策略

在市场细分的基础上，企业选择两个或两个以上的细分市场作为目标市场，针对每个细分市场，分别设计不同的产品和营销方案。这种营销策略，由于有的放矢，对症下药，能够满足不同消费群体的需求，全方位地提高企业的市场占有率。

该策略的优点是：可以生产多种产品，能够更好地满足各个细分市场的需求，因而可以使企业的产品总销售量增加，提高本企业产品的市场占有率。同时，可以使企业在细分市场上占据优势，提高企业的声誉，树立良好的企业形象。从今后的发展看，随着生产的发展，人民生活水平的提高，消费者的需求也越来越多样化，将会有越来越多的企业实施这种营销策略。例如，美国可口可乐饮料公司，由于软饮料市场竞争激烈，特别是百事可乐饮料公司的异军突起，其独霸市场的局面被打破。在专利配方使用了 99 年之后，开发出口味各异、大小不同的瓶装或罐装饮料，推销网也遍及世界各地。

该策略的缺点是：销售费用、成本增加，营销活动复杂化。所以，必须限制在这样一个范围内，即销售额的扩大所带来的利益必须超过营销总成本和费用的增加，这就要求企业既不能选错目标市场，也不宜卷入过多的目标市场。另外，采用这种策略受企业资源和能力的制约较大，较雄厚的财力、较强的技术力量、营销人员较高的素质，是实施差异营销策略的必要条件。这也是相当多的企业尤其是小型企业无力采取这种策略的原因所在。

3．集中营销策略

集中营销策略就是企业选择一个或几个子市场作为目标市场，制定一套营销方案，集中力量争取在这些子市场上占有大份额，而不是在大市场上占有小份额。它又称为密集性营销策略。这种策略的立足点是：与其在整个市场上的占有率低，不如集中力量在部分小市场上拥有较大的占有率。集中力量生产经营某些有特色的产品、“拳头”产品、新产品等。在营销中集中企业所有精力、全力以赴地占领选定的目标市场。

该策略的优点是：可以节省市场营销费用，增加赢利，而且还有利于提高产品与企业的知名度，必要时可迅速扩大市场，从而巩固企业的市场地位，提高竞争能力。这种策略对一些小企业尤为适用。如只生产吉普车的汽车厂、只生产女装的服装厂等。

该策略的缺点是：风险大，缺乏多样性，易受竞争的冲击。

以上三种目标市场策略，如表 4-2 所示。

表 4-2 目标市场策略示意表

策略种类	图　示
无差别营销策略	市场营销组合策略 → 整体市场
差异营销策略	市场营销组合策略 1 → 细分市场 1 市场营销组合策略 2 → 细分市场 2 市场营销组合策略 3 → 细分市场 3
集中营销策略	市场营销组合策略 → 细分市场 1 细分市场 2 细分市场 3

4.2.3 目标市场策略选择应考虑的因素

上述三种目标市场策略各有其优缺点，因此，企业在市场营销中不能简单地随意选择，应该考虑以下五个方面的因素。

1．企业的资源

企业的资源包括企业的资金和技术实力、生产能力、经营管理水平、人力资源的水准等。如果企业实力雄厚，可以采用差异营销策略或无差别营销策略，服务于整个市场；但若企业资源有限，则应集聚有限的资源于一个或少数几个细分子市场，采取集中营销策略，以便更好地服务于目标市场，提高市场占有率。

2．产品的特点

产品的特点包括产品的性能、质量、使用寿命、规格、式样等。如果企业的产品性质相似，产品的特性变化不大，如汽油、大米、钢铁等，可以采用无差别营销策略；如服装、照相机、家用电器等产品，其特性经常随消费者的改变而发生变化，宜采用差异营销策略或集中营销策略。

3．市场的特点

市场的特点包括市场规模、市场需求、市场位置等。如果市场上消费者的需求与偏好相似，消费者的特性差异不大，可以采用无差别营销策略，为所有的消费者提供同样的产品；反之，若消费者之间的特性相差很大，则企业应在细分市场后，采用差异营销策略或集中营销策略。

4．产品的生命周期

产品的市场生命周期，包括投入期、成长期、成熟期、衰退期等阶段。在投入期，新产品刚投入市场，品种不多，竞争也不激烈，可以采用无差别营销策略，也可以采用集中营销策略，先占领一个市场，再伺机拓展；在成长期和成熟期，竞争对手纷纷加入，消费者的需求向深层次发展，企业应采用差异营销策略，以满足不同消费者的需求；而在衰退期，企业要收缩市场，往往可以采用集中营销策略。

5. 竞争对手的市场策略

竞争对手包括同一个部门的竞争对手、不同生产部门的竞争对手。当今社会，企业普遍处于激烈竞争的市场环境中，企业进行目标市场策略的选择时，如果不考虑竞争对手及其采取的策略，就难以生存与发展。如果竞争对手采用了无差别营销策略，抢先向市场的深度进军，占领更深层次的细分市场，企业就应采用集中营销策略；如果竞争对手十分强大而且已经采用了无差别营销策略或集中营销策略，企业则应进行更有效的市场细分，实行差异营销策略或集中营销策略。

4.3 市场定位策略

4.3.1 市场定位的概念

企业通过市场细分选定目标市场后，如果该细分市场上已经有竞争对手捷足先登，甚至竞争对手已经占据了有利的市场位置，这时企业就要考虑进行有效的市场定位。所谓市场定位，就是根据市场的竞争情况和本企业的条件，建立和发展差异化的竞争优势，确定本企业产品在目标市场上的竞争地位。

市场定位作为市场营销理论的重要概念和方法，是 20 世纪 70 年代由美国学者阿尔·赖斯提出的。它要求企业根据目标市场上同类产品的竞争状况，以及顾客对该类产品某些特征或属性的重视程度，为本企业产品塑造强有力的、与众不同的鲜明个性，并将其形象生动地传递给顾客，求得顾客认同。市场定位的实质是使本企业与其他企业严格区分开来，使顾客明显地感觉和认识到这种差别，从而使企业及产品在顾客心目中占据一个特殊的位置。

4.3.2 市场定位的依据——产品差异化

市场定位的根本目的，就是要在目标市场建立本企业产品的竞争优势，并使目标市场上的顾客明显地感觉和认识自己的这种优势，以便吸引细分市场上的更多顾客。竞争的优势体现在产品差异化上，产品差异化是实现市场定位的手段，也是市场定位的主要依据。那么，什么是产品差异化？产品差异化就是指设计一系列有意义的差异，使本企业的产品同竞争对手的产品区别开来。产品的差异化主要表现在以下几个方面。

1. 特色

这是指对产品基本功能的增加。例如，宝洁公司推出的三种洗发液各具特色，海飞丝——头屑去无踪，秀发更出众；飘柔——洗发、护发二合一，令头发飘逸柔顺；潘婷——含有维他命原 B_5，兼含护发素，令头发健康，加倍润泽。由于它们各具特色，因而在我国市场上获得了极大的成功。

2．性能

这是指产品的主要特点在使用中的水平。在产品的价格没有超过顾客的支付能力时，顾客总是愿意以较高的价格购买性能更优的产品。企业应根据目标市场的具体情况确定相应的性能标准。

3．一致性

这是指产品在使用中达到设计标准的程度。如果某种产品在使用中能够达到各项设计标准，那么这种产品就被认为具有高度的一致性，会给顾客留下完美的印象，人们也乐于购买。海尔、长虹产品在消费者心目中具有良好的形象，就是因为它们具有高度的一致性。

4．可靠性

这是指产品在一定时间内不出故障，能正常使用的可能性。全球最大的白色家电生产企业伊莱克斯公司推出“零缺陷”竞争策略，保证产品到消费者手中之后10年内能正常使用，不出故障，不用维修，该公司承诺“产品到家，无牵无挂”。该公司认为：“满意的顾客不应看到厂家的维修人员。”这些都使该公司产品的可靠性在消费者心目中留下深刻的印象。

5．耐用性

这是指产品预期的使用寿命。超平彩电除了其他一些特性外，使用寿命是平面直角彩电的1.7倍，这使它的价格较高，但消费者也愿意购买。

6．风格

这是指产品带给顾客的视觉和感觉效果。康佳推出彩色机壳“七彩小画仙”系列；TCL推出“缤纷天使”系列小彩电，不仅小巧新颖，而且机壳都有红、黄、蓝、白、黑等几种颜色，给人一种全新的视觉感受。在风格差异化中，必须注意包装的运用。

当然，每一种差异都会增加企业的成本，企业应突出有价值、有意义的差异，以便通过这些差异，有效地把本企业的产品与竞争对手的产品区别开来，达到市场定位的目的。

在当今信息爆炸的社会中，消费者大都被过量的产品或服务信息所困惑，他们不可能在做出每一项购买决策时都对产品做重新评价。为了简化购买决策过程，消费者会将产品加以归类，如哪种“质优”、哪种“价廉”、哪种“可靠”、哪种“耐用”等，以利于他们迅速做出购买决策。所以，通过市场定位，树立企业及产品独特形象，将产品在消费者心目中“定个位置”，就可使消费者产生深刻的印象和好感，对该产品形成习惯性购买，从而使企业的市场地位不断巩固。相反，如果不进行有效的市场定位，不搞差异化，不仅不能满足消费者多样化的需求，而且还可能造成大量的产品或服务雷同，使大家都去竞争有限的顾客，加剧了市场竞争或导致恶性竞争，影响整个行业的发展。

实例

互补商圈，吸引客流

在越来越激烈的市场竞争中，上海商业正逐步形成多个经营互补型的商圈。

在上海的徐家汇路口，“东方商厦”、“太平洋百货”、“第六百货”三家大商厦隔路相望。前两年，三家商厦也曾摆出拼个你死我活的架势，但他们很快认识到恶性竞争只会带来三败俱伤。于是，各家主要在突出自己的经营特色上下工夫。“东方商厦”主要针对中高收入顾客，突出商品档次，向精品店方向发展；“太平洋百货”则成为流行时尚的窗口，主要吸引以女青年为主的青年消费者；“第六百货”则以实惠诱人，坚持以薄利多销、便民利民为经营方向。如彩电，“东方商厦”主要经营大屏幕进口彩电，“第六百货”则主要经营国产彩电，“太平洋百货”则基本不经营彩电。最近一两年，这三家商厦的销售额不仅没有滑坡，而且都在增长，在上海市单位面积销售额和利润对比中名列前茅，徐家汇也成为上海新的中心商业区。目前，这三家商场成立了“徐家汇地区商场老总联谊会”，定期分析和研究市场走势，合理划分经营范围，共同发展。“第六百货”还出资修建了一条空中走廊，把本店与“太平洋百货”连接起来。

位于南京路上的“中百一店”、“华联商厦”、“新世界”是上海商界三巨头。由于他们各自经营有别，利益冲突不大，能够做到联手繁荣南京路，为中华商业第一街的兴盛做出贡献。

启示： 合理定位，突出特色，吸引顾客。

4.3.3 市场定位的策略

1．属性定位策略

根据特定的产品属性来定位，产品属性包括制造该产品时采用的技术、设备、原材料及该产品的功能、产地、历史等因素。例如，日本电器、瑞士手表、贵州茅台、西湖龙井等按产地定位；可口可乐强调独具特色的配方，非常可乐定位于中国人的可乐，强调它适合中国人的口味等。当企业的一种或几种属性是竞争对手的产品所不具备的时候，企业定位就应强调这些特性。

2．竞争性定位策略

根据与竞争对手有关的属性或利益来定位，即以竞争产品为参照，强调“人无我有，人有我优”。例如，美国的七喜汽水强调“非可乐”，不含咖啡因，从而吸引了部分“两乐”饮料的饮用者，成为美国第三大软性饮料。

3．质量—价格定位策略

这是指对照质量和价格来定位。一是强调质价相符，在企业产品与同类产品相比价格更高的情况下，强调产品具有高质量，一分钱一分货；二是强调质高价低，物有所值，以加速市场渗透，提高市场商品的占有率。例如，华龙集团提出的“同等质量比价格，同等价格比质量”的口号，就是这种定位策略的具体运用。

这种定位策略，除了向顾客传递产品的低价实惠外，还要重视产品质量信息的传递，否则，会给顾客造成产品定位档次低或价格高的错觉。所以华龙集团在营销中同时还宣传“加质加量不加价”。

4. 利益定位策略

这是指根据产品所能满足的需求或所提供的利益及解决问题的程度来定位，强调顾客购买产品时追求的利益和获得的附加利益。例如，在汽车市场上，奔驰追求豪华舒适，宝马让顾客感受驾驶本车的乐趣，劳斯莱斯与凯迪拉克推崇至尊至贵的贵族品位，丰田力求物美价廉，沃尔沃倡导结实耐用等，都是按产品提供的利益来定位的，吸引了大量的顾客。

5. 使用者定位策略

将其产品指向某一类特定的使用者，以便根据这些顾客的看法塑造恰当的形象，如“谢馥春”男士霜。

实例

美国米勒啤酒公司曾将其原来唯一的品牌“高生”啤酒定位于“啤酒中的香槟”，吸引了许多不常饮用啤酒的高收入女性。后来发现，占 30%的狂饮者大约消费了啤酒销量的80%。于是，该公司在广告中展示石油工人钻井成功后狂欢的镜头，还有年轻人在沙滩上冲刺后开怀畅饮的镜头，塑造了一个“精力充沛的形象”。在广告中提出“有空就喝米勒”，从而成功地占领啤酒狂饮者市场达 10 年之久。

启示：目标消费者定位准确，产品才能销售成功。

6. 比附定位策略

这是指企业通过比拟名牌、攀附名牌来给自己的产品定位，以借名牌产品之光使自己产品的品牌生辉的定位策略。主要的做法：① 甘居“第二”，就是明确承认自己的产品在同类产品中，与最负盛名的产品相比，只不过是第二位而已；② “攀龙附凤”，例如，内蒙古的宁城老窖，以“宁城老窖，塞外茅台”的广告诉求定位，就是一个较好的例子；③ 奉行“高级俱乐部策略”，借助于群体的威望和模糊数学的方法，提升自己的地位和形象。例如，宣称自己是某行业三大企业之一，50 家大企业之一，十大驰名品牌之一等。

这种定位策略会使消费者对企业产生一种谦虚诚恳的印象，提高了企业的可信度，吸引大批消费者购买本企业的产品。

小思考

1975 年，美国米勒推出了一种低热量的“Lite”牌啤酒，将其定位为喝了不会发胖的啤酒，迎合了那些经常饮用啤酒而又担心发胖的人的需求。这是采用了哪种定位策略？

4.3.4 市场定位的途径和类型

1. 市场定位的途径

市场定位的目的就是在市场上让你的企业及产品与竞争对手的有所不同。要做到这一点，其实是极不容易的。让消费者从心里记住你，就要做好以下三个方面的工作。

1）确立产品的特色。市场定位的出发点和根本要素就是要确定产品的特色。首先要了解市场上竞争对手的定位如何，他们要提供的产品或服务有什么特点。其次要了解顾客对某类产品各属性的重视程度。显然，费大力气去宣传那些与顾客关系并不密切的产品是多余的。最后还得考虑企业自身的条件，有些产品属性虽然是顾客比较重视的，但如果企业力所不及，也不能成为市场定位的目标。

2）树立市场形象。企业所确定的产品特色是企业有效参与市场竞争的优势，但这些优势不会自动地在市场上显示出来。要使这些独特的优势发挥作用，影响顾客的购买决策，需要以产品特色为基础树立鲜明的市场形象，通过积极主动而又巧妙地与顾客沟通，关注顾客的兴趣，求得顾客的认同。有效的市场定位并不取决于企业怎么想，关键在于顾客怎么看。市场定位成功与否最直接的反映就是看顾客对企业及其产品所持的态度和看法。

3）巩固市场形象。顾客对企业的认识不是一成不变的。由于竞争对手的干扰或沟通不畅，会导致企业市场形象模糊、顾客对企业的理解出现偏差、态度发生转变。所以建立市场形象后，企业还应不断向顾客提供新的论据和观点，及时矫正与市场定位不一致的行为，巩固市场形象，维持和强化顾客对企业的看法和认识。

相关链接

麦当劳的创办人、美国最具传奇性的企业家罗克认为，麦当劳不是典型的消费事业，也不是一般所谓的餐厅，它独特的快速服务，使得麦当劳兼具娱乐价值。他经常提醒他的加盟者和经理：“麦当劳不是餐饮业，我们是娱乐业。”

早在 1959 年，年收入不过 243 万美元的麦当劳公司就以每月 500 美元的费用聘请芝加哥的一家公关公司做广告。到 1973 年，麦当劳各店平均营业额高达 62.1 万美元时，全国广告宣传费已达到了 2 000 万美元，负责麦当劳广告的伊登广告公司拿着这笔巨资策划广告时，针对不同的市场——儿童、青少年、青年及中年，提出不同的销售主张，但在任何一项销售主张中，都以欢乐、温暖和亲切为广告设计的主题。

伊登为麦当劳策划了一整套的儿童故事，“汉堡神偷”、“芝士汉堡市长”、“巨无霸警长”和“奶昔小精灵”。他们都成为麦当劳餐厅中最受欢迎的人物，也是许多麦当劳广告中的主角。自从20世纪60年代在美国国内推出“麦当劳儿童乐园”后，它已成为麦当劳餐厅中最主要的特色之一。这在快餐业同行中也是很少见的。现在全球30%的麦当劳餐厅中都设有“儿童乐园”。

“麦当劳叔叔”是一个非常商业化的小丑。帽子是一顶放着汉堡包、奶昔和薯条的托盘，鞋子像两块大面包，鼻子上装着一只麦当劳杯子。麦当劳叔叔虽然是大人，却只做小孩子喜欢做的事情——溜冰、打球、游泳，他和儿童站在一起，却不是父亲型人物。

麦当劳花费巨资用各种广告媒介塑造“麦当劳叔叔”的形象，使它成为麦当劳连锁的代言人。结果这一形象深受儿童欢迎，“麦当劳叔叔”的声势不仅在同行中无与伦比，就算在食品业以外，大概也只有圣诞老人可以与它竞争在儿童心目中的位置了。而打动了儿童的心，就可以让他们带动他们的父母进麦当劳了。

麦当劳为了进一步突出“演出”的效果，还不断想出各种“花招”来吸引儿童。例如，在商店里设置了儿童乐园，周末麦当劳为100位在这天过生日的“幸运儿童”举办生日聚会，给他们免费提供食物，有大姐姐专门带他们做游戏，餐厅里还专门为他们点歌……

麦当劳就是通过这些手法为进餐者提供情趣和舞台，标榜自己是娱乐业，为自己塑造了一个“欢乐”的形象。

2．市场定位的类型

（1）迎头定位

这是一种与在市场上居支配地位的竞争对手“对着干”的定位方式，即企业选择与竞争对手重合的市场位置，争取同样的目标顾客，彼此在产品、价格、分销、供给等方面少有差别。

在世界饮料市场上，作为后起之秀的百事可乐进入市场时，就是采用这种方式，“你是可乐，我也是可乐”，与可口可乐展开面对面的较量。实行迎头定位，企业必须做到知己知彼，应该了解市场上是否可以容纳两个或两个以上的竞争对手，自己是否拥有比竞争对手更多的资源和能力，是不是可以比竞争对手做得更好。否则，迎头定位可能会成为一种非常危险的战术，将企业引入歧途。

当然，也有些企业认为这是一种更能激发自己奋发向上的定位尝试，一旦成功就能取得巨大的市场份额。

（2）避强定位

这是一种避开强有力的竞争对手进行市场定位的模式。企业不与对手直接对抗，将自己置于某个市场“空隙”，发展目前市场上没有的特色产品，开拓新的市场领域。

这种定位的优点是：能够迅速地在市场上站稳脚跟，并在消费者心中尽快树立起一定形象。

由于这种定位方式市场风险较小，成功率较高，常常为多数企业所采用。例如，美国的 Aims 牌牙膏专门对准儿童市场这个空隙，因而能在 Crest（佳洁士，宝洁公司出品）和 Colgate（高露洁）两大品牌统霸的世界牙膏市场上占有 10%的市场份额。

小思考

麦当劳和肯德基都是闻名于世的快餐连锁企业，它们在市场上的定位属于哪一种市场定位类型？

（3）重新定位

重新定位通常是指对那些销路少、市场反应差的产品进行二次定位。初次定位后，随着时间的推移，新的竞争对手进入市场，选择与本企业相近的市场位置，致使本企业原来的市场占有率下降；或者由于顾客需求偏好发生转移，原来喜欢本企业产品的人转而喜欢其他企业的产品，因而市场对本企业产品的需求减少。在这些情况下，企业就需要对其产品进行重新定位。所以，一般来讲，重新定位是企业摆脱经营困境，重新获得竞争力的手段。不过，重新定位也可以作为一种战术策略，并不一定是因为陷入了困境，相反，可能是由于发现新的产品市场范围引起的。例如，某些专门为青年人设计的产品在中老年人中也开始流行后，这种产品就需要重新定位。

相关链接

把对手扶起来

在某大城市里，许多电器经销商经过明争暗斗的市场较量，以及在彼此付出了很大的代价后，有赵、王两大商家脱颖而出，他们又成为最强硬的竞争对手。

这一年，赵为了增强市场竞争力，采取了极度扩张的经营策略，大量地收购、兼并各类小企业，并在各市县发展连锁店，但由于实际操作中的失误，造成信贷资金比例过大，经营包袱过重，其市场销售业绩反倒直线下降。

这时，许多业内人士纷纷提醒王：这是主动出击、一举彻底击败对手赵，进而独占该市电器市场的最好商机。

王却微微一笑，始终不曾采纳众人提出的建议。

在赵最危难的时候，王却出人意料地主动伸出援手，拆借资金帮助赵涉险过关。最终，让赵的经营状况日趋好转，并一直给王的经营施加压力，迫使王时刻面对着这一强有力的竞争对手。

有很多人曾嘲笑王的心慈手软，说他是养虎为患。可王却没有丝毫后悔之意，只是殚精竭虑，四处招纳人才，并以多种方式调动手下的人拼搏进取，一刻也不敢懈怠。

就这样，王和赵在激烈的市场竞争中，既是朋友又是对手，彼此绞尽脑汁地较量，双方各有损失，但各自的收获却都很大。多年后，王和赵都成了当地赫赫有名的商业巨子。

面对事业如日中天的王，当被问及当年的“非常之举”时，王一脸的平淡，道：击倒一个对手有时候很简单，但没有对手的竞争又是乏味的。企业能够发展壮大，应该感谢对手时时施加的压力，正是这些压力化为想方设法战胜困难的动力，进而在残酷的市场竞争中，始终保持着一种危机感。

把对手扶起来，不只是一种襟怀，还是一种智慧。

本章小结

目标市场营销的关键步骤是市场细分、选择目标市场和产品定位。市场细分就是按照消费者欲望与需求，把一个总体市场划分成若干个具有共同特征的子市场的过程。市场细分的客观基础是消费者对同一产品需求的差异性。

凡是构成消费者需求差异的因素，都可以作为市场细分的依据。消费者市场细分的依据有地理因素、人口状况、消费者心理、消费者购买行为等，生产者市场细分依据除前述标准外，还可用用户规模、产品的最终用途、工业者购买状况来细分。营销人员运用不同的细分变量来划分，以发现最佳的细分市场机会。成功、有效的市场细分应遵循可衡量性、可进入性、有效性和对营销策略的反应性四个原则。

目标市场是企业在市场细分的基础上，决定要进入的最佳子市场。选择目标市场应考虑四个方面的条件：规模、潜力、吸引力、企业的目标和能力。选择目标市场的模式有五种：产品/市场集中化、产品专业化、市场专业化、选择性专业化和全面进入。

目标市场策略有三种，即差异营销策略、无差别营销策略、集中营销策略。它们各有利弊，应综合考虑企业实力、产品和市场性质、产品所处生命周期、竞争状况等多方面因素做出选择。

市场定位是指企业决定把自己放在目标市场的什么位置上。定位是设计企业产品和形象的行为，以便目标市场能知道企业相对于竞争对手的优势。市场定位的策略有：产品属性定位、质量价格定位、利益定位、使用者定位、竞争性定位、比附定位。市场定位的类型有：避强定位、迎头定位和重新定位。

复习思考题

1．基本概念

市场细分　　目标市场　　市场定位　　无差别营销策略　　差异营销策略

集中营销策略　　产品差异化

2．填空题

（1）金利来领带，“金利来，男人的世界”的定位，属于（　　　）定位策略；江苏启东盖天力制药厂白加黑感冒药，“白天服白片不瞌睡，晚上服黑片睡得香”的定位，属于（　　　）定位策略。

（2）每一个消费者就是一个细分市场，每个细分市场都是由（　　　）和（　　　）相同的消费者组成的。

（3）市场细分的产生和发展经历了（　　　）、（　　　）、（　　　）三个阶段。

（4）目标市场营销由三个步骤组成，一是市场细分，二是（　　　），三是（　　　）。

（5）消费者市场细分的主要标准有（　　　）、（　　　）、（　　　）、（　　　）四类。

3．选择题

（1）细分市场是由类似的（　　）组成的。

A．产品　　B．行业
C．消费者群体　　D．公众

（2）生产者市场的细分标准，除了使用消费者市场细分的标准外，还要根据生产者市场的特点，补充标准之一是（　　）。

A．生产方式　　B．气候
C．消费者心理　　D．用户的规模

（3）市场细分的客观基础是（　　）。

A．需求的差异性　　B．需求的同质性
C．需求的客观性　　D．需求的有效性

（4）消费者对某种产品的需求和偏好比较接近，企业在选择目标市场时可采取（　　）。

A．无差别营销策略　　B．差异营销策略
C．集中营销策略　　D．密集营销策略

（5）无差别营销策略主要适用于（　　）情况。

A．企业实力较弱　　B．产品性质相似
C．市场竞争对手多　　D．消费需求复杂

（6）某制鞋厂选择青年这一消费者群体，向他们提供所需的各种皮鞋，这种策略属于（　　）。

A．产品市场集中化　　B．选择性专业化
C．产品专业化　　D．市场专业化

4．判断题

（1）凡是使消费者需求产生差异的因素，都可以作为市场细分的标准。（　　）

（2）市场细分有利于企业合理配置和运用资源。（　　）

（3）企业在选择目标市场营销策略时，应考虑产品的同质性，像照相机、服装和一些机械产品这种可以有多种设计、多种式样和质量的产品，企业应采用差异营销策略。（　　）

（4）年龄是细分消费者市场最常用的标准。（　　）

（5）差异性市场营销战略追求的不是在较大市场上占较少的份额，而是在较小的市场上占有较大份额。（　　）

（6）目标市场就是企业拟投其所好、为其服务的那个顾客群，这个顾客群有颇为相似的需求。（　　）

（7）根据市场细分理论，资源有限的企业在目标市场策略的选用上宜采取无差异市场营销策略。（　　）

（8）市场的变化是企业产品重新定位的根本原因。（　　）

5．简答题

（1）企业为什么要对市场进行细分？有效细分的条件是什么？

（2）用表格列出细分消费者市场的标准和主要变量，并说明细分时应注意的问题。

（3）目标市场策略有哪些类型？各有何优缺点？企业应如何选择目标市场营销策略？

（4）企业可以实施的市场定位的策略有哪些？请举例说明。

实训题

1．案例分析

（1）在某城市有一位食品公司副经理认为，发展专业化的保健食品店、营养饮食店、精美食品店能吸引新的顾客，使销售额不断增加。据他调查，65岁以上的老年人，1995年本供应区有26万人，而到1998年将增加到32万人。所以保健食品的销售额将会不断提高，应该在商业中心区专门设立保健食品店，经营各种不同品种或具有特色的保健食品，这样可以吸引老年顾客，满足他们对高精美食品的需要。

另一位经理不同意这种看法，他认为：老年保健食品和儿童需要食品相似，无须再经营什么老年保健食品。目前人民生活水平并不太高，大多数老年顾客对食品的种类、质量并不太讲究，追求的是一种较简单的生活方式，所以一般对保健食品的需求也不会太多，因此，没必要细分经营。

请问：1）两位经理对食品市场细分采取什么样的目标市场策略？他们的依据是什么？

2）城市老年人的需求和购买力有什么变化？设立保健食品店对老年人是否有吸引力？

（2）美国派克公司是世界闻名的跨国制笔公司，在1945年的时候，派克制笔公司在44个国家设有子公司，世界上有 120 家经销店和专营经销商经营派克金笔。派克制笔公司已成为当时世界上最大的高档金笔生产企业。

但出人意料的是，从 1980 年起，派克制笔公司连年亏损，到 1986 年 2 月不得不被英国一家公司以 1 亿美元的价格收购。

专家们认为，派克制笔公司的经营决策失误是其退出市场的原因之一。一直以来，派克制笔公司以生产优质的钢笔而享誉世界各地，派克金笔曾被许多人用来显示自己的身份和地位。到 20 世纪 80 年代，其他的制笔公司纷纷向派克制笔公司发起进攻，大量生产新型的高档钢笔。在这种情况下，公司负责人詹姆斯将生产经营目标定位于生产 3 美元以下的中低档钢笔市场。他不了解，人们购买派克笔，不仅是为了使用，更重要的是要通过购买来显示一种身份、一种社会地位，就像购买皮尔・卡丹的服装一样，不仅是为了穿，而是为了显示一种成功的社会地位。詹姆斯这样做，分散了公司改进传统派克金笔的力量，使派克笔质量下降、花色品种单一陈旧，损坏了派克笔原有的形象和声誉。这恰好符合了竞争对手的心愿，他们趁机扩大高档金笔的生产。没过多久，派克制笔公司就被挤出了高档金笔的首席，派克笔在美国市场的占有率下降到 17%，而主要竞争对手却拥有 50%的市场份额。

詹姆斯的另一个错误就是制定了单一的经营战略。詹姆斯是全球销售的坚定推崇者，上任伊始，就解除了派克制笔公司在世界各地的 40 家广告代理商，只雇用了一家美国广告公司，模仿可口可乐和万宝路香烟的营销方式，以相同的广告在世界范围内推销。他没有意识到，不同的区域，由于其外部条件和内部条件相异，对高档金笔的偏好也不尽相同。法国人喜欢派克笔的高贵，德国人喜欢派克笔稳定的质量，英国人喜欢派克笔古朴的款式，等等，所以其促销手段、促销方法很难统一。以单一的广告在世界各地推销派克笔，不但不能增加派克制笔公司的销售量，反而大大束缚了子公司的积极性，使库存积压日益严重，不得不于 1986 年 2 月进行拍卖。

请问： 1）派克制笔公司为什么会退出市场？

2）如果你是公司的主管，你会怎么做？

2．课堂讨论

（1）假如你是某高校园区中的一位零售企业经理，目前你的企业规模最大，你如何为你的企业选定目标市场？

（2）请考察当地几家大型商场、超市，分析其经营特色，看其市场是如何定位的？

3．营销实训

（1）实训题目：市场细分技巧训练。

（2）实训目的：通过实训，使学生掌握市场细分的标准、目标市场策略、市场定位策略。

（3）背景资料：以生活中常见的商品或服务作为实际操作的对象。例如，可以选择洗衣粉、牙膏、服装、照相机、计算机、旅行社等产品（自己确定），分析研究“谁是你的顾客”，找准你的目标市场，实施市场定位策略。

（4）实训要求。

1）以小组为单位，每组选择 2～3 种产品。

2）以实地调查为主，配合在图书馆、互联网查找资料，了解本市场主要的品牌有几个，购买的顾客有哪些？等等。把顾客按主要的细分变量分类，描述各类顾客的特点。

如当前顾客的细分变量：年龄段、性别、收入、文化水平、职业、家庭大小、民族、社会阶层、生活方式。

他们来自何处？本地、国内、国外、其他地方。

他们买什么？产品、服务、附加利益。

他们每隔多长时间购买一次？每天、每周、每月、随时、其他。

他们买多少？按数量、按金额。

他们怎样买？赊购、现金、签合同。

他们怎样了解企业？网络、广告、报纸、广播、电视、口头、其他（要注明）。

他们对企业、产品、服务怎么看？（客户的感受）

他们想要提供什么？（他们期待企业能够或应该提供的好处是什么？）

产品市场有多大？按地区、按人口、潜在客户。

在各个市场上，你的产品的市场份额是多少？

你想让市场对本企业或产品产生怎样的感受？

3）根据以上资料，集体讨论、分析，选择你的产品可进入的目标市场，并说明理由；制定目标市场营销策略；为产品确定其市场定位。

4）最终以报告形式得出结论。以小组为单位，提交一份 2 000 字以上的课业报告，报告题目自拟，打印在 A4 纸上。

（5）实训步骤：① 细分前的准备。② 确认细分指标。③ 采集客户数据。④ 数据处理分析和客户分类。⑤ 描述细分市场。⑥ 选定目标市场和进行市场定位。

第 5 章

市场营销战略和策略规划

◇ 本章学习目标 ◇

1. 了解市场营销战略和市场营销组合策略的内涵和特征，明确市场营销战略的构成要素。

2. 熟悉市场营销战略规划的内容，以及市场营销组合策略的内容和应用情况，从而具有制定市场营销策略的基本技能，为实现企业市场营销战略的总目标服务。

3. 掌握三类九种市场营销发展战略的基本思路和操作。

企业要想在动态环境中求生存和发展，不但要善于挖掘顾客并满足其愿望，还要积极主动地适应不断变化的市场环境。市场营销活动的本质也就是要使企业的目标和资源与不断变化的营销环境相适应。市场营销战略规划就是企业面对激烈变化的市场环境，为长期生存和发展而进行的长远谋划和思考，它是关系企业发展全局的科学规划，是每个企业开展市场营销活动时要做的头等大事。本章将重点介绍市场营销战略规划、市场营销发展战略、市场营销组合策略等相关内容，从而为后面知识的学习做一个铺垫。

5.1 市场营销战略概述

5.1.1 市场营销战略的内涵和特征

1. 市场营销战略的内涵

在了解市场营销战略前，我们先来了解战略和企业战略的内涵。战略原为军事战争的术语，是指挥军队的艺术和科学。在现代社会和经济中，战略主要用来描述一个企业打算如何实现其目标和使命的规划。

企业战略，即有关企业整体生存和发展的、重大的、带有全局性或决定全局的谋划，它决定着企业的经营目标、方向及各种竞争性经营活动。企业战略一般具有以下几个基本特征。

1）全局性。企业战略以企业全局为对象，规定了企业的全局性行动方略，着眼于企业的总体发展，追求总体协同效果。虽然战略必须考虑局部问题，但局部活动一定要服务于全局性战略活动的要求，对战略的实施发挥有效的支撑作用。

2）长远性。战略规定了企业在今后相当长一段时间内的发展方向、目标及工作的重点。一般来说，战略应当至少对企业未来 3～5 年的发展做出规划，某些情况下甚至可以考虑企业未来 10 年或更长时间的发展。企业战略的长远性是企业谋求长远发展要求的反映。

3）方向性。战略规定了企业的未来发展方向，描述了企业的发展蓝图，具有行动纲领的意义。战略要求企业在战略期内的各项工作都要围绕战略制定的方向展开，同时要求各部门在战略方向的指引下充分发挥各自的积极性和创造力。

4）竞争性。竞争性是企业战略的本质特征。没有竞争，也无所谓企业战略。企业战略的实质，就是通过对战略的制定和实施，维持巩固或提高自己的竞争地位，努力使自身在同竞争对手的冲突中保持优势，从而使企业在激烈的市场竞争中生存、发展、壮大。

市场营销战略是企业战略的一部分，要服从企业的总体战略，以实现企业的总体战略目标为出发点。同时，它又是企业开展营销活动的主线，指导着企业营销部门的各项工作。所以，市场营销战略就是指企业在确定的总体战略指引下，根据市场等环境及自身条件的动态变化趋势，对企业市场营销活动做出总体的、长远的、全局性的谋划。

市场营销战略一般包括两个方面内容，即企业的长远目标和实现目标的手段，后者也称市场营销策略或战术。企业在某一时期的发展中，总有一个最终要达到的目的，这就是企业战略目标。企业在营销活动中往往有多种可供选择的目标，但企业必须根据资源供应、利用状况及环境情况，在一定时期内确定一个对自己最有利的目标。

小思考

战略和策略二者之间的关系如何？

2．市场营销战略的特征

市场营销战略作为企业战略体系的一部分，同样具有全局性、长远性、方向性、竞争性等企业战略的一般特征，同时还有两点值得注意。

1）市场营销战略从属于企业总体战略，营销战略必须服从和服务于企业的总体战略。市场营销战略是企业为保证总体战略的实施而制定的关于营销活动的战略规划，市场营销战略规定的方向和内容应该与总体战略保持高度一致，并有利于总体战略的实施。市场营销战略的实施应为企业总体战略目标的实现服务。

2）市场营销战略是企业战略体系的核心，市场营销战略引导其他职能战略。市场营销战略在企业战略体系中的地位和作用，是由顾客（影响企业活动的核心因素）决定的。营销演进至今日，顾客早已成为企业所有活动的出发点和落脚点。市场营销活动是面向顾客和竞争的最前沿活动，所以市场营销战略成为企业战略体系的核心，并引导其他职能战略也就无可非议。

5.1.2 市场营销战略的意义

"凡事预则立，不预则废"，对企业的生产经营活动来说也是如此。在社会化大生产条件下，每个企业的活动都和外界有着密切的联系，外界环境的变化会对企业的生产经营活动产生重大影响。科技的飞速发展，市场竞争的日益激烈，顾客需求变化的加快，会给企业带来机遇，也可能构成威胁。所有这一切都要求企业在制定市场营销战略时，不能只看眼前，而应高瞻远瞩，要有战略眼光。市场营销战略是企业营销活动的灵魂，对企业发展来说具有重要意义。

1．战略规划营销活动

市场营销战略规划是企业对未来较长时期内营销活动运行与发展的总体谋划，它的着眼点是迎接未来的挑战，是在环境分析和科学预测的基础上展望未来，为企业谋求长期发展的目标与对策。人无远虑，必有近忧，没有这种对未来的高瞻远瞩，企业必将永远羁绊于眼前的困扰而不能自拔，失去营销的主动性，从而也就增加了企业经营的风险性。

2．统一协调营销活动

战略规划的制定是以企业的全局为对象，根据营销活动总体发展的要求，对企业总体行动的谋划。有了它就可以把各项营销活动有条不紊地组织起来，进一步发挥其整体协同功能，进一步提高营销效率，使企业能够持续有序地向前发展。

3．合理配置营销资源

市场营销战略规划在目标确定、方案选择实施与控制中无不体现着合理配置、高效使用营销资源的思想。企业在对内部资源和外部资源的科学分析下，在不同部门、不同业务、不同产品及不同市场间合理安排并使用其可以利用的资源，从而使企业增加实现其各项目标的可能性。

4．动态适应营销环境

在21世纪的今天，人们的思想意识和价值观念，以及社会、经济环境都在发生着翻天覆地的变化。在此不断变化的营销环境中，要使企业的营销活动避免盲目性、被动性、滞后性，就必须在战略规划的约束下，有预见性地、主动地、方向明确地随时调整其营销活动，使企业临变不乱、稳步前进，提高企业经营的稳定性与安全性。

5．加倍提高营销能力

市场营销战略规划的制定能在企业内部统一思想、统一目标，大大提高营销活动的目的性、预见性、整体性、有序性和有效性，增强企业的竞争能力和应变能力。在企业众多营销工具中，战略规划是最富科学性、艺术性的。在市场竞争中，有些资源缺乏的小企业，却能战胜实力雄厚的大企业，如同军事上以弱胜强一样，只有靠战略规划上胜人一筹才能达到，这便是战略规划对营销能力产生“1+1>2”的倍乘效应。

相关链接

海尔集团的市场营销战略

由1984年亏损147万元的青岛电冰箱厂，到后来著名的海尔集团，其成功的最主要的因素就如海尔总裁张瑞敏所说的“战略决策没有失误”。

海尔的发展分为三个阶段：名牌战略阶段（1984—1991年）、多元化战略阶段（1992—1997年）、国际化战略阶段（1998年以后）。在正确的市场营销战略的指导下，海尔圆满地完成了各阶段的战略目标。

在20世纪80年代中期出现的第一次家电消费高潮中，不少企业加班加点生产，以向市场供应产品，从而降低了对产品质量的要求，使一些不合格的产品也流向市场。张瑞敏从用户的来信中发现，近期生产的电冰箱存在质量问题，经检查仓库中还有76台有质量问题的冰箱。他召集全厂员工查看了这些冰箱，确认这些冰箱的生产人员后，由他们用大锤亲手砸掉。这一锤砸醒了全厂员工，树立起“生产不合格的产品就是不合格员工”的观念，使企业有了坚实的质量管理基础。

在家电浪潮过后，一些企业翻然猛醒狠抓质量时，海尔已经先人一步，开始了企业扩张的进程。自1984年以后的14年间，海尔共兼并了亏损总额为5.5亿元的15家企业，使其全部扭亏为盈，盘活资产近15亿元。海尔的兼并战略是“吃休克鱼”，兼并对象是硬件好、但管理不善的企业，通过输入海尔的“管理文化”，能很快地激活这些“休克鱼”，而不需要注入多少资金。在扩展过程中，海尔坚持以一个名牌产品带动一个品牌群体的战略，对所兼并企业严格执行名牌质量标准，这使海尔空调、洗衣机、冷柜等产品和海尔冰箱一样，发展成为市场占有率很高、深受消费者欢迎的名牌产品。在这一阶段，海尔完成了从“船小好掉头”到“船大顶风浪”的转变。

随着中国加入WTO，国内市场国际化是不可避免的，为了能称雄国际市场，海尔制定并实施了“三个三”的国际化战略。一是通过与国际惯例接轨的内部管理，海尔集团在质量保证体系、产品国际认证、检测水平三个方面达到国际标准。二是通过引进技术、消化吸收、创新发展三个科技开发的步骤，实现企业在科技开发上与国际水平保持同步发展。三是三个1/3的市场战略，即1/3的产品国内生产国内销售，1/3的产品国内生产国外销售，1/3的产品国外生产国外销售。海尔采取先易后难的战略，成功地进入了德国、美国、法国、日本等发达国家市场，产品销往100多个国家和地区，并在30多个国家和地区建立了专营点和经销点。海尔已进入全面实施国际化战略的阶段。

5.1.3 市场营销战略的构成要素

企业市场营销战略一般由六个要素构成，即战略思想、战略目标、战略方向、战略重点、战略对策、战略阶段，各个战略要素相互联系，构成一个完整的战略体系。

1．战略思想

战略思想是指导市场营销战略制定与实施的基本思想和观念，是企业整个市场营销战略的灵魂。它对营销战略起统率作用。有什么样的战略思想就有什么样的营销战略。战略思想来自战略理论、市场环境分析及企业领导的战略风格。企业市场营销战略思想的内容很多，如以消费者为中心、市场营销观念、资本运营观念、经济效益观念、以人为本等思想观念。

2．战略目标

战略目标是指在市场营销战略思想指导下，根据企业营销的战略分析，确定企业营销战略期内所要达到的水平。它是一定战略期内企业完成任务的预期成果，它决定着企业的战略方向、战略重点、战略对策和战略阶段。

对不同企业，市场营销战略目标的具体内容有很大不同。但从战略制定的角度出发，目标应符合以下一些要求。

1）突出重点。营销企业在确定未来较长时间内要取得的成果时，往往有多方面的欲求，如提高市场占有率、提高赢利能力、提高企业或产品的声誉、扩大企业规模等。这些欲望之间，有时可能是相互冲突的，即“鱼与熊掌不可兼得”，因此，企业必须确定一个重点目标，其他方面的目标要服从这一目标的完成，即采取“有所得必有所失”的思维方式，来解决后者相对优先的问题。

2）一致性。营销战略目标涉及企业营销活动多方面的要求，这些要求互相协调或一致。如果一方面的要求与另一方面的要求相抵触，就无法完成战略目标。例如，若企业确定要使某一产品（或品牌）在三年后树立高质量形象，那么就不能再要求这种产品或品牌价格降低，因为不论是现有的还是潜在的顾客，降低都可能产生质量下降的印象。

3）可测量性。市场营销战略目标应可以有效测量，并尽可能具体化、定量化。目标过于笼统或模糊，既无法判断战略执行情况，又会造成企业内部管理混乱。

4）可行性。战略目标对企业管理人员和员工来说，既要有一定的挑战性，又要有可行性，不能是“空中楼阁”，可望而不可即。这种兼具挑战性和可行性的目标应是企业及员工经过努力能够达到的、鼓舞士气的未来业绩成果。

3．战略方向

市场营销战略方向是指企业制定营销战略方案和战略决策的指导方向，包括企业营销发展方向和经营结构的调整，其中企业营销发展方向是营销战略方向的核心。企业要善于根据外部环境和内部条件发展变化的趋势，确定拟进入或推出、拟支持或限制的某些业务领域。例如，企业要确定是在原有的产品和市场的基础上谋求发展，还是开拓新市场、扩大经营范围。企业经营结构调整方向主要是指企业经营的行业、业态、商品等结构调整方向。

4．战略重点

市场营销战略重点是指对实现企业市场营销战略目标具有关键作用，而又有发展优势，或者自身发展薄弱，需要着重加强的方面（部门、环节、项目等）。抓住关键部位，突出薄弱环节，就便于带动全局实现市场营销战略目标。营销战略重点也是资金、劳动和技术投入的重点，这使它们作为重点有物质上的保证；营销战略重点正是营销决策人员实行战略指导的重点，这使它们作为重点有组织上的保证。市场营销战略重点是由企业所处的市场营销环境和内外条件所决定的，企业营销主管只有善于抓住战略重点问题，才能纲举目张，保证企业营销战略的实现。

5．战略对策

市场营销战略对策是指为实现营销战略指导思想和战略目标而采取的重要方法、措施和策略。市场营销战略对策是战略管理的重要内容，战略制定就是确定对策，战略实施就是实施对策。

6．战略阶段

市场营销战略阶段是指实施营销战略或实现市场营销战略目标所必须经历的步骤。一个较长的营销战略必须逐步实现、逐步推进，因此要划分成若干阶段。营销战略阶段的划分，因企业所处的行业和规模不同、市场营销环境的差异、战略目标的差别而有所不同。一般来说，一个大的战略，可划分为准备阶段、发展阶段和完善阶段。

5.2 市场营销战略规划

战略规划是一个过程。在这个过程中，企业首先根据特定的环境，在总体层次上规定它的基本任务；然后根据企业基本任务的要求确定企业的目标；最后设计新业务发展计划，制定行动方案，实施结果反馈等。

5.2.1 市场营销战略任务与目标规划

1．分析营销机会

规划市场营销战略任务与目标的第一步是研究环境，分析营销机会。通过广泛收集、分析市场营销环境方面的信息，可以掌握环境因素的变化对市场营销的影响及程度，在对这些信息充分分析的基础上，能够发现可供企业利用的市场机会，这是确定企业营销战略规划、保证企业成功发展的一个关键问题。例如，美国庄臣公司提前预见到从 20 世纪 70 年代开始美国的人口出生率将不断下降，便做出了将其婴儿洗发剂、痱子粉等向成年人销售的计划。

市场机会分析的内容，主要是对市场营销环境的分析。关于市场机会分析的方法，在第 3 章已做介绍，这里不再赘述。

2. 规划营销任务

企业要在整体上确定总的任务，它要回答的问题是：我们的企业是干什么的，顾客是哪些人，顾客最需要的是什么，本企业未来要经营的业务是什么，应当向哪个方向发展。这些听上去很简单的问题，正是企业必须做出回答的、根本的营销战略问题。成功的企业经常向自己提出这类问题，并慎重而全面地做出回答。

企业应以市场需求为中心，考虑以下因素来规划自己的任务：① 企业的历史，必须尊重过去的历史特征；② 企业的所有者和管理当局的意图；③ 环境因素的发展变化趋势；④ 企业的资源，这会决定企业经营哪些业务；⑤ 企业特有的能力，这有助于企业在确定的业务领域发挥其优势。企业任务还应具有激励作用，就像一只“看不见的手”，能调动全体员工的积极性、创造性，共同为完成企业任务而努力。

总之，确定企业的战略任务，就是明确企业在一个较长的时期内，所要取得的发展结果。营销战略任务涉及的是企业全面发展所提出的要求或目标。因此，企业的战略任务就是企业的使命和宗旨，也是企业经营哲学的具体化。

3. 确定营销目标

营销任务确定后，还要制定企业的营销目标。市场营销战略目标是企业全部营销活动要达到的总体要求。目标是企业预期要达到的结果，同时也是评价其业绩优劣的标准。企业任务确定以后，还要将这些任务具体化为企业各管理层的目标，形成一套完整的目标体系，使各管理层的人员都有自己明确的目标，并担负起实现这些目标的责任。常用的市场营销战略目标有以下几个指标。

（1）投资收益率

投资收益率是指一定时期内企业所实现的利润总额与企业所有者投入企业的资本总额之间的比率，这是衡量和比较企业利润水平、获利能力大小的一项主要指标。计算公式如下：

$$投资收益率=\frac{利润额}{资本额}\times 100\%$$

（2）市场占有率

市场占有率是反映企业竞争能力的一个指标，可以分为绝对市场占有率和相对市场占有率两种。

1）绝对市场占有率是指在一定时空条件下，本企业产品销售量（或销售额）在同一市场上的同类产品销售总量（总额）中所占的比重。

2）相对市场占有率是指本企业的某产品销售总额与竞争对手同种产品销售总额之比。

（3）销售增长率

销售增长率是指产品销售增加额与基期产品销售额的比率，是反映企业产品在市场上的成长性大小的指标。

（4）产品创新、塑造企业及其产品的良好形象等指标

产品创新、塑造企业及其产品的良好形象等指标越来越显示出其在企业战略目标体系中的重要性与深远性，它们反映的是企业创新能力和在市场上知名度、美誉度的大小。实现这类目标对提高企业竞争能力，扩展市场，延长产品市场寿命，以及扩大销售具有长远的影响。

除以上几项指标外，企业还可根据需要选择利润额、销售额、销售费用、产品服务质量等作为市场营销战略目标。

确定营销目标必须符合下列要求：① 层次性。许多企业不只追求一个目标，而是追求多个目标，因此要根据这些目标重要性的大小来进行排列，形成一个完整的层次分明的目标体系。② 定量化。在可能的情况下，企业的各种目标应尽量用数量来表示。③ 现实性。企业确定的目标水平应该是切实可行的，既有充分的客观依据，又是经过努力可以实现的。目标定得太高，会挫伤员工的积极性，起不到鼓舞和激励士气的作用；目标没有挑战性，又无法激起营销人员的积极性，可能还会丧失客户和市场。④ 一致性。企业制定的各项目标应该协调一致，不能互相矛盾，否则会使人们无所适从，使目标失去指导意义。

实例

两家著名公司的目标

鲁伯梅特商业产品公司（Rubbermaid Commercial Products Inc.）的目标是：在公司所服务的每个市场中成为全球范围内所占市场份额最多的公司。他们通过向分销商和最终顾客提供高质量、低成本、有效且环保的产品来赢得这个领导位置。他们信守"对顾客满意永远不变的承诺"，为顾客提供优质服务，从而增加产品的价值。

摩托罗拉公司（Motorola）的目标是：为社会的需要提供好的服务，公司以公平合理的价格为顾客提供优质产品和服务。为了企业的整体发展，公司必须做到这一点并获得适当的利润；公司也为其员工和股东提供机会，以达到他们个人合理的目标。

启示：企业营销战略目标要明确，而且要符合目标市场上消费者的需求。

5.2.2 市场营销新业务发展战略规划

在规划营销任务、确定营销目标的基础上，企业应对现有的业务进行分析评价，决定哪些经营单位需要发展扩大，哪些应当继续保持发展，哪些应当分割或放弃。企业一方面对现有业务进行调整，另一方面需要积极发展一些新业务。如果现有的业务得到的销售额和利润达不到原来的预期计划水平，就存在着战略计划缺口，必须积极开拓新业务。企业发展新业务的战略有三种：① 企业可以在原有的市场上从事原来的业务，我们称为密集型发展战略；② 企业可以尝试从事与原业务相关的一些业务，我们称为一体化发展战略；③ 企业也可以探索全新的领域，开发全新的业务，我们称为多元化发展战略。

1．密集型发展战略

企业现有业务领域，即现有的产品或市场，还有赢利空间时，可以采用密集型发展战略。将这一战略进一步细化，可分为市场渗透战略、市场开发战略和产品开发战略三种形式，如图 5-1 所示。

图 5-1　密集型发展战略示意图

（1）市场渗透战略

市场渗透战略是通过加强调研和宣传，利用现有产品，在现有的市场上争取更大市场份额，增加销售数量，以达到扩大企业业务这一目的的战略。扩大市场份额、增加销售数量的方法主要有以下几种。

1）鼓励现有顾客多买。通过宣传、引导、促进现有顾客提高现有产品的使用频率，增加产品的购买数量，达到多用、多买的目的。例如，宣传早晚都要刷牙，既有利于引导消费者养成良好的卫生习惯，又有利于促使消费者将使用牙膏、牙刷的次数增加一倍，从而促进牙膏、牙刷的销售。运用这种方法来扩大业务，不仅对本企业有利，而且对同行和相关行业的竞争有利，从而得到他们的支持和协助，形成强大的宣传阵势。但这种方法只能有针对性地选用，不宜滥用。

2）争取竞争对手的顾客。密切注视市场动态，抓住有利时机适时地采取市场攻势，占领竞争对手的市场，以扩大企业的市场份额。运用这种方法来扩大业务，有时会引起竞争对手的反感，加剧市场竞争。但是，如果时机合适、方法合理，也可能起到满足市场需求、填补市场空缺的积极作用，达到事半功倍的效果。

3）争取尚未购买的潜在顾客。通过调查研究，分析潜在顾客尚未购买的原因，有针对性地采取相应的营销措施，促使潜在顾客尽快地成为本企业的现实顾客。潜在顾客尚未购买的原因很多。可能是经济方面的原因，如手头现金不足等；可能是心理方面的原因，例如，对产品的外形或色彩不满意，或者等待新的换代产品的问世，或者对产品本身性能、用途不了解等。企业只有通过充分调查，才能抓住关键，有的放矢地运用营销攻势去争取这部分潜在顾客。这种扩大业务的方法，虽然难度较大，需要通过深入、细致的调查研究才能取得成效，但却是一种行之有效的方法，可以避免与对手的竞争，取得较好的营销效果。

（2）市场开发战略

市场开发战略是通过增加市场开发费用和促销费用，以现有市场为基础不断向外扩张，开辟新的市场，以达到扩大业务目的的营销战略。市场开发的方式主要有以下几种。

1）在原有销售地区内增加新的目标市场。通过社会舆论和广泛宣传，引导新的目标顾客购买和使用企业产品。例如，用“不修边幅的男子汉不再流行”、“当今流行文明的、带有淡淡的香水味的男子汉”的舆论，将以往属于女性用品的美容、化妆品推向男性市场，从而扩大化妆品的销售范围。

2）增加新的销售渠道。改变由商业部门独家销售的单一渠道，增加企业直销、工商联销、集团代销等销售方式，以灵活的方式来扩大销售业务。

3）增加新的销售地区。将单一的内销产品打入国际市场，用外销产品占领国内市场，将城镇市场的成熟期产品销往农村市场等。通过增加新的销售地区，扩大产品市场，从而使产品掀起一个新的销售高潮。

（3）产品开发战略

产品开发战略是通过增加产品开发费用，对现有产品进行改进，使现有产品以新的姿态投放到现有市场上，以增强竞争力，扩大销售业务的一种战略。产品开发的方式主要有以下几种。

1）增加新的特色。根据目标顾客的需要对原有产品的功能、外观、色彩等方面进行改进，以体现自身的特色，激发潜在顾客的需求。

2）增加新的档次。根据目标顾客的需求生产高、中、低档兼备的系列产品，以满足不同消费者的需要。

3）增加新的换代品。随着科技的发展，新的产品层出不穷。例如，从单缸洗衣机到双缸洗衣机，再到全自动洗衣机、带升温装置的洗衣机、带烘干装置的洗衣机等，洗衣机这一产品不断完善，为消费者带来更大方便。各行各业都不断地了解消费者对现有的业务有哪些不足之处，发起一个“了解消费者你需要什么”的运动。根据消费者的需要，提供一代又一代新的产品来满足市场的需要。

2．一体化发展战略

如果企业所属行业的吸引力和增长潜力大，或者企业在产品的产、供、销方面实行一体化能提高效率，提高企业的赢利能力或控制力，则可采用一体化发展战略。该战略是在现有业务基础上，通过收购、兼并、联合、参股、控股等方式，向现有业务的上游或下游方向发展，形成产、供、销一体化，以扩大现有业务。一体化发展战略包括后向一体化、前向一体化和水平一体化三种形式，如图5-2所示。

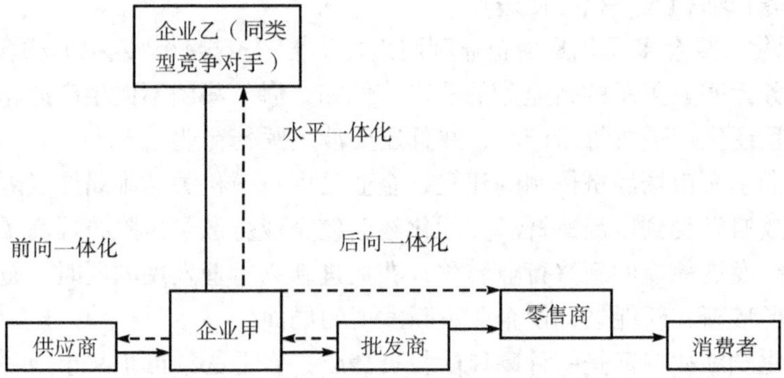

图5-2　一体化发展战略示意图

1）后向一体化。后向一体化是指企业在现有业务基础上，向上游的业务发展，即通过收买、兼并、联合等形式，拥有或控制企业的原材料、零部件及其他供应系统，实行供、产一体化。例如，汽车公司将汽车零配件生产厂家兼并，化工厂与化工原料厂合为一体等。后向一体化不仅扩大了现有业务，而且有利于保证原材料、零部件的供应及质量，因而也促进了现有业务的发展。

2）前向一体化。前向一体化是指企业在现有业务基础上，向下游的业务发展，即通过收买、兼并、联合、建立经销系统，形成产、销一体化，或者是由现有的原材料生产企业向成品生产发展，形成产品生产一体化，进而达到产、供、销一体化。

3）水平一体化。水平一体化是指企业通过收买、兼并、联合同行业的企业，形成一体化经营的战略。对于大型企业、名牌企业，运用水平一体化战略，可以利用其他企业的场地、设备、人力、资金等资源，来扩大自己的业务；对于中、小型企业，运用水平一体化战略，可以利用其他企业的技术、知名度等，来提高本企业的业务素质，提高企业的声誉。

3. 多元化发展战略

多元化发展战略是指企业利用现有资源和优势，运用资本运营的各种方式，投资发展不同行业的其他业务的营销战略。根据所利用的资源的不同，多元化战略可分为同心多元化、水平多元化和复合多元化三种类型。

1）同心多元化。同心多元化又称技术关系多元化，是指企业以现有业务领域为基础，利用现有的产品线、技术、设备、经验、特长等，增加产品的种类，向行业的边缘业务发展的战略。例如，医药公司经营花旗参糖、花旗参茶等保健食品、饮料，拖拉机厂增加小型货车的生产，彩电、洗衣机等厂家向全家电业务发展等。这种战略能充分发挥原有的技术优势，而且投资少、风险小、见效快，容易取得成功。

2）水平多元化。水平多元化又称市场关系多元化，是指企业针对现有目标市场上顾客的潜在需求，发展其他行业的有关业务的战略。例如，民航机场、火车站或汽车站增加为旅客服务的商店、旅社、餐馆及金融机构等。这种战略目标顾客集中，可以充分利用企业的声誉，实现原有业务与新业务相辅相成、相互促进。

3）复合多元化。复合多元化是指企业利用人才优势、资金优势或根据联合经营的需要，投资发展与原有业务无明显关系的新业务的战略。例如，海尔集团不但生产冰箱、空调、洗衣机等家电产品，而且还生产手机等新产品，并且还要涉足医药行业。

随着我国社会主义市场经济体制的建立，企业已由行政机关的附属体发展成自主经营的主体，多元化发展战略已受到广泛重视。多元化经营使企业分散了风险，提高了经营的安全性；有利于企业向着有发展前途的新兴行业转移，在促进新兴行业发展的同时，也可能带动原有业务的发展，形成老带新、新促老，使企业不断发展的局面。

然而，多元化发展战略又是一种高风险投资战略，企业必须谨慎从事。一方面，要把握实施多元化发展战略的内、外部条件。其内部条件为：企业资源未能充分利用，企业本身具有拓展该业务的能力，企业决策具有开拓精神。其外部条件为：社会需求的发展变化，给企业带来了新的发展机会；新技术革命提供了新的技术基础，为新业务的鏖战创造了条件；竞争局势的不断变化，要求企业以变应变，扩展新的业务。另一方面，在调查研究的基础上，经过科学分析和可行性认证，确定企业的投资方向，并要把握好多元化发展的“度”，避免因盲目投资、盲目扩张而带来的失误和风险。密集型发展战略、一体化发展战略和多元化发展战略各有利弊，企业在发展新业务过程中，必须根据自身的条件和外部环境的变化权衡利弊、进行选择，以规避投资风险，促进企业的发展。

小思考

美的集团生产经营空调、电风扇、电饭煲、微波炉、厨具、微电机、压缩机等多项产品，取得了不错的业绩。这种良好的发展态势得益于何种发展战略的运用？

5.3 市场营销策略规划

市场营销战略规划的营销任务和目标，制定的企业新业务发展战略，都要靠具体的策略和战术去实施。市场营销策略有很多，而且千变万化，魅力无限，这里主要分析市场营销组合策略。

5.3.1 市场营销组合策略的概念

市场营销组合策略就是指企业可以控制的各种市场手段的综合运用，即综合地运用产品策略、价格策略、渠道策略、促销策略等各种可能的手段，来实现企业市场营销战略的总目标，简称4P组合策略。

市场营销组合是现代市场营销学中一个十分重要的概念。这一概念的提出和应用，从整体上满足了消费者需求，追求了整体营销效果，体现了以消费者需求为中心的现代市场营销观念。它要求企业用最适合的产品，以最适宜的价格，通过最畅通的渠道，采用最相宜的促销手段，最好地满足目标市场的需求，取得最佳的经济效益。

5.3.2 市场营销组合策略的内容及发展

市场营销组合中所包含的可控因素，可以概括为四大类，即产品、价格、渠道、促销。

1）产品。产品是指企业提供给目标市场的产品和劳务的集合体，包括品质、功效、外观、商标品牌、包装、服务等。

2）价格。价格是指企业出售产品或劳务的经济回报，包括基本价格、折扣价格、折让、支付方式、支付期限、信用条件等。

3）渠道。渠道是指企业使其产品进入和到达目标市场所进行的各种活动，包括分销渠道、环节场所、中间商类型、仓储和运输等。

4）促销。促销是指企业利用各种信息媒体与目标市场进行沟通的各种活动，包括人员推销、广告、营业推广、公共关系等。

随着营销环境的变化，市场营销组合策略的内容在不断地发展。继 4P 之后，学术界又相继提出了其他的营销策略。

1986 年，美国市场营销学家菲利浦·科特勒提出“大市场营销”的概念。即在 4P 的基础上，再加上政治力量，即权利（Power）和公共关系（Public Relation），形成 6P。前者是国际贸易与政治越来越联系的发展结果，而后者则意味着企业形象正在成为市场营销的一部分。

后来，菲利浦·科特勒在 6P 的基础上，又提出了战略上的 4P。调查（Probizing），即搞清楚市场由哪些人组成，市场都需要什么；分割（Partioning），区分不同的买主，即进行市场细分；优先（Prioritizing），哪些顾客对你最重要，即搞清楚目标市场、目标顾客；定位（Positioning），在顾客的心目中树立产品形象。

菲利浦·科特勒还强调人的重要性，特别是各种营销人员和服务人员的言行、仪表、态度，因此，还应再加上一个 P，即人员（People），于是出现了市场营销组合的 11P 组合策略。

总之，市场营销组合策略的内容随着时代的发展不断丰富，不断扩充新的内涵。不过，人们在制定市场营销组合策略时，习惯上在 4P 组合之上再单独进行其他的配套组合。因此，我们在规划市场营销组合策略时，以 4P 为主。

小思考

4P 是市场营销组合的主体，因此企业营销成功与否，关键是 4P 的有效组合。你认同这种说法吗？

5.3.3 市场营销组合策略的特点

1. 可控性

一家企业生产或销售的产品，除了受消费需求的影响以外，还要受许多因素的影响，其中 4P 是企业可以控制的因素，企业自己有选择的余地。企业可以根据市场分析，选择自己的产品结构和服务方向；可以自行选择销售渠道；自行决定产品的销售价格；自由选择广告宣传手段等。当然，这种自主权是相对的，不是随心所欲的，它也要受企业外部不可控因素的影响。

因此，企业在综合运用营销组合策略时，既要合理安排好可控因素，又要灵活适应外部的不可控因素。

2. 动态性

市场营销组合不是固定不变的静态组合，而是一个变化多端的动态组合，是变化着的经营艺术。因为 4P 中的产品、价格、渠道、促销四大因素，每个因素中又包含许多因素，只要其中一个因素发生变化，就会出现一个新的组合。例如，一家洗衣机企业的市场营销组合策略可以有以下两种方案，如表 5-1 所示。

表 5-1 某洗衣机的两种市场营销组合方案

	产 品	价 格	分 销	促 销
方案 1	质量可靠 负责维修	基本价格	各零售店	大量做广告 开展销会
方案 2	提供配件 不管维修	折扣价格	各批发站	做少量广告

两种组合策略得到的效果肯定是不一样的。所以，在市场营销组合的动态变化过程中，它们组合出来的经营方式和方法是无穷的。企业营销策略的生命力就存在于无常的变化和组合之中，营销策略的进攻性就存在于它们的应变性和灵活性之中。因此，企业在制定营销组合策略时，处处要在“变”字上做文章，掌握这种动态的、变化的经营艺术。

3．多重性

市场营销组合是 4P 的大组合，而每一个 P 又包括许多因素，因而形成了许多的次组合。为了便于分析，我们在每一个营销因素的许多变量中选择四个变数，组成各个营销因素的次组合。

① 产品组合：产品实体、服务、商标、包装。② 价格组合：基本价格、折扣价格、信贷条件、付款时间。③ 渠道组合：销售渠道、运输设施、储存设施、存货控制。④ 促销组合：人员推销、广告、营业推广、公共关系。

有时市场营销的条件虽然相同，但不同的企业会有不同的组合。这就好比厨师做菜一样，原料、配料都一样，但水平不同的厨师做出来的菜的味道截然不同。所以，企业进行整体的营销活动，必须针对目标市场的需求，选择最佳的市场营销组合策略。

4．整体性

企业在设计市场营销组合时，必须将它们综合地加以考虑，要考虑它们之间的相互作用、相互影响，才能发挥市场营销组合的整体增效作用。

另外，市场营销组合策略还有艺术性、竞争性等特点。

5.3.4 市场营销组合策略的作用

1．市场营销组合策略是制定企业营销战略的基础

企业的市场营销组合是实现市场营销战略的工具，在现代企业的营销实践活动中，围绕 4P 建立企业的营销战略已越来越成熟，已成为一种模式化的决策方法，成为企业开展市场营销活动的基本手段。1987 年，瑞士雀巢咖啡成功地进入中国市场就是一个例子。

实例

雀巢公司对中国大陆和香港市场进行了全面的市场调查，聘请对中国非常了解的专业人士共同研究，制定了以下市场营销组合策略。

1）产品策略。通过调查发现，影响人们购买咖啡的主要原因是口味，国际上咖啡的口味主要分为以苦味为主的英国口味、苦和酸涩并重的美国口味，以及讲究淡味的日本口味。经过研究，雀巢认为中国大陆的消费潮流受中国香港引导，于是将口味定位为英国口味。

2）价格策略。在美国市场上，雀巢是名牌，而其在中国大陆的竞争对手麦氏咖啡则属于杂牌，价格相差近30%，是否保持这种价格差？公司决定保持这种价格差，同时以相应的促销策略做配合。

3）地点策略。为显示产品档次，一般只供应给中档以上的商店，不在小店销售。

4）促销策略。主要有这样几种：① 以京、津、沪三大城市为突破口，在三个城市的地方台和中央电视台同时播出广告，密集发送，传播“味道好极了”的良好品牌形象；② 在三个城市多次举办名流品尝会，并为人民大会堂和一些重要会议免费提供，形成名流只喝雀巢的时尚；③ 营业推广方面，采用中国大陆消费者较为欢迎的买一赠一，买咖啡赠伴侣、杯子等形式。

启示：通过以上市场营销组合策略的运用，雀巢迅速进入中国大陆市场，取得成功。

2. 市场营销组合策略是企业参与市场竞争的有力武器

任何企业的资源都是有限的，竞争对手之间无论实力大小，都各有其优势和劣势。通过市场营销组合策略，企业可以充分发挥自己的潜力和优势，巧妙地运用各个因素，扬长避短，战胜对手。

3. 市场营销组合策略是协调企业内部各部门工作的纽带

市场营销组合策略就是整体营销，会使各部门增强整体观念，形成一个整体的工作系统，完成整体目标。在这个过程中，市场营销组合策略就是联络和协调各部门工作的“纽带”。

5.3.5 市场营销组合策略在企业营销中的运用

下面来看两则市场营销组合策略运用的例子。

例 5-1 美国麦克唐纳公司是举世公认的发展迅速的快餐连锁企业。麦克唐纳的巨大的成功，关键在于其采用了结构良好的市场营销组合策略，在整体上满足了消费者的需求，如表5-2所示。

表 5-2 麦克唐纳公司的市场营销组合

产品策略	标准的、稳定的、高质量的产品；服务时间长、服务速度快
价格策略	低价策略
渠道策略	营业场所选在顾客密集区域；组织特许连锁经营，扩展分店
促销策略	强有力的广告宣传，广告媒体以电视为主，内容针对年轻人的口味

例 5-2 索尼（Sony）公司是世界上著名的家用电器制造企业，同许多成功的日本企业一样，该公司十分重视市场营销战略，能够根据顾客的需求和竞争对手的策略，调整其市场营销组合策略。该公司在 20 世纪 50 年代中期率先开发出第一代晶体管收音机，并以就业率高、乐于尝试新事物的美国为目标市场。该公司当时的市场营销组合策略，如表 5-3 所示。

表 5-3 索尼公司晶体管收音机的市场营销组合

产品策略	便携、实用、优质、新颖；不惜代价，以自己的商标进入国外市场
价格策略	单价 29.95 美元，500 台为批量作价的起点；以提高质量而不以降价为主要手段
渠道策略	直接寻找美国企业为经销商，而不通过在美国设有分支机构的日本贸易公司
促销策略	通过熟悉美国市场和法律的代理商，重点宣传产品的新技术信息和巨大效益

从以上的例子中我们可以体会到，任何企业要想在市场竞争中立于不败之地，就必须牢固地树立市场营销战略观念，要学会和善于运用不同的市场营销组合手段，才能取得优势地位，立于不败之地。

本章小结

市场营销战略是企业根据营销环境及自身条件的变化趋势，对企业市场营销活动做出的总体的、长远的、全局性的谋划。所以它具有全局性、长远性、方向性、竞争性等特征。

市场营销战略是企业营销活动的灵魂，它一般由营销战略思想、战略目标、战略方向、战略重点、战略对策、战略阶段六个要素构成。企业在制定市场营销战略时，应该全面地考虑这六个方面。

市场营销战略规划主要包括两个方面：规划企业的任务和目标，规划企业新业务发展战略。企业任务是企业的使命和宗旨，企业目标是企业任务的具体化，企业新业务发展战略是企业战略规划的核心与重点。新业务发展战略有三种方式，具体有九种实施战略，即密集型发展战略，包括市场渗透战略、市场开发战略、产品开发战略；一体化发展战略，包括后向一体化战略、前向一体化战略、水平一体化战略；多元化发展战略，包括同心多元化战略、水平多元化战略、复合多元化战略。

市场营销策略规划主要研究产品、价格、渠道、促销的市场营销组合策略，也即 4P 组合策略。市场营销组合策略具有可控性、动态性、多重性、整体性、艺术性等特征。市场营销组合策略是市场营销研究的主体内容，是企业实现营销战略的任务和目标，是提高市场竞争能力的主要手段。

复习思考题

1．基本概念

市场营销战略　绝对市场占有率　战略目标　市场渗透战略　市场开发战略　一体化发展战略　多元化发展战略　市场营销组合

2．填空题

（1）市场营销战略具有（　　）、（　　）、（　　）、（　　）等特征。

（2）市场营销战略一般由（　　）、（　　）、（　　）、（　　）、（　　）、（　　）六个要素构成。

（3）企业追求的营销战略目标主要有（　　）、（　　）、（　　）、（　　）等指标。

（4）市场营销战略目标应具备的基本要求有（　　）、（　　）、（　　）、（　　）。

（5）市场营销组合的特点有（　　）、（　　）、（　　）、（　　）等。

3．选择题

（1）云南红塔集团由烟草行业进入石油、化工、建筑、电子等许多领域开展经营活动，该集团实施的是（　）战略。

A．同心多元化　　B．水平多元化

C．复合多元化　　D．后向一体化

（2）海尔集团开发国际市场，进行国际化经营，这是运用（　）战略。

A．市场渗透　　B．市场开发

C．产品开发　　D．一体化发展

（3）某养鸡厂原来向饲料公司采购饲料，现决定自己开办饲料厂，这属于（　）战略。

A．前向一体化　　B．后向一体化

C．水平一体化　　D．同心多元化

（4）当企业所属行业缺乏有利的营销机会或其他行业的吸引力更大时，企业可实施（　），以实现企业业务的增长。

A．密集型发展战略　　B．一体化发展战略

C．多元化发展战略　　D．产品开发战略

（5）菲利浦·科特勒提出的“大市场营销”概念，是在4P的基础上，再加上（　　）和（　　），形成6P。

A．公共关系　　B．产品品牌　　C．权利　　D．人员

4．判断题

（1）市场营销战略是对企业市场营销活动做出的全局性、长远性的规划。（　　）

（2）市场营销组合是一个固定不变的静态组合。（　　）

（3）企业通过收买、兼并、联合等形式获得发展，这是利用后向一体化发展机会。（　　）

（4）市场占有率是反映产品赢利能力的一个指标。（　　）

（5）企业在一定时期内，可以“既获得企业规模迅速扩大，又降低企业经营风险”。（　　）

5．简答题

（1）市场营销战略规划的意义是什么？你是怎样认识的？

（2）企业新业务发展战略主要有哪几种？适用情况和主要方式有哪些？并举例分析。

（3）市场营销策略包括哪些具体内容？

实训题

1．案例分析

阳光食品公司是我国S省一家大型乳品生产加工企业，其奶制品在当地市场的占有率高达80%。该公司的市场营销人员经过调查发现，我国奶制品市场潜力巨大，蕴藏着诱人的商机。如果一人一天喝一杯200毫升的牛奶，全国牛奶的销量将达到9 000万吨，但现在的总产量还不到这个数字的1/10。但同时竞争也日益激烈，如三元、蒙牛、伊利、光明、完达山、维维等，这些企业在奶制品市场上互相竞争。根据各种情况，2000年阳光食品公司做出了步步为营、逐步拓展市场的战略决策。首先要解决的是优质奶源的问题，为此公司到内蒙古呼伦贝尔盟地区与当地企业合作，建立奶牛养殖基地并控股经营，很快进入了良性循环；2001年为扩大生产能力又兼并了另外一家规模较小的同类奶制品生产企业；2002年利用原有技术特点又开发出固体奶粉、豆奶、果奶、儿童食品等多种产品，并且全部使用“阳光”这一品牌。近几年，公司又新成立了销售公司，专门负责公司所有产品的市场拓展。

请问：（1）阳光公司新业务拓展实行的是哪种发展战略？他们的依据是什么？

（2）在实施这种发展战略过程中，他们运用的具体策略如何？

（3）请再举出其他的例子，说明市场营销战略和策略的运用。

2．课堂讨论

（1）针对现有顾客再定位，可借助促销产品新用途的方法来达成。杜邦公司在开拓其丝袜

事业时，采取再定位策略，并促销其流行时髦五彩丝袜。该公司努力致力于传播这种产品的新用途：袜子不是一个没有色彩的配件，它可以是女性衣橱中舒服、多彩的配件。结合本章学习过的知识，讨论你对杜邦公司这一做法的看法。

（2）自行车的主要功能是代步，但在经济发达国家里，小轿车、摩托车等现代化的交通工具才是人们的代步工具。很多自行车厂商陷入产品滞销积压的困境。但是，中国台湾的一些厂商抓住自行车娱乐和健身的功能开展宣传促销，在欧美市场上收到了很好的效果，获得了相当高的市场占有率。

你对中国台湾一些厂商的做法赞同吗？谈谈你的看法。

3. 营销实训

（1）实训题目：市场营销组合策略制定训练。

（2）实训目的：通过实训，使学生掌握市场营销组合策略的内容及市场营销组合策略制定的基本思路。

（3）背景资料：假如你是某企业的市场营销策划人员，面对竞争日益激烈的市场，你想制定一套行之有效的市场营销策略，现需收集一些成功企业的做法，以供你决策时参考。请任选一种产品，收集其市场营销组合策略的运用，并进行总结分析，以便从中得到有益的启示。

（4）实训要求：① 任选一种产品，描述其目标市场。② 整理分析其市场营销组合策略的运用。③ 根据所学知识及相关资料，对其市场营销组合策略进行评估，并总结你从中得到什么启示。④ 每人提交一份报告，报告题目自拟，打印在A4纸上，要求独立完成。

（5）实训步骤：① 老师将会分发一些成功的案例，供你们参考，以启发思路。② 你们可登录相关网站，走访用户，查阅报刊资料，多方面地获取相关产品的资料。③ 按任务要求，归纳、整理资料，对目标市场、市场营销组合策略进行分析。④ 本实训内容计划两周完成，在完成训练的过程中，学生可以定期地与指导教师沟通，以顺利完成任务。⑤ 学生应对获取资料的来源，做详细记录。

（6）结果评价：报告完成情况，评定成绩，成绩分为优、良、中、差。

优：资料全面，确实具有指导价值，对营销策略的评估得当，分析有理有据，能提出自己独到的见解，有创造性地发挥。

良：收集的资料全面，内容翔实，值得借鉴，并能灵活地运用所学知识。

中：有分析总结报告，文字通顺，内容完整。

差：各项都达不到规定的基本要求。

第6章

产品和产品策略

本章学习目标

1. 了解整体的产品构成要素。
2. 熟悉品牌、包装、产品组合及相关概念。
3. 掌握产品组合策略、品牌策略、包装策略及其灵活运用。

产品策略是市场营销组合策略中重要的组成部分。研究产品策略，必须明确产品的概念。产品是营销活动的基础，营销管理者和营销人员必须树立整体产品的观念，在此基础上对产品组合、产品品牌和包装加以决策和管理。本章就从静态的角度来对产品及相关内容进行考察。

6.1 整体产品分析

6.1.1 产品的整体概念

产品是企业开展市场营销活动的物质基础，是市场营销组合中的首要因素，在整个市场营销活动过程中都离不开产品。

那么，什么是产品呢？人们一般从狭义和广义两个角度来阐述。狭义的产品是指通过生产劳动生产出来的，具有特定的物质形态的，用于满足消费者需要的有形产品，如面包、自行车、电视机等。广义的产品是指向市场提供的，供人们获取、使用或消费，从而满足人们某种欲望或需要的一切东西，包括有形的物品、无形的服务，以及人员、组织、观念或者它们的组合。由此可见，市场营销学的产品概念是广义的概念，是有形实体和无形服务的统一，是一个整体的概念。

6.1.2 整体产品构成分析

产品整体概念由核心产品、形式产品、期望产品、延伸产品和潜在产品五个层次构成，如图 6-1 所示。

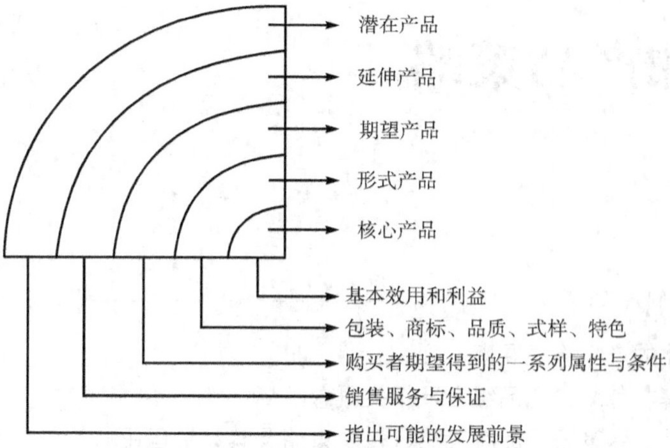

图 6-1　产品整体概念示意图

1. 核心产品

核心产品是指产品提供给购买者的基本效用和利益，即产品的使用价值。顾客购买某种产品，不是为了占有产品本身，而是满足自己某一方面的需求和欲望。例如，女性购买化妆品，买的是容颜不老；人们购买摄像机，买的是对美好往事的回忆。所以，产品实体只是产品效用和利益的载体，离开了功效，产品就失去了存在的价值。因此营销者必须洞察顾客购买某种产品时追求的核心利益和要解决的问题，在设计和开发产品时给予关注。

2. 形式产品

形式产品是指向市场提供的产品实体和服务的外观，是核心产品借以实现的形式。一般包括品质、特征、款式、品牌、包装五个方面的内容，产品的基本效用必须通过某些具体的形式才能得以实现。形式产品是呈现在市场上可以为顾客所识别的，因此它是消费者选购产品的直观依据。

现代竞争日益激烈，在产品设计上除了充实其核心利益外，还应重视对产品内在质量、包装、造型、商标的设计和营销策略的运用，塑造完美的产品形体，以提高企业产品的竞争能力。例如，海尔太空消毒洗碗机，就以海尔的品牌名称，臭氧消毒、液晶显示、快速烘干等特征，一流的质量水平，以及独特的外观造型出现在市场上，产品不但能满足顾客所需要的核心利益，而且功能完善，直观设定洗涤程序使操作方便，洗涤全自动，洗碗更轻松、更快捷。

3．期望产品

期望产品是指购买者在购买产品时期望得到的一系列属性和条件。例如，旅客期望得到干净的床位、毛巾、香皂、浴液、香波、洗澡等服务；冰箱的购买者期望送货上门、服务周到等。产品如果达不到顾客的最低限度，则难为顾客接受或影响购买评价和重复购买。

4．延伸产品

延伸产品也称附加产品，是指产品提供给顾客的一系列附加利益，包括产品说明书、保证、维修、安装、运送、消费信贷、技术培训等，如旅馆人性化的服务、鲜花与免费早餐等。附加产品超越顾客的期望，给顾客带来额外的惊喜与满足。可以预见，在大多数企业产品更新换代能力逐步接近、信息手段高度发达的今天，利用产品实体的因素来赢得竞争主动权的机会将越来越小，营销者争夺顾客的主战场将逐步转移到售后服务上来。因此，能够正确地开发附加产品的公司，必将在竞争中获胜。

5．潜在产品

潜在产品是指现有产品的延伸和演进，最终可能发展成为未来的实质产品。潜在产品指示出目前产品未来的发展方向。例如，彩色电视机可能发展成为录放像机、计算机终端机等。

产品整体概念的五个层次，十分清楚地体现了以消费者为中心的现代市场营销观念，它强调企业在提供实质产品的同时，也要重视形式产品、期望产品、延伸产品和潜在产品的研究与开发，全方位地满足消费者的需求。

小思考

1）产品形成于生产领域，这句话对吗？

2）根据不同消费者的需求，可开发专供学者著书立说的书斋式旅馆、供全家度假用的家庭式旅馆、供人们扩大社会接触面的社交式旅馆等，这属于哪个层次的产品？

6.1.3 产品整体概念的意义

1．产品营销中，必须掌握顾客所追求的核心利益

顾客购买任何一种商品，并不是为了占有具体的物品，而是实现其爱美或追求享受的愿望。营销人员只有明白这一点，顾客的需求才可能真正得到满足，企业才能获得成功。

2．产品营销不仅重视有形产品，而且要特别重视产品形象、服务等无形方面

顾客对产品利益的追求，包括功能性和非功能性两个方面。前者更多地体现了顾客在物质方面的需要；后者则更多地体现了在精神情感等方面的需要。随着经济的发展，科技的进步，消费者需求日趋复杂多样，消费者对产品非功能性利益的追求越来越重视，企业产品营销必须摆脱传统的产品观念，重视产品非功能性利益的开发，以更好地满足消费者的多样化需求。

3．产品的营销策略可在多个层次上展开

产品整体概念五个层次的提出，给企业带来了新的竞争思路，那就是企业可以通过在款式、包装、品牌、售后服务等各个方面创造差异来确定市场地位和赢得竞争优势。企业也只有用动态的眼光来正确认识产品的整体概念，勇于改革创新，推出比竞争对手更能满足顾客需求的整体产品，才能适应市场的发展变化和满足消费者的需求。

实例

建立顾客档案

现在许多商场和饭店建立“顾客档案”的做法，给人留下了很深刻的印象。在北京，一家商场推出了大件商品回访制度，引来了大批的回头客。顾客凡购买大件商品，商场就为顾客建立档案，并在三个月内派专业人员回访了解使用情况，解决出现的问题，此后则每年回访一次。显然，它解除了消费者的后顾之忧，不仅真正体现了服务意识，同时也是真正为自己赢得市场的最好办法。

在上海，一家饭店的促销手段值得称道：友情追踪。把凡来过该店办过宴庆的顾客情况收集起来建成档案。每当顾客的喜庆日子来临，店家就送上贺卡、鲜花等礼物以示祝贺。于是，顾客对该店产生了好感，也心甘情愿地成为他们的“回头客”。

经商的过程实际上是与人打交道的过程，人是有感情的，以诚待人、以情感人是生意兴隆的关键因素之一。

启示：① 经商就是经营人心。市场营销的最高境界就是赢得和占有顾客的心，得人心者得顾客，得顾客者得市场。② 服务是无止境的。在市场竞争日益激烈的今天，创“名牌服务”已成为摆在商家面前的一个非常现实而又十分紧迫的课题。

6.2 产品品牌策略

在市场经济条件下，企业拥有市场将比拥有工厂更重要。拥有市场的唯一办法就是拥有占市场主导地位的品牌，品牌意味着质量、产品的声誉、产品的特色，同时品牌既可以增加产品价值，也是促进产品销售的决定因素。企业营销人员必须运用品牌决策，在竞争激烈的市场上创立起自己企业的品牌。

6.2.1 品牌及其相关概念

1．品牌的概念

品牌是整体产品的主要组成部分。它是由文字、标记、符号、图案和颜色等要素或这些要素构成的组合，用以识别某个销售者或某群销售者的产品或服务，并使之与竞争对手的产品或服务区别开来的商业名称及其标志。品牌是一个集合概念，一般由以下三个部分组成。

1）品牌名称。品牌名称是指品牌中可以用语言称呼，即能发出声音的那一部分，如海尔、长虹、可口可乐等。

2）品牌标记。品牌标记是品牌中可以辨别但不能用语言称呼的那部分，通常是一些符号、图案、颜色、字体等。例如，四个在同一水平线上两两相交的圆圈就是奥迪的品牌标志。

3）商标。商标是指受到法律保护的整个品牌中的某一部分。

在市场营销活动中，品牌是一个蕴涵着丰富意义和信息的符号识别系统。一个品牌的含义可以从以下几个方面来理解。

1）属性。品牌代表着特定的商品属性。例如，海尔产品意味着工艺精湛、品质优良、信誉好、声誉高、售后服务优良，这些属性是海尔企业广为宣传的重要内容。可见，属性是顾客判断品牌接受性的首要因素。因此，在为品牌定位时，必须赋予品牌恰当的属性，以吸引消费者。

2）利益。品牌还体现着某种特定的利益。顾客购买商品和服务，实质就是购买某种利益。就海尔产品而言，“工艺精湛”的属性可转化为“使用安全”这种功能性和情感性利益。因此，品牌利益的确定，需要营销者从某种属性是否能够提供给顾客需要的利益角度去思考。

3）价值。品牌体现了制造者的某些价值感受。例如，海尔产品代表着品质、信誉和服务优良等。品牌营销者必须分辨出对这些价值感受感兴趣并正在寻找这些价值的购买者群体。

4）文化。品牌还附加和象征着特定的文化。

5）个性。品牌也反映一定的个性。不同的品牌会使人们产生不同的品牌个性联想。

6）用户。品牌暗示了购买或使用产品的消费者应该具备的某些特征，如职业、经济地位等。

2．品牌的作用

今天的市场竞争，很大程度上就是品牌竞争。世界知名品牌是一个国家的国宝，哪个国家拥有的多，哪个国家就是经济强国。市场经济在一定程度上就是名牌经济，市场竞争的最终结果就是名牌瓜分天下，品牌成了企业进入市场的通行证，品牌对市场营销的作用越来越大。

1）有利于买者识别并选购商品，降低交易成本。

2）有利于顾客监督质量，保护购买者利益。

3）有利于卖者进行市场细分和宣传，促进产品销售；有利于卖者进行产品管理，并防止他人假冒。

4）有利于树立企业形象，提高企业产品知名度和美誉度；也有利于培养顾客偏好与顾客忠诚度，培养稳定的顾客群。

5）有利于提高产品附加价值。企业必须全面认识品牌含义，并在动态过程中评价和管理品牌，才能塑造出成功的品牌。

6.2.2 品牌设计要求

品牌设计是一个复杂的过程，在设计中要注意以下几点。

1）容易识别，便于记忆。品牌的重要作用是有助于识别商品，为此，要使人们见到后能留下深刻的印象，品牌设计必须既要简洁明了、通俗易懂，又要新颖别致，能传递给消费者明确的信息，以利于消费者准确理解。

2）品牌设计要能体现企业或产品的风格。品牌既需要与产品实体相符合，又要能反映产品的基本用途和给消费带来的效益，使消费者一接触到产品的品牌，便能知道是一种什么样的产品，如“黑又亮”鞋油等。从而使消费者能从中认识到企业及产品的形象和特点，产生购买欲望。

3）品牌设计要与目标市场的文化背景相适应。经济全球化发展，企业产品的营销范围在不断扩大，品牌的设计要符合不同的民族习惯。商品品牌的设计特别要注意避免使用当地忌讳的图案符号、色彩，以及令顾客产生异议的文字内容。

6.2.3 品牌策略

为了使品牌在市场营销中更好地发挥作用，必须进行正确的品牌决策，采取适当的品牌策略，如图 6-2 所示。

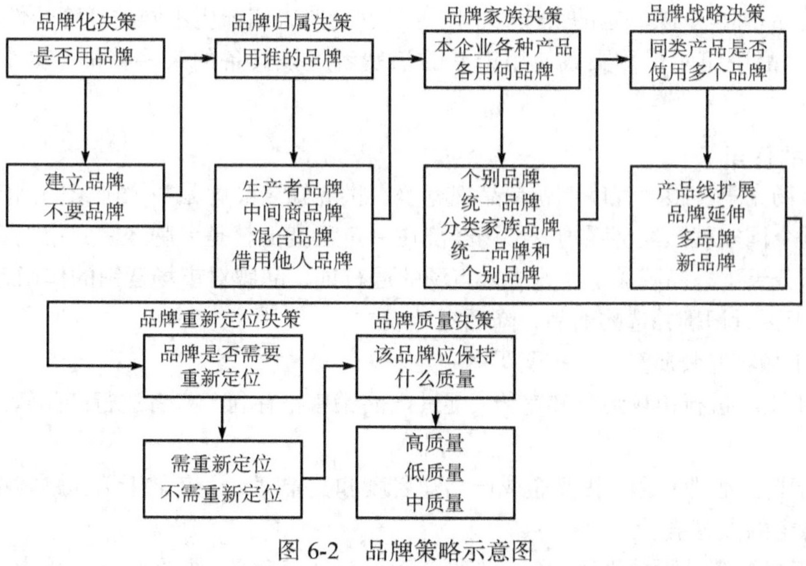

图 6-2　品牌策略示意图

1. 品牌化决策

品牌化决策即决定是否使用品牌。使用品牌能给企业带来许多好处：① 能将企业的产品与竞争对手的产品区别开来，便于消费者认牌购买；② 能够吸引具有品牌忠诚度的顾客，建立稳定的顾客群；③ 取得的商标专用权受到法律保护，可以防范他人侵犯自己商标的行为；④ 知名品牌是企业宝贵的无形资产，能为企业带来长久的、稳定的效益。因此，现在市场上绝大部分商品都使用品牌，包括一些传统上不用品牌的商品，如食盐、水果、蔬菜等，也出现了品牌化的倾向。当然，使用品牌是要付出代价的，包括设计费、制作费、注册费、广告费等，并且还要承担品牌在市场上失败的风险。因此，如果使用品牌对促进产品销售作用甚微，甚至得不偿失，就可以不使用品牌。不使用品牌的商品有以下情况。

1）新创企业尚未定型的产品。

2）产品本身不会因生产者的不同而形成质量特性的产品，如电力、煤炭、钢材等。

3）消费习惯上不是认牌购买而是按实物、样品选购的产品，如白纸、布匹等。

4）生产简单、没有一定的技术标准，选择性不大的产品，如小农具、针头线脑之类的小商品等。

5）临时性或一次性生产的产品，如日食观测卡、一次性的纪念品等。

近年来，超级市场也出现了生活用品无品牌的“回潮”现象，一些大众化的产品，不用品牌，称为“非注册产品”，如卫生纸、肥皂、通心粉等，这主要是为了节省有关费用，降低价格，吸引顾客。在美国，无品牌商品的价格通常比有品牌商品的价格低 20%～40%。另外，某些出口商品也采用无牌中性包装形式，其目的是适应国外市场的特殊情况，为出口销售、避免某些外国政府限制等。

2．品牌归属决策

品牌归属决策即决定使用谁的品牌。一般有以下几种选择。

1）使用制造商品牌，也称生产者品牌。

2）使用中间商品牌，也称销售者品牌。

3）同时使用制造商品牌和中间商品牌，也称双重品牌。

4）生产者借用他人的品牌，也称定牌（贴牌），一般指出口企业按外国买主的要求，在自己的产品上使用买主指定的牌名、商标。特许是定牌的一种方式，它是通过支付费用的方式，取得他人的品牌使用权。

一般情况下，生产企业都拥有自己的品牌，在生产经营过程中力求使用自己的品牌。但是，自 20 世纪 60 年代以来，西方国家市场上，开始盛行中间商品牌，即一些大型的批发商和零售商致力于开发自己的品牌。使用中间商品牌，可以提高销售者的声誉，使它能宣传自己而不是生产者；中间商品牌的推销费用低于生产者品牌，可以取得价格竞争的主动权；销售者会利用有限的陈列空间首先陈列展示自己品牌的产品，迫使不愿采用销售者品牌的生产企业就范；而许多新开业或中小型的生产企业也往往乐于使用声誉高于自己的销售者品牌，来带动产品上市，从而在品牌争夺战中占有优势。

当然不是任何中间商都可以使用自有品牌，使用自有品牌要有很好的信誉，要能对供应的产品质量严格控制，要花费大量的费用进行宣传，要有大量资金解决大批进货可能造成的资金占压问题。有时生产企业可以利用著名品牌对消费者的吸引力，通过签订特许协议、支付使用费的方式，租用著名品牌来销售自己的产品，特别是在企业推出新产品或打入新市场时，这种策略更具成效。

究竟使用谁的品牌，应根据不同的情况，权衡利弊，做出抉择。

相关链接

20 世纪 60 年代，美国零售行业巨头西尔斯（Sears）百货公司首开商业自有品牌的先河，现公司 90%以上的商品都用自己的品牌；英国的马狮集团，也开发了自有品牌——圣米高；1993 年，北京燕莎友谊商城注册了“燕莎”牌商标，开发出“燕莎”牌衬衫，开国内大型零售商场自有品牌之先河；1996 年，上海华联超市创立“勤俭”自有品牌，截至 1998 年，上海华联超市的自有品牌商品的销售已占整个商品销售的 5%；1996 年，北京市依据 50 年酒类营销经验和广泛的销售网络，提出原始创意并申请注册商标，由四川五粮液酒厂生产酿造，向市场独家推出低度白酒“京酒”，并获得成功；其后，北京市糖业烟酒公司又向市场推出“鑫星”牌二锅头、“千禧”牌葡萄酒、“千禧”白酒；2000 年，山西糖酒公司向市场推出“晋糖”牌白糖，等等。为中国批发企业开发商业自有品牌树立了成功的典范。

1999 年，号称全球家居旗舰的世界最大的家居用品零售商——瑞典宜家公司在北京和上海分别开设了“宜家家居”商场。至此，瑞典宜家已在全球 29 个国家开设了 150 间家居连锁商店。在近万平方米的宜家家居商场里，包罗万象的家居用品全部使用“宜家”品牌，为中国的零售商全面开发商业自有品牌提出了新的思考。

3．品牌家族决策

企业生产不同种类、不同规格、不同质量的产品时，对不同产品如何使用品牌有以下选择。

1）个别品牌策略。个别品牌策略是指企业为其各种不同的产品分别使用不同的品牌。例如，上海牙膏厂为其生产的牙膏分别使用美加净、中华、黑白、庆丰等不同的品牌。这种策略的优点是，可以把个别产品的成败同企业声誉分开，不致因一种产品的失败而破坏企业的形象；使企业能针对不同细分市场的需要，树立各个产品的个性特征，有针对性地开展营销活动。缺点是广告宣传费用较高，品牌较多会影响广告效果，易于遗忘。

2）统一品牌策略。统一品牌策略是指企业所有产品都使用同一品牌。如松下、海尔、力士等系列产品。这种策略的好处是，推出新产品时可省去命名的麻烦，节省品牌设计费用和广告宣传费用，壮大企业声势，有利于企业利用原有品牌的声誉推出新产品。缺点是不利于塑造各个产品的个性特征，并且某一种产品的营销失败，可能会影响整个品牌形象，波及其他产品的营销。因此，使用统一品牌的企业，必须对所有产品的质量严加控制。

3）分类家族品牌策略。分类家族品牌策略是指企业依据一定的标准将产品进行分类，然后对各类不同的产品分别使用不同的品牌。这样，同一类别的产品实行同一品牌策略，不同类别的产品之间实行个别品牌策略，适用于产品类别跨度较大的企业采用。例如，食品和化肥、裤子和中药使用不同的品牌，以免相互混淆。有时企业虽然生产经营同一类产品，但存在着明显的质量差异，往往也需要使用不同的品牌。

4）统一品牌和个别品牌并用策略，也称主品牌策略与副品牌策略。这种策略是指企业为不同的产品分别使用不同的品牌，但每个品牌前均冠以统一的企业名称或统一品牌名称。例如，美国通用汽车公司对它所生产的各种类型的汽车前面都加上“GM”两个字母，作为通用产品统一品牌，后面再分别加上凯迪拉克（Cakillac）、别克（Buick）、雪佛莱（Chevrolet）等不同品牌，目的是要表明这些汽车都是通用公司的产品，但它们又各有特点，雪佛莱是普通的大众轿车，而凯迪拉克则是豪华的高级轿车。这种策略可以使新产品系统化，借助企业声誉扩大品牌影响，又可使各品牌保持相对独立性。

小思考

下列企业分别使用了哪一种品牌策略？

A. 西尔斯公司将器具类产品命名为肯摩尔，将女性服装类产品命名为瑞溪，将主要家庭设备类产品命名为家艺。

B. 海尔集团将其家电类产品命名为海尔小神童、海尔小王子、海尔先行者。

C. 美国可口可乐公司生产的饮料，使用可口可乐、雪碧、芬达等品牌。

4．品牌战略决策

品牌策略经过科学而有效的运营才有可能获得较好的品牌知名度和美誉度，因此品牌的运作常被提到战略的高度。企业做出品牌战略决策时，一般有四种选择。

（1）产品线扩展策略

产品线扩展策略是指在同样的品牌名称下，在相同的产品种类中增加新的产品，如新的口味、形式、颜色、包装等。它的优点与使用统一品牌策略类似，缺点是产品线的扩展可能会影响产品线上其他产品的销售。因此，最好的产品线扩展策略应是夺取竞争品牌的市场份额而不影响企业其他产品的销售。

（2）品牌延伸策略

品牌延伸策略是指企业利用已成功的品牌来推出改良产品或新产品。例如，海尔在成功经营海尔冰箱后，相继推出海尔洗衣机、海尔空调、海尔彩电和海尔计算机等产品；金利来从领带开始，然后扩展到衬衣、皮具等领域。品牌延伸可使新产品被市场迅速接受，大幅度降低广告宣传等费用，同时可延长品牌生命，提升品牌价值。但一定要注意防止品牌过度延伸，它会使企业定位丧失，淡化甚至损害原有的品牌形象。例如，一说到万宝路，人们想到的是香烟；一说到柯达，想到的是胶卷；一说到娃哈哈，在过去人们就会想到果奶，但今天，娃哈哈是什么？是果奶还是纯净水？是八宝粥还是童装？概念就不是那么清楚了。

所以，企业在品牌延伸决策上应慎重行事，最需要注意的是延伸产品与原产品有无冲突。三九集团最著名的产品是“三九胃泰”，然而其“三九冰啤”却让人的胃怎么也舒畅不起来。

实例

品牌延伸是一根弹性很差的橡皮筋，它可以伸展，但不能超过既定的尺度。随着品牌的延伸，其功能可能会逐步减弱，直到完全衰竭。例如，美国高露洁棕榄公司和宝洁公司都是生产日用化工产品的跨国公司，但它们采取了完全不同的品牌策略。在高露洁棕榄公司的品牌线上，有高露洁牙膏、高露洁牙刷、棕榄快速刮胡膏、棕榄洗碗精、棕榄皂；而宝洁公司却谨慎地给每项产品定位，以使不同产品在消费者的心目中都有一个恰当的位置，例如，洗发水中海飞丝去头屑，飘柔使头发飘逸柔顺，潘婷营养滋润头发，沙宣强调保湿。结果宝洁公司的营业额比高露洁棕榄公司多两倍，获利比高露洁棕榄公司多五倍。

启示：品牌延伸是一把双刃剑，有时你可用它来开拓市场，但使用不慎，又会伤害自己。品牌延伸道路充满诱惑与风险，走得越远，风险可能越大。

（3）多品牌策略

多品牌策略是指企业在同一种产品中使用两个或两个以上的品牌。这样可以抢占更多的货架面积，扩大产品的销售，争取那些忠诚度不高的品牌转换者，同时也能占领更多的细分市场。例如，宝洁公司在中国市场的洗发水就有飘柔、海飞丝、潘婷、沙宣四个品牌，总的市场占有率达到60%以上。多品牌策略可能会使原有品牌的销量减少，但几个品牌加起来的销售总量却大大高于一个品牌的销量。但是，品牌并非多多益善，品牌过多，也会使企业面对的每个市场过小，而无一个特别获利的，并且促销费用过大，还可能使消费者感到杂乱，甚至分不清楚。这时企业必须废除较弱的品牌，集中力量经营少数有利的品牌，而不是企业内部的自相竞争。

实行多品牌的企业，就必须推行品牌经理制度。品牌经理制度由美国宝洁公司首创，其基本原则是，让品牌经理像管理不同的公司一样管理各种不同的品牌。美国庄臣公司、福特公司、通用公司等都先后采用了这一制度，近年来我国广东健力宝、江苏森达、上海家化等知名企业也相继采用了这一制度。

相关链接

宝洁公司：开品牌管理之先河

1931年5月31日，一份具有历史意义的备忘录在宝洁诞生。哈佛毕业生尼尔·麦克罗伊在长达3页的备忘录中详细介绍了他的品牌管理思想，公司总裁仔细阅读了这份备忘录并予以批准。于是，这份备忘录改变了宝洁的发展史，“将品牌作为一项事业来经营”从此成为宝洁的信念之一。

在新的品牌管理体系之下，品牌经理要对某一品牌的营销全权负责，且其收入与该品牌业绩相挂钩。由此，品牌经理会充分发挥其智慧和才能，在内外部双重竞争的状态下，争取所属品牌获得成功。简单地说，宝洁公司品牌管理系统的精要就是让自己的品牌展开竞争，这对当时的美国工商业来说是个全新的概念。

宝洁要求它旗下的每个品牌都是“独一无二”的，都必须自我建立顾客忠诚度。同类产品上的多种宝洁品牌相互竞争但又各有所长，为消费者提供不同的好处，从而保持各自的吸引力。例如，不同洗发水品牌承诺不同的利益，海飞丝“头屑去无踪，秀发更出众”，飘柔“洗护二合一，让头发飘逸柔顺”，潘婷“含维他命原B_5，令头发健康，加倍亮泽”。在全球范围内，宝洁还有9个洗衣剂品牌，6个香皂品牌，3个牙膏品牌，2个衣物柔顺剂品牌。

（4）新品牌策略

新品牌策略是指企业为推出的新产品设计一个新的品牌，而不用原来的品牌。这可能是因为原有的品牌不适合它，会损害现有的品牌形象，也不利于新产品进入市场。但推出新品牌的费用是很大的，因此在做出推出新品牌的决策前应进行认真考虑。

5. 品牌重新定位决策

许多相关因素的变化，要求企业对产品品牌进行重新定位，即做出全部或部分调整或改变品牌的决策。它包括以下两种做法。

（1）全部更新

全部更新是指企业完全废除原有的牌名、商标，重新设计新的牌名、商标。当品牌已不能反映企业现有的发展状况时，或者由于产品出口的需要等，可以进行更新，目的是使品牌适应新的需求、新的环境，给人耳目一新的感觉。

（2）部分更新

部分更新是指在原有品牌的基础上进行部分改进，企业采用原有的牌名，但逐渐对原有的商标进行革新，使新旧商标之间造型接近、一脉相承。世界著名的百事可乐公司、雀巢公司等的商标都曾进行过多次修改。

企业在进行品牌重新决策时，必须考虑两个方面的因素。① 重新定位的费用，包括产品的改进费、包装费、广告费等，一般来说，重新定位的距离越远，重新定位的费用就越高。② 重新定位的品牌所能获得的收益，取决于重新定位后细分市场上顾客的规模及购买率、在同一细分市场上竞争对手的数量和实力，以及企业在该细分市场上为品牌所要付出的代价。企业要对各种品牌重新定位方案的收益和费用进行分析评价，权衡利弊，从中选优。

实例

品牌重新定位可通过广告宣传的变动，让顾客产生新的认识，达到重新定位的目的。如万宝路香烟，以奔腾的牛仔形象由女性烟转变为粗犷豪放的男性烟。万宝路牌香烟，最初给人一个不合常规的、高价的、缺乏男子汉气概的品牌形象，销路不畅。1954 年，菲利浦·莫里斯公司决定为该品牌重新定位，建立起“真正雄伟丈夫型男子汉的过滤嘴香烟”的形象。为此，企业将香烟包装的红条纹换为全红，把整个“万宝路”用大写字母和更具男性气概的字体写出来，使整个包装给人以很有力度的感觉。广告中强调烟草的味道并使用单纯的男性语言，使用一个奔放、粗犷、刚强、奋斗的牛仔形象作为品牌形象代言人。万宝路的品牌重新定位取得了成功，现在万宝路已成为世界最著名的品牌之一。

品牌重新定位还可通过改进产品性能或改变产品外观来实现。例如，宝洁公司在 Bold 牌洗衣粉中添加了蓬松剂，就做了重新定位；而象牙香皂，只是把包装上的文字做了修改，就从婴儿香皂变成了适用于成年人保护皮肤的天然香皂，等等。

启示：随着消费需求的变化，企业品牌需要重新定位，也必须重新定位。

6.2.4 知名品牌的创立和保护

知名品牌，通常称为名牌，是指那些具有很高的知名度、良好的质量和服务，深受广大消费者喜爱，能给企业带来巨大的经济利益的品牌。

名牌的创立是一个艰难的过程，特别是我国企业的名牌创立道路，可以说是任重道远。我国企业在名牌创立、发展和保护的过程中应注意以下几个问题。

1. 企业要有名牌意识

知名品牌是企业经过多年经营创立起来的，它首先需要有坚实的基础，即可靠的质量、先进的技术、有效的管理、高素质的人员等，才可能创造一个名牌。

2. 要发展自己的名牌

随着我国市场经济的发展，许多商家都认识到了发展自己的名牌，对扩大销售、提高市场竞争力的积极作用，开始下大力气发展和培育自己的名牌。

3．要敢于创造国际名牌

名牌是市场竞争的产物，能在国际竞争中战胜众多对手，能被世界各国市场所承认，这才是名牌创立的最高境界。我国企业必须在市场竞争中，努力扩大企业规模、壮大企业实力，敢于向世界市场冲击，这样才有可能创造出国际名牌。当然创立和保护名牌不是企业能独自完成的，它还需要政府的大力支持和帮助。需要国家制定专门的法律保护，企业也要强化自我保护意识，利用现代高科技来保护自己的名牌，这样才能使名牌在激烈的市场竞争中永葆名牌的魅力。名牌是企业最有价值的资产，它不仅属于企业，也属于社会，属于国家，属于整个民族。

6.3 产品包装策略

产品包装不仅是为了运输、携带、存放方便，更重要的是起到方便使用和指导消费的作用。商品进行合理的包装，消费者凭视角感知的不再是商品本身，而是商品的包装。因此，包装是形成产品差异的重要手段，也是供需双方易于辨认，在竞争中先声夺人的有效措施，是一种经济有效的广告，企业营销人员应运用好产品的包装策略。

6.3.1 包装的含义和分类

1．包装的含义

包装是指设计、制作容器或包扎物，并运用容器或包扎物将商品盛装的一系列活动。包装是整体产品的主要组成部分。从营销角度看，包装可以从两个方面来理解：一是静态的，指盛装产品的容器或包扎物；二是动态的，指设计、生产容器或包扎物并将产品包裹起来的一系列活动，即包装产品的操作过程。两者的统一，构成产品的包装，它反映了产品的外在质量，是产品质量不容忽视的一个重要组成部分。

2．包装的分类

1）按照包装在流通中的作用，可分为运输包装和销售包装。运输包装又称为工业包装、外包装，其目的是保护产品和提高运输效率。运输包装又可分为单件运输包装和集合运输包装。单件运输包装是指商品在运输过程中以箱、桶、袋等单件容器对商品进行的包装。集合运输包装是指将一定数量的单件包装组合在一件大包装容器内而形成的大包装。目前常用的集合运输包装，有集装包、托盘和集装箱等。销售包装，又称内包装或小包装，它随同产品实体进入零售环节。

2）按照产品包装的结构，可分为内包装（件装）、中包装和外包装。内包装是每个产品上做的包装，中包装是一定数量单件商品组合的包装，外包装是指为方便商品储存和运输而进行的包装。

3）按照包装材料的类别，可分为纸质包装、塑料制品包装、木制品包装、金属包装等。

4）按照包装的技术，可分为防潮包装、防火包装、防锈包装、防虫包装、缓冲包装、压缩包装、真空包装等。

3．包装的作用

包装是产品的延伸，是货架上的广告。在现代营销活动中，包装的作用贯穿于整个生产、流通和消费过程，主要表现在以下几个方面。

1）保护商品。这是包装最基本的功能。适当的包装，可以保护产品的使用价值，尽量避免损坏、腐烂、挤压、散失、虫蛀、污染等危害和损失，保护产品的良好本色。

2）便于使用。根据消费者的习惯，对产品进行合理和恰当的分装，能起到便于使用和指导消费的作用。例如，根据消费者的常用量进行一次或多次用量包装，可满足个人、家庭、集团的不同需求；瓶酒有500ml、250ml、200ml等不同容量，又有便携式、拉环式、按钮式、易开式等包装。

3）促进销售。包装是“无声的推销员”，它正在成为一种几秒钟的瞬间广告。顾客购买商品时，首先触及的是产品的包装，精美的包装给人以美的享受，给消费者留下深刻的第一印象，提高顾客的视觉兴趣，激发顾客的购买欲望。“买椟还珠”的寓言故事，或许能给我们提供许多启示。

4）增加利润。良好的包装能满足消费者的某种心理需求，并将包装与质量联系起来，在一定程度上降低了消费者对价格的敏感性，使顾客愿意以较高的价格购买精美包装的商品，从而增加企业的利润。

实例

河南新郑卷烟厂重视产品的包装设计，提高包装质量。1994年该厂的“金装豫烟”获得世界包装界的最高奖“世界之星”包装奖，而在1993—1994年间仅改变产品包装一项，就为企业增加经济效益2 000万元。上海著名设计师设计的“茅台酒”包装，赋予产品民族特色，饮誉东瀛，蜚声海外，而且使出口价格由原来每瓶20美元提高到120美元。

启示：“货卖一张皮”，包装应充分展现产品的内在质量和消费者的期望值，这样才能吸引顾客购买。

6.3.2 包装的设计要求

1．保护产品

设计产品包装基本要求是能保护产品，所以产品包装设计应科学，要能够保证产品在运输和储存中不受损伤。

2．经济实用

包装设计要尽可能做到既节约包装费用，又能节约储存运输费用，而且使用方便。经济实用的含义是指选用的包装材料要尽量便宜，设计多用途和多次使用的包装，尽可能合理地利用包装空间，讲求实用，避免过分精美的包装，使用方便等。

3．包装要与产品的价值相符合

由于包装的价值要计算在产品的价值中，所以产品包装必须与产品的价值相符合，包装必须适度。

4．显示出产品的特点

产品包装必须能体现产品的核心内容，要能够从包装到图案、形状和色彩等方面显示出产品的特点和独特风格。例如，贵重的工艺品包装要材质华贵，造型独特，装潢富丽；儿童用品的包装要五彩缤纷，活泼美丽；食品的包装要喜庆吉祥，以吸引消费者购买。同时，包装还要考虑适合零售商的需要，有利于促销。

5．独具特色并突出品牌以便识别

知名品牌产品包装设计时，必须把品牌放在显著的位置，易于消费者识别。同时设计产品包装时要选用适当颜色，要考虑不同年龄、不同地区、不同民族对色彩的不同偏好。包装上的文字设计要抓住消费者对不同产品的不同心理，以指导消费，例如，服装类产品应说明材料、规格、尺码、洗涤方式和保养方法等。

6．适合市场所在地文化环境

因每个地区的宗教信仰、风俗习惯、文化背景、地理环境不同，所以在产品包装上应避免出现一些禁忌。出口产品要充分考虑不同国家的禁忌，如禁忌的一些数字、图案、颜色，以免影响国际国内市场营销效果。

相关链接

包装美学必须注意配合不同国家的文化特性。举例来说，光是颜色就有各种不同的联想。在某些国家，红色和魔法有着一定的关联性；绿色则代表危险的警告；白色则是死亡的象征。美学也要注意包装的尺寸，在缺乏冷藏设备的国家里，软饮料无法以六罐装的方式售出。另外，在某些国家，类似洗洁剂这样的商品也只能以小分量的包装方式出售，因为当地家庭没有足够的储存空间。

6.3.3 产品包装策略

由于包装在产品营销中的重要性，企业必须运用适当的包装策略，充分体现产品的魅力，激发顾客的购买欲望。常用的包装策略有以下几种。

1．类似包装策略

类似包装策略是指企业所有产品的包装采用共同或相似的形状、图案、颜色、特征等，如柯达产品的包装。这种策略能节省企业的包装设计及制作成本，使顾客容易识别商品出处，壮大企业声势，扩大影响，利用企业及其产品的声誉带动新产品上市，促进销售。这种策略一般只适用于质量水平不存在差异的产品，如果企业产品相互之间差异太大，则不宜采用这种策略。

2. 差异包装策略

差异包装策略是指企业的各种产品都有自己独特的包装，在设计上采用不同的风格、色彩和材料。这种策略能避免因个别产品销售失败而对其他产品产生的影响，但会相应地增加包装设计和新产品促销的费用。

3. 组合包装策略

组合包装策略是指在同一包装中放入相关联的若干产品。例如，把茶壶、茶杯、茶盘放在一起进行包装，装有各种规格的套筒扳手的工具箱，装有各种化妆品的化妆盒等。它便于顾客配套购买商品，既方便使用，也可扩大产品的销售。

4. 附赠品包装策略

附赠品包装策略是指在包装物内附赠奖券、实物等。例如，在儿童用品中附赠玩具、卡片是最为流行的一种做法，也有利用包装物抽奖，同一商品同时采用正常包装与赠品包装等。这样可以提高购买频率，吸引顾客重复购买，也可以作为介绍新产品和进行市场调整的手段。但要让顾客真正得到实惠，要能有效地对顾客产生刺激，切忌利用赠品进行商业欺诈，这会严重损害企业的形象。

5. 再使用包装策略

再使用包装策略是指包装物里的产品用完后，包装容器还可以有其他用途，以此给予消费者额外的利益。例如，把酒瓶设计成精致的花瓶或仿造古董，具有一定欣赏价值，盛装物品的袋子用做手提袋等。一方面使顾客得到了额外的使用价值，另一方面这些包装物在再使用过程中还能起到广告宣传的作用。

6. 分类包装策略

分类包装策略是指企业依据产品的不同档次、用途、营销对象等，采用不同的包装。例如，高档商品的包装要显得名贵精致，中低档商品的包装可稍微简略朴素，儿童商品的包装可用动物或卡通人物形象，老人使用的商品包装可简易实用，以此来迎合不同的消费者及不同收入水平者的心理要求。

7. 改变包装策略

改变包装策略是指企业为克服现有包装的缺点，或者为吸引新顾客而改变产品现有的包装，采用更具吸引力的新式包装。在适当的时候改变产品包装，可重塑企业产品形象，能使顾客产生一种新奇的感觉，从而刺激需求，促进销售。采用新的包装材料、形式、技术，既可用于产品防伪，抑制仿造者的嚣张气焰，又可体现现有产品的特点，体现消费新潮流，节省包装成本。

这已被许多企业的实践证明是一种行之有效的策略。

实例

1991 年，意大利加尔巴尼公司花费 10 万英镑，请英国泰特斯菲尔德设计公司为其生产的 10 种有不同包装的干酪重新设计了一个统一的包装。新包装上市后的半年内，企业未做任何广告宣传，但干酪的销量在英国上升了 22%，在德国上升了 33%，在法国上升了 50%。设计公司的董事长认为，销量增长的 65%～70%与新包装有关。

启示：改变产品包装，与改进产品本身一样重要。

6.4 产品组合策略

6.4.1 产品组合及其相关概念

1. 产品组合

这是指一个企业生产或销售的全部产品的组成方式，它包括所有的产品线和每个产品线中的产品项目。它反映了一个企业的经营范围或生产的产品结构。例如，美国通用电气公司的产品组合中一共包含了 13 条产品线，每条产品线下还有很多单独的产品，通用电气公司的产品多达 25 万种。

2. 产品线

产品线也称产品大类，是指能满足同类需求，在功能、使用和销售等方面具有类似性质的一组产品。例如，海尔集团向市场提供的冰箱、空调、洗衣机、彩电等各类产品，就形成四条产品线。一条产品线往往由若干个产品项目构成。

3. 产品项目

这是指产品线内各种不同的产品。一种型号、规格、品种、外观等的产品就是一个产品项目，它是企业产品目录中所列出的每个明确的产品单位。

现代企业为了满足目标市场的需求，扩大销售，分散风险，增加利润，往往不可能经营一种产品，这些产品在市场上的相对地位及对企业的贡献也不相同。因此，企业需要对产品组合进行认真的研究和选择。

6.4.2 产品组合的影响因素

产品组合包括三个影响因素，即产品组合的广度、深度和关联性。

1）产品组合的广度，指一个企业的产品组合中所拥有的产品线的数目。

2）产品组合的深度，指一个企业产品线中包含的产品项目的数量。产品项目数量多，产品组合程度就深；反之，则浅。

3）产品组合的关联性，指各条产品线在最终用途、生产条件、分销渠道或其他方面相关联的程度。

例如，海尔集团有 40 多个产品大类，800 多个产品项目，为了便于分析研究，仅选取一部分产品种类、项目来说明，如图 6-3 所示。

	广度			
	电冰箱	空调器	洗衣机	电视机
深度	大王子 双王子 小王子 帅王子	小元帅 金元帅 小超人 小状元 小公主	丽达 小神功 小丽人 小神童 小神泡	探路者

图 6-3　海尔集团产品（部分）组合示意图

上例中，产品组合的广度为 4；电冰箱的产品组合深度为 4，电视为 1；海尔的产品都是家用电器，关联程度较高。如果海尔又生产火腿肠、中药，那它的产品组合关联程度就大大降低，甚至毫无关联性。

产品组合的几个影响因素，对企业制定产品组合策略具有重要意义。一般情况下，扩大产品组合广度，可以拓展企业的经营领域，实行多元化经营，分散投资的风险；增加产品组合的深度，使产品线变得更加完整，可以适应更多的特殊需求，占领同类产品更多的细分市场，提高市场占有率；提高产品的关联程度，可以强化企业的市场地位，发挥企业在有关专业领域的综合优势，在某一特定的市场赢得良好的声誉。

6.4.3　产品组合策略的类型

产品组合策略即企业根据市场需求和自己的营销目标，对产品组合的宽度、深度和关联性进行的最优化组合决策。常用的产品组合策略有以下五种，企业可根据实际情况，选择和实施适当的产品组合策略。

1. 全面发展策略

它是指企业着眼于向任何顾客提供它们所需的一切产品和劳务，即要照顾整个市场的需求。该策略要求企业尽可能增加产品组合的广度和深度，力求覆盖每个细分市场，对产品组合的关联程度则没有限制。其中又可分为两种情况。一种是不考虑产品的关联性而努力拓宽产品线的深度和产品组合的广度，就是尽量发展任何有利可图的产品。例如，日本的索尼公司不仅经营电视机、录音机和录像机等家用电器产品，而且经营旅行社、餐馆甚至医药等与电器毫不相干的产业。另一种情况是在一定相关联的前提下，尽量扩大产品组合的规模，扩展产品组合之后关联程度仍然紧密，许多行业都采取这种策略。

2．市场专业策略

它是指企业专门向某一市场（某类消费者）提供所需的各种产品。例如，旅游公司向旅游市场提供旅游者所需的住宿服务、饮食服务、交通服务及各种旅游用品。这种策略以满足同一类顾客需求为出发点，尽量拓展产品组合的广度，而并不强调其关联性，即依据各类顾客需求设置产品线，尽快占领该专业市场。

3．产品线专业策略

它是指企业只生产某一类产品，以不同的型号、款式来满足该类消费者的需求。这一策略企业只拥有一条产品线，强调产品组合的深度，不断拓展产品项目。例如，汽车制造厂生产不同种类、不同型号的汽车，来满足企业、事业单位、出租公司的需求。

4．产品项目发展策略

它是指企业根据自己的专长，集中生产经营有限的，甚至是单一的产品项目，来满足有限的或单一的市场需要。例如，汽车制造厂专门生产“微型车”；制冷设备厂只生产家用电冰箱，来满足市场需求。这一策略可为小型企业采用，因其所需的资金相对较少，可发挥专业特长，但它的风险比较大。

5．特殊产品发展策略

它是指企业利用自己的专长，专门生产经营某些销路好的特殊产品，以满足消费者的特殊需要。如生产残疾人用品或具有独特工艺的艺术品、美术品等。该策略的市场竞争威胁小，适合于小型企业，但市场范围较小，难于扩大经营。

小思考

某电视机生产企业为了在市场竞争中保持优势，不断发展微型电视、背投电视和薄型挂式电视等电视机产品，这采取了什么产品组合策略？

6.4.4 产品组合策略的优化和调整

企业的产品组合策略要根据市场需求和企业实力不断优化，以促使企业产品组合保持最佳的组合状态。企业优化产品组合时，根据不同情况，可以选择以下策略。

1．扩大产品组合

扩大产品组合包括拓展产品组合的广度和深度。一种是关联扩展，即增加与现有产品线相关的产品；另一种是无关联扩展，即增加与现有产品线无关的产品。

2. 缩减产品组合

它是指减少产品组合的长度和广度，即在目前的经营范围内，剔除那些进入衰退期的亏损产品和无发展前途的产品，以及市场不景气的或能源、原材料供应紧张的一些次要的产品项目，以缩小经营范围，集中资源发展获利多的产品线和产品项目。

3. 产品线延伸

产品线延伸意味着增加产品项目和产品品种，使各产品线的花色式样、规格丰富化，以适应消费者更广泛的需求和爱好。具体的延伸策略有向下延伸、向上延伸、双向延伸和水平延伸。

1）向下延伸。例如，原来定位于高档市场的企业逐渐增加一些中、低档次的产品。优点是：使企业产品趋向大众化，而且可以利用高档产品的声誉，吸引购买力水平较低的消费者购买本企业价廉物美的产品；以低档产品填补企业产品线的空白。缺点是：由于竞争对手反击，可能会使原有高档产品市场缩小，原有的经销商不愿意经销低档商品等。

2）向上延伸。例如，原来定位于中、低档市场的企业，现增加高档产品的生产，决定向上延伸。优点是：提高企业形象，完善产品线，并满足不同消费者的需求，以获得丰厚的利润。缺点是：消费者对企业生产的高档产品缺乏信心，会加大产品的销售压力；企业进入高档产品市场，也增加了企业的竞争压力。

3）双向延伸。例如，原来生产中档产品的企业在具备了一定实力后，将产品线逐渐向高档和低档两个方向延伸。优点是：扩大企业市场阵容，强化企业市场地位，提高企业竞争能力。缺点是：由于双向延伸需要更多的资源，分散企业资源优势和单个产品的竞争力。

4）水平延伸。例如，在现有的产品线中增加同档次的并且与现有产品有适当差异的产品项目。优点是：有利于开发企业的生产潜力，满足经销商增加产品品种的需求；扩大企业市场面。缺点是：可能分散企业的生产能力，增大企业的市场竞争压力。

4. 产品线现代化

企业在考虑保持适当产品线长度的同时，还要对产品线的现代化程度进行关注。随着新技术、新材料、新工艺的不断出现，以及消费者需求的新变化，企业必须对产品线进行适时改造，不断提高产品线的现代化水平。企业实现产品线现代化，可以采取渐进式现代化，或者以最快的速度用全新设备更新原有产品线而实现产品线现代化。不同的产品，现代化水平有差异，企业必须根据科学技术发展状况、产品更新换代速度、竞争对手的策略、企业的实力，选择适当的时机和方式实现产品线的现代化。

产品线的现代化问题对很多企业来说，也许不是一个紧迫的时时需要关注的问题。企业管理者可能意识到该问题的存在，却忙于日常事务而没有把现代化的问题及时解决，等到市场上出现了新产品开始瓜分原有产品的市场份额和利润时，企业才有所醒悟，开始着手进行产品线的现代化改造，但此时企业的市场已部分丧失。另一些企业尤其是生产高科技产品的企业，十分重视产品的现代化。由于科学技术飞速发展，高科技含量的产品更新换代非常迅速，谁拥有最先进的产品，谁就拥有市场。因此，每个企业都要选择适当的时机进行产品线现代化。

本章小结

产品是营销组合中第一个也是最重要的要素。产品是指向市场提供的、能满足人们某种欲望和需求的任何东西。向顾客提供的每个产品可以分成五个层次：核心产品、形式产品、期望产品、延伸产品和潜在产品。营销者必须从产品的整体概念出发考虑产品，全方位地满足消费者的需求。

品牌是制造商或经营者加在产品上的标志，商标是受法律保护的品牌或品牌的一部分，它们之间既有联系，又有区别。

企业必须为其产品线上的各个产品项目制定品牌决策。品牌决策主要有：品牌化决策、品牌归属决策、家族品牌决策、品牌战略决策、品牌重新定位决策。企业应重视品牌营销，实施品牌战略。

包装对于保护商品，促进销售有很重要的作用。企业应当运用适当的包装策略，如类似包装策略、组合包装策略、附赠品包装策略、再使用包装策略、分类包装策略等。营销人员必须建立包装概念，并在功能和心理方面对这一概念进行测试，以保证实现所预期的目标，从而充分体现产品的魅力，激发顾客的购买欲望。

产品组合是指一家企业生产或经营的全部产品的组成方式。它包括三个影响因素：产品组合的宽度、深度和关联性。由于产品组合的宽度、深度和关联性的不同，形成五种不同的产品组合策略，即全面发展策略、市场专业策略、产品线专业策略、产品项目发展策略、特殊产品发展策略。在营销活动中，应根据实际情况，对产品组合策略进行优化和调整，使产品组合经常处于一种较佳或最佳状态。

复习思考题

1. 基本概念

产品　　产品组合　　核心产品　　形式产品　　附加产品　　产品线　　品牌

2. 填空题

（1）产品的整体概念是由（　　　）、（　　　）、（　　　）、（　　　）、（　　　）五个层次构成。

（2）产品延伸策略主要是针对产品的（　　　）而言的。在原来的基础上，可（　　　）、（　　　）、（　　　）、（　　　）。

（3）产品组合策略包括（　　　）、（　　　）、（　　　）、（　　　）、（　　　）五种类型。

（4）品牌是一个集合概念，一般由（　　　）、（　　　）、（　　　）三部分组成。

（5）产品组合的影响因素有（　　　）、（　　　）、（　　　）。

（6）按在流通的过程中所起的作用，包装可分为（　　　）和（　　　）。

3．选择题

（1）品牌与包装属于产品整体概念中的（　　）。

A．期望产品　　B．核心产品

C．形式产品　　D．附加产品

（2）企业增加产品项目，提高市场占有率，这是指拓宽产品组合的（　　）。

A．广度　　B．深度

C．关联性　　D．前三者的总和

（3）品牌中可以被识别、辨认，但不能用语言表达的部分叫（　　）。

A．品牌名称　　B．品牌标志

C．商标　　D．品牌决策

（4）化妆品、餐具等产品采用一个包装整体出售，这属于（　　）策略。

A．类似包装　　B．多种包装

C．组合包装　　D．新奇包装

（5）下列产品可以不使用商标品牌策略的是（　　）。

A．火腿肠　　B．针线包

C．方便面　　D．瓶装水

4．判断题

（1）多品牌是指同一企业在同一产品上使用两个或多个品牌。（　　）

（2）品牌和商标的功能基本相同，因此可以等同看待。（　　）

（3）产品项目就是指密切相关的一组产品。（　　）

（4）谁拥有最先进的产品，谁就拥有市场。（　　）

（5）创品牌的根本措施是确保产品的高质量。（　　）

（6）由于包装的价值是构成产品价值的一部分，所以产品包装必须与产品本身的价值相符合。（　　）

5．简答题

（1）如何理解产品的整体概念？树立这一观念有何重要意义？

（2）商标与品牌有何区别？品牌策略有哪几种？企业怎样才能创名牌？

（3）从营销的角度考虑，企业可以实施哪些包装策略？请举例说明。

（4）结合实际，谈谈市场竞争与品牌营销的关系。

实训题

1. 案例分析

（1）五粮液集团现在既有 200 多元一瓶的五粮液，也有 100 多元一瓶的五粮液，四五十元的五粮神、东方龙，还有二三十元的五粮醇、五粮湖和不到 10 元的尖庄，共有 20 多个产品项目，恰到好处地形成了适应不同消费层次的产品结构，构成了与不同档次品牌名酒竞争的市场态势。

请问：1）该集团采用了什么产品组合策略？

2）这种策略有何优点和缺点？

（2）美国派克公司的高档金笔被人们视为身份与气度的象征，为扩大市场，该公司在 1984 年推出一种低价钢笔，结果以失败告终。

请问：1）派克公司运用了什么产品组合调整策略？

2）这种策略有何优点和缺点？

2. 课堂讨论

（1）如何理解“没有疲软的市场，只有疲软的产品”的说法？

（2）受“货卖一张皮”生意经的影响，现在许多产品的包装越来越考究，致使包装费用在产品价值中所占的比重越来越大，对此发表你的看法。

3. 营销实训

（1）实训题目：整体产品设计训练。

（2）实训目的：使学生加深对产品整体观念的理解及设计整体产品，明确树立产品整体观念对市场营销活动的重要意义。

（3）背景资料：设计下列产品整体概念的三个层次，核心产品（核心利益）、形式产品（外观、品牌、包装等）、延伸产品（服务项目）。

化妆品　个人计算机　汽车　饮品　全自动洗衣机

（4）实训要求：① 每个同学选择一种产品，根据产品整体概念包括的三个层次这一基本思路，进行整体产品的设计。② 产品设计要求内容完整，设计合理，具有一定的新颖性，符合现代市场营销观念的要求，一切以消费者的需求为出发点。③ 思路清晰，字迹工整，完成在作业本上，要求独立完成，不能互相抄袭。

（5）实训步骤：① 学生可以分成若干小组，每组 4~6 人，实行分组学习，展开讨论，互相启发。② 可以通过各种形式查阅相关资料，以备参考。③ 归纳整理，独立思考，形成自己的见解，完成任务。

第 7 章

产品市场生命周期与新产品开发策略

◇ **本章学习目标** ◇

1. 了解产品市场生命周期和新产品的概念。
2. 熟悉产品生命周期各阶段的特征、营销重点。
3. 掌握产品生命周期各阶段的营销策略及新产品的开发和推广策略，从而具有解决市场营销活动中产品方面的基本能力。

当我们从静态的角度考察了产品和产品组合之后，还要从动态的角度考察产品在市场上的发展变化规律。产品在市场上的销售情况及获得能力随着时间推移而变化，这种变化的规律正像人和其他生物的生命一样，有一个诞生、成长到成熟，最终走向衰退的过程。正因为如此，要想永葆企业或产品的青春与活力，就应不断地研究和开发新产品。如何使营销组合与产品市场生命周期有效配合，是每一位营销管理者必须深入思考的问题。

7.1 产品市场生命周期概述

7.1.1 产品市场生命周期的概念

产品市场生命周期是市场营销学中一个十分重要的概念。它是指一种产品在市场上出现，发展到最后被淘汰的过程。它是产品的一种更新换代的经济现象。

任何一种产品在市场上的销售情况和获利能力都是变化的。产品市场生命周期的长短主要取决于产品上市后消费需求的变化速度、新产品更新换代的程度、企业营销的努力程度等。所以，有的产品生命周期长些，如电视、汽车等，有的产品生命周期短些，如一些流行品。就大多数产品而言，产品生命周期的理论是完全适用的。

理解产品市场生命周期概念时应注意以下几个问题。

1）产品市场生命和产品使用寿命是两个不同的概念。产品的使用寿命是指产品从开始使用到报废为止所持续的时间，即产品的耐用程度。而产品市场生命是一种社会经济寿命。

2）产品市场生命周期主要指产品种类、品种和品牌的市场生命周期。市场营销学研究产品市场生命周期，主要是研究产品品种的市场生命周期，以便分阶段采取不同的营销策略。

3）同一产品在不同国家、不同地区可能处于产品市场生命周期的不同阶段。这就为企业开发新市场、延长产品市场生命周期提供了依据。

小思考

下面哪一种说法是正确的？

A. 产品生命周期是指产品的市场寿命、经济寿命。

B. 任何一种产品都必须经历投入期、成长期、成熟期、衰退期。

C. 某一产品在不同的市场所处的生命周期就不同。

D. 市场营销学分析的主要是产品种类的生命周期。

7.1.2 产品市场生命周期的划分

产品市场生命周期一般可划分为四个阶段，即投入期、成长期、成熟期、衰退期，如图 7-1 所示。

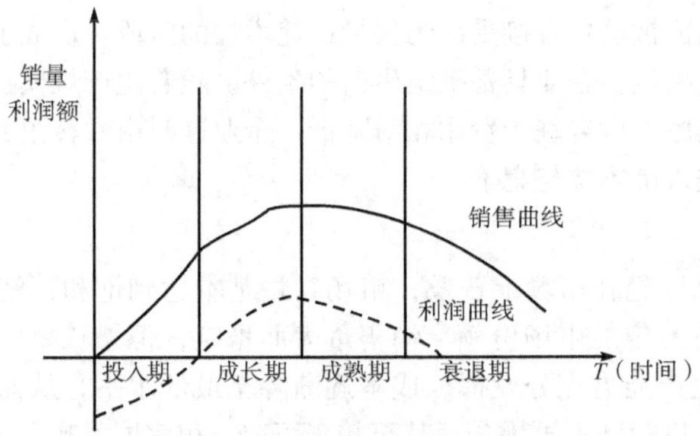

图 7-1 产品市场生命周期示意图

产品市场生命周期各阶段的划分是相对的，因为要严格地划分各阶段是不现实的，它们的划分带有很大的主观性，它们只是表示产品在市场上可以划分为这样几个有区别的阶段而已。实践中人们一般采用以下三种方法来划分产品的生命周期。

1．类比法

根据类似产品的发展情况来进行对比分析和判断。例如，根据黑白电视机的销售资料来判断彩色电视机的发展趋势。

2．销售增长率判断法

即使用销售增长率，用$\Delta Q/\Delta t$的比值作为定量标准进行周期阶段的判断方法。式中ΔQ表示销售量的增量，Δt表示相应的时间长度，实践中的经验数据为：

$\frac{\Delta Q}{\Delta t}>10\%$定为成长期；$\frac{\Delta Q}{\Delta t}=0.1\%\sim10\%$定为投入期和成熟期；$\frac{\Delta Q}{\Delta t}<0$定为衰退期。

3．按产品的普及率做近似的判断

投入期：<10%。成长期：前期10%～15%，后期15%～50%。成熟期：前期50%～80%，后期80%～100%。衰退期：明显下降。

7.1.3 产品市场生命周期的分析

1．投入期

投入期是指产品刚刚进入市场，处于向市场推广介绍的阶段。顾客对产品不太了解，只有少数追求新奇的顾客可能购买，销售量很低。由于产品技术不够稳定，工艺不成熟，不能批量生产。企业为了扩大销路，广告宣传和其他促销费用都比较高，营销网络还没有有效建立起来，销售渠道不畅，销售增长缓慢。由于产品销量少，各种成本费用高，企业一般处于亏损或微利状态，同类产品的生产者较少，竞争不激烈。

2．成长期

成长期是指产品已被消费者接受，销售量迅速增加的阶段。形成了较大的市场需求；产品基本定型，性能趋于稳定，企业具备批量生产的条件。随着生产规模扩大，成本显著降低，加之顾客对产品已经熟悉，广告宣传费用相对降低，企业这时由亏转盈，利润迅速上升。竞争对手看到有利可图，进入市场参与竞争。

3．成熟期

成熟期是指产品已经在市场上普及，市场容量基本达到饱和，销售量变动较少的阶段。这一阶段产品已占有一定的市场份额，销售量大而稳定，但增长率已不如成长期。由于销售量大，工艺稳定，生产能力充分发挥，成本逐渐降至最低水平，从而利润达到最高水平。到成熟期后期，这时销售额已不再增长，甚至趋于下降。很多同类产品进入市场，并可能出现性能更佳的产品，市场竞争十分激烈。

4．衰退期

衰退期是指产品已过时，被新的更受市场欢迎的产品所代替，销售量迅速下降的阶段。这一阶段产品技术已经老化，缺点逐渐暴露，被已进入市场的新产品逐渐代替；产品销售量迅速下降，甚至出现积压。市场竞争突出表现为价格竞争，产品价格不断下降，企业获利日渐减少，甚至亏损，一些企业因无利可图，被迫退出竞争。

7.2 产品市场生命周期营销策略

由于产品在其市场生命周期的各阶段具有不同的特征，因此，在营销过程中，应采取不同的营销策略。

7.2.1 投入期的营销策略

1．投入期的特征

1）销售量小且销售额增长缓慢。这是由于消费者对新产品不了解、不熟悉，只有极少数求新者购买，多数人观望，或者不知道新产品上市，中间商对新产品的销售前景不明，不敢贸然进货。

2）生产批量小，制造成本高，宣传推销费用大，企业利润很低甚至亏损。作为新产品，在这一阶段需要投入大量的广告费用，以扩大产品知名度。另外，由于成本高，宣传费用大，销量又小，出现亏损应属正常现象。所以，营销者应保持清醒的头脑。

3）竞争对手少。技术含量较高的产品在投入期竞争对手较少甚至没有竞争对手。

4）风险大。由于市场预测失误、新产品本身有致命的缺陷、上市时机选择不当、宣传不力等，都可能使新产品上市不久就夭折。

2．投入期的对策

重点是努力提高知名度，突出一个"准"字。具体地讲，有以下几点。

1）控制投资规模，待销量有明显增加再逐步扩大投资；单一品种或品牌进入市场，待新产品被接受后再不断多样化和差异化；广泛收集顾客使用新产品的信息，尽快改进新产品的缺陷；提高产品质量，降低生产成本。

2）采取各种方式，加强广告宣传促销工作，努力扩大产品知名度。广告宣传的重点应放在知晓产品的存在和产品的利益、用途上，促销的方式多种多样，如赠送样品、新产品演示、免费试用、技术培训、扶持中间商经销等，使产品尽快为消费者所接受而进入成长期。

3）选择适当的销售渠道，减少流通费用。

4）采用定价与促销的市场营销组合手段。可形成四种策略供选择。

- 快速撇取策略。快速撇取策略是指企业以高价高促销推出新产品。高价可以获得高额利润，高促销则是为了引起大众注意，加速市场渗透。采取这一策略的条件是：市场容量大，大多数顾客还不知道该产品，顾客渴望得到这种产品而不在乎价格，企业面临潜在竞争对手的威胁。
- 缓慢撇取策略。缓慢撇取策略是指企业以高价低促销推出新产品。低促销能减少营销费用，它和高价相结合可以使企业通过销售获得大量利润。这种策略适用的条件是：市场容量小，潜在顾客已经知道、了解产品，消费者愿意出高价购买该产品，潜在竞争威胁不大。

- 快速渗透策略。快速渗透策略是指企业以低价高促销推出新产品。以最快的速度占领市场，获取最大的市场占有率。这种策略适用的条件是：市场容量很大，顾客不了解这种产品，消费者对价格很敏感，潜在竞争威胁严重，产品生产成本会随着生产规模的扩大而降低，从而抵消高费用低价格带来的不利影响。
- 缓慢渗透策略。缓慢渗透策略是指企业以低价低促销推出新产品。低价可以刺激市场赢利。这种策略适用的条件是：市场规模很大，潜在购买者已了解这种产品，消费者对价格很敏感，市场上存在一些威胁不大的潜在竞争。

7.2.2 成长期的营销策略

1．成长期的特征

1）销售量迅速增长。产品已为消费者熟悉了解，最初的购买者继续光顾，进行重复购买，保守的顾客也开始购买，促使销量不断增长。

2）利润增大。随着生产经验的积累，成本下降，费用减少，利润随之增大，可能达到整个生命周期的最高点。

3）吸引竞争对手加入。在高额利润的诱使下，新的竞争对手进入市场，企业间为争夺市场份额的竞争日益激烈。

2．成长期的对策

重点是创名牌，提高偏爱，突出一个“优”字。具体地讲，包括以下几点。

1）努力提高产品质量，增加新的花色、品种、款式，改进包装，使整体产品优于竞争对手。

2）积极寻找和进入新的细分市场，广泛分销，发展网点，以扩大产品销路。

3）价格稳中有降，不可轻易抬价。原来以高价进入市场的产品，在适当时机降低价格，以争取对价格敏感的消费者，并抑制竞争对手的加入。

4）改变广告宣传的重点。从扩大产品知名度转为宣传产品的特色，树立起本企业及其产品的良好形象，重点宣传品牌商标，使消费者产生偏爱，认牌购买，以保持原有顾客，争取新顾客。

一项新产品顺利进入成长期，说明这是一个成功的产品，它已摆脱了夭折的风险。但是这并不等于创新产品的企业能成功地利用这一产品获利。因为众多的竞争对手完全可以采用“迟人半步”的新产品开发策略，把创新产品的企业挤出市场，他们既不用投入新产品的研发费用，又可针对新产品的缺陷，加以改进提高。

实例

洗碗机发明者被取而代之

某日本电器公司得知它的竞争对手已成功地开发出自动洗碗机后，便将竞争对手的洗碗机带进实验室，从产品的功率、零件数目、种类及成本结构等方面进行综合评估。该公司将机器整个打开，对每个零件加以研究，以找出可供改良之处，并研究竞争对手的技术，对其生产设备、配料渠道等也进行了深入的研究。结果这家公司很快开发出性能更好、价格更低的自动洗碗机，而且分销体系较对手更为有效。那家莫名其妙地当了老师的美国公司被逐出了洗碗机市场。

启示： 产品只有在成长期从质量、技术、营销等方面不断创新，才可能成为企业的获利产品。

7.2.3 成熟期的营销策略

1. 成熟期的特征

1）销量最大，达到整个生命周期的最高峰，但增长速度缓慢，并渐趋稳定。市场上多数产品都属于成熟期产品，即“二大一长”的产品，生产量、销售量大，持续时间长。

2）利润平稳或下降。

3）市场供需饱和，竞争激烈。一部分顾客开始转向购买新产品或替代品。由于存在行业内生产过剩的威胁，迫使各个企业都采用有效的竞争手段来维持市场占有率，导致激烈的市场竞争。

2. 成熟期的对策

重点是延长产品生命周期，维持市场占有率，突出一个“改”字。具体地讲，包括以下几点。

1）市场改革。市场改革是指开发新市场，寻找新客户。① 发现和进入新的细分市场。例如，黑白电视机在城市市场趋于饱和后，向农村市场进行转移。② 促使现有顾客增加使用频率和使用数量。如牙膏的使用，宣传每天早晚刷牙，饭后漱口，才能有效地保持口腔卫生。③ 吸引竞争对手的顾客和从未使用过本产品的顾客，使之成为本企业产品的使用者。

2）产品改革。① 品质改良。提高产品质量，改进使用效果，使本企业产品更可靠、更经济、更耐用、更安全等。② 特性改良。主要侧重增加产品的新特性，尤其要在产品的高效性、方便性、适用性等方面改进。③ 形态改良。形态改良是指产品外观的改进，包括采用新的包装、款式、风格、花色等，增加产品的美感。

3）营销组合改革。通过改变市场营销组合中的一个或几个变量，以刺激需求，扩大销量。如适当降价，增加广告，改善分销渠道，提供完善的售后服务等。

小思考

在成熟期，有人认为，增加广告活动是增加心理上的说服力；增加促销手段（如打折、赠品等）是增加财务上的说服力。你认为哪个更有效？

7.2.4 衰退期的营销策略

1．产品进入衰退期的特征

1）需求量、销售量明显下降。消费者兴趣转移，过度的竞争，更新的产品开始进入市场，这些都导致产品销量急剧下降。

2）伴随着销量的迅速下降，利润也在锐减，甚至出现亏损。

3）产品出现积压，仿制品充斥市场，竞争对手立即退出市场或缓慢地退出市场。

2．衰退期的对策

重点是掌握时机，调整市场，突出一个“转”字。

1）立即放弃。对于确实没有必要继续经营下去的衰退产品或有更好的发展项目，企业应果断地放弃老产品，将企业的资源转到新的项目上去，或者将老产品的所有权、生产技术转卖给一些有兴趣的企业。

2）逐步放弃。如果立即放弃将造成较大的损失，企业可选择逐步放弃，即逐步地减少投资和产品数量、放弃较小的细分市场、缩减分销渠道、大力降低促销费用、精减推销人员等，直到该产品完全被市场淘汰为止。对于决定放弃的产品，不管采取哪种方式，都必须承诺和加强对以前的顾客提供必要的服务，以维护消费者的利益和企业的良好形象。

3）继续经营。当企业判断竞争对手将退出该产品市场时，可采取这种策略，即继续沿用过去的策略，希望竞争对手退出市场后，这种产品能增加赢利。这要求对竞争对手的动向有一个准确的判断。

7.2.5 产品市场生命周期的改型变异

S 形产品生命周期的曲线只是理想化、典型化的描述，而在实际的经济生活中，并非所有的产品生命周期曲线都呈 S 形。有的产品一进入市场就快速进入成长期，而没有经过投入期；有的产品可能要经过很长时间才能进入成长期；有的产品可能会中途夭折。所以不同的产品，其生命周期曲线不尽相同。以下是几种比较常见的产品生命周期类型，如图 7-2 所示。

1．循环—再循环型

这种形态显示当产品进入衰退期，由于采取了改进措施，产品又进入一个新的周期，但它比前一个周期持续时间更短，如黑白电视机，在城市市场饱和后，被推向农村市场，又掀起了一个销售高潮，最后才被淘汰。

2．扇形周期型

这是一种比较特殊的生命周期曲线，它显示一种产品由于发现了新的性能，找到了新的用途，或者发现了新的市场，从而使其生命周期不断延长，在其生命周期不断延伸的过程中，其销量和利润都在不断地递增。例如，美国杜邦化学公司生产的尼龙产品，最初只用于军事上，

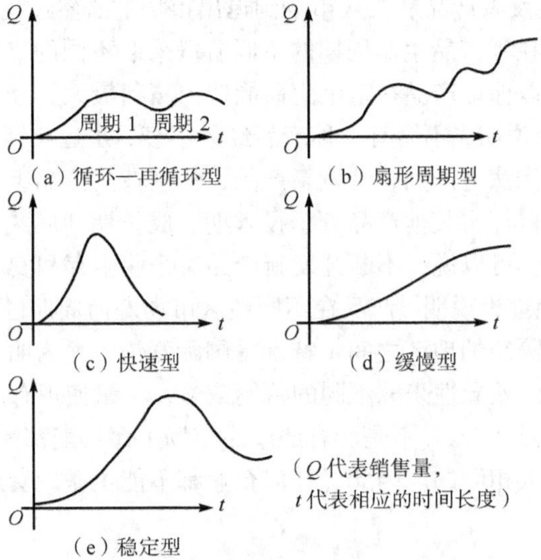

图 7-2 产品生命周期不同形态示意图

做降落伞、绳索等；第二次世界大战后，产品转入民用市场，企业开始生产尼龙袜子、衣料、窗纱、蚊帐等日用消费品；以后又继续扩展到产业市场，做轮胎、地毯、沥青等。每次开发新的用途和新的市场，都使尼龙由成熟期转入迅速增长的阶段，从而使它的生命周期的后期转入迅速增长的阶段，从而使它的生命周期至今延缓不衰。

3. 快速型

快速型也称时髦型。这种形态显示有的产品只有成长期和衰退期，在市场上快速成长，急剧衰退，其时间较短，这主要是一些时尚流行商品，如卡通玩具、魔方等。

4. 缓慢型

这种形态显示一种产品在进入成熟期后，销售量逐渐稳定在一定的水平上，如生活必需品、有代表性产品等。

5. 稳定型

这种形态显示有些产品从引入市场到成熟，要经历一个十分漫长的过程，主要受购买力的制约，如耐用消费品、高档消费品等。

这些不同的表现形态，并不是对产品生命周期理论的否定。相反，都可以用产品生命周期理论对这些不同的形态做出恰当的解释。所以，就大多数产品来讲，生命周期理论是完全适用的。

7.2.6 产品市场生命周期理论的意义

产品市场生命周期理论总结了各种产品进入市场后的发展变化规律，掌握产品市场生命周期理论，可以使我们更加自觉地按照产品自身发展变化规律办事。

1）产品生命周期理论反映产品从投入市场到退出市场的必然过程，以及在这一过程中各阶段的特点。企业决策者应在其产品生命周期的不同阶段采取不同的市场营销策略，开发新的市场，制定新的竞争对策，以保证产品在整个生命周期内赢利最大。

2）产品生命周期理论说明，不会有一种产品经久不衰，永远获利，必须经常对企业各类产品的市场状况进行分析，淘汰老产品，开发新产品，使企业的产品组合处于最优状态。当某种产品处于衰退期时，必须保证有其他产品处于投入期、成长期和成熟期，才不至于因老产品的淘汰而引起企业利润下降。可以说，不断开发新产品对企业生存和发展至关重要。

3）产品市场生命周期理论说明，产品在不同地区市场寿命周期也不同。企业应采取不同的营销策略，这一点在相互隔绝的地区之间（特别是国际营销）尤为明显。因此，企业要善于利用产品生命周期的这种地区差异性采取不同的营销策略，尽量使现有产品多次获利。

4）市场营销实践告诉我们，并不是所有的产品市场生命周期都是标准的S形。不同产品，其市场寿命周期曲线是不太相同的。因此，任何企业都不能生搬硬套这一理论，要根据具体情况具体分析。

实例

美国产品在第二次世界大战后纷纷涌入欧洲市场，不久便有许多产品又匆匆退出欧洲市场，其中一个重要原因就是，没有根据产品在不同市场所处生命周期阶段的差异，来采用适当的市场营销组合方案。美国拍立得公司在成功地经营立即取相的照相机20年后，于1965年向处于成熟期的本国市场推出廉价的大众化的20型“摇摆者”相机。由于该公司的良好声誉和立即取相的概念在美国市场深入人心，因此很快获得成功。1966年，该公司按在美国的营销方案将“摇摆者”相机投放到法国市场，遭到了惨败。原因在于，法国消费者对这种产品是陌生的，只有5%的人知道立即取相的概念。该公司把成熟期的营销方案用在处于介绍期的市场推广上，注定了失败的命运。经过市场调查后，拍立得公司重新制定营销方案，按介绍期的策略原则，首先使法国人认识立即取相的概念，加强宣传产品的功能用途和使用方法，终于使这一产品在法国市场获得成功。

启示：任何产品要想让消费者购买，必须让消费者先认识并接受该产品。

7.3 新产品开发与推广策略

7.3.1 新产品的概念和种类

1. 新产品的概念

产品生命周期理论给我们提供了一个重要启示，企业得以生存和发展的关键在于不断创新，创新是一切财富的源泉，创新是一整套的管理体系。

市场营销学中的新产品含义与科技开发中的新产品含义不尽相同，其内容要广泛得多。从产品的整体概念来理解新产品，可以说，新产品并不一定就是新发明的产品。固然，市场上出现的前所未有的崭新的产品项目是新产品，如汽车、电话的发明创造。但这种新产品并不是经常出现的，往往这些产品在功能、材料、结构等方面略做改变，人们习惯上也把它们称做新产品。可见，“新”的意义是相对的，可以相对于老产品，相对于企业，也可以相对于市场。例如，有的产品在某个国家或地区的市场上早已出现，但它还没有在另外一个地区或国家出现过，那么，对这个地区或国家的市场来讲，就属于新产品。从这种相对的意义上来理解新产品，对做好新产品的开发和市场转移，具有重要意义。

综上所述，只要是产品整体概念中任何一部分的创新、变革或变动，都可以理解为一种新产品。它能够给顾客带来某种新的利益、新的享受。

2．新产品的种类

1）全新的新产品，也称新发明产品。它是指企业首次采用新原理、新技术、新材料、新结构制成的前所未有的产品。这是绝对的新产品，与现有产品毫无雷同之处。例如，汽车、电话、飞机、尼龙、复印机等产品的问世，都是全新产品的诞生。这种新产品要依赖科学技术的重大发明，它的使用会改变消费者或用户的生产方式和生活方式，一般的企业是不易提供的，因为它既需要技术、资金的保证，又需要承担巨大的投资风险。

2）换代新产品，即革新现有产品。它是指在原有产品的基础上，部分采用新技术、新材料、新工艺，使产品的性能有显著提高的产品。

换代新产品的技术含量较高，在原有产品的基础上提高较大，它是新产品开发的重要形式。例如，电子计算机自问世以来，经历了电子管——晶体管——集成电路——大规模集成电路，现正在开发第五代人工智能的电子计算机；黑白电视机——彩色电视机，单缸洗衣机——双缸洗衣机——全自动洗衣机等，也是这种换代的新产品。

3）改进新产品，即改变现有产品。它是指对现有产品在结构、材料、性能、款式、包装等方面进行改变，由基本型派生出来的改进型产品。改进新产品技术含量低或不需要新技术，是企业依靠自己的力量最容易开发的新产品。如台扇——落地扇，牙膏——药物牙膏等，都属于这种改进新产品。改进新产品进入市场后，比较容易被消费者接受，但竞争对手也极容易仿制，所以竞争比较激烈。

4）仿制新产品，也称本企业新产品或新牌子产品。它是指企业对市场上已有的某种畅销产品进行仿制，只是标出新牌子的产品，或者是市场上已有而本企业第一次模仿制造的产品。如市场上经常出现的新牌子的香烟、啤酒、化妆品、电风扇、洗衣机等。这类新产品开发最快捷，风险也较小，只要有市场需求，又有生产能力，就可借鉴现成的样品和技术来开发本企业的新产品。

3. 新产品开发的必要性

当今时代，唯一不变的就是变化本身，创新已成为时代发展的主旋律，大多数企业的销售收入有 1/3 来自新产品和新服务。企业之间的竞争集中表现为产品的竞争，所以不断地研制和开发新产品是企业振兴发展的必由之路。

1）开发新产品是适应消费者需求不断变化的需要。随着经济的发展和人民收入水平的不断提高，消费者对产品的要求也越来越复杂，对产品好中求好、新中求新的追求永无止境。这就迫切要求企业不断扩大产品的花色品种，加快产品更新换代的速度，以适应消费者不断发展的新生活方式的需要。

2）开发新产品是适应竞争的需要。企业的竞争力在很大程度上取决于能否向市场提供适销对路的产品，没有产品的开发能力，也就没有市场竞争能力。企业要想在竞争中获胜，就必须推陈出新，不断给市场注入“新鲜血液”。

3）新产品开发是适应企业发展的需要。我国许多企业当前的困难局面在很大程度上是产品结构陈旧老化，没有叫得响的新产品。加之，要面对压力更大的国际竞争。因此，重视新产品开发对我国企业来讲，具有格外重要的意义。

小思考

下列产品属于哪种类型的新产品？

A. 数字电视机　　B. 电火锅　　C. 各种化妆品

D. 药物牙膏　　E. 激光唱片　　F. 蒸汽电熨斗

7.3.2 新产品的开发

1. 新产品开发的基本要求

1）要有需求。满足顾客需求，是新产品的基本功能。顾客需求有两种，一种是眼前的现实需求，另一种是潜在需求，即消费者对市场上还没有出现的产品的需求。企业要开发出成功的新产品，关键是能发现市场的潜在需求。

企业开发新产品时，应把力量放在捕获、挖掘市场潜在需求方面，并能善于以生产促消费，主动为自己创造新市场，并千方百计地去扩大市场。

2）要有特色。开发的新产品要有区别于其他产品的特性，要体现一个“新”字，应具有较强的独创性、时尚性、适应性，能满足消费者新的需求和欲望。

3）要有能力。新产品的开发要耗费大量的人力、物力和财力，是一项难度很大的工作。因此，企业应全面考虑，量力而行。

4）要有效益。任何企业在开发研制新产品时，都需要对市场进行周密的调查，客观地分析市场，结合本企业自身的实际情况做出正确的决策，使新产品的开发能够做到效益显著，否则就失去意义。效益包括经济效益和社会效益。从经济效益来考虑，成功的新产品除要收回全部的研制费用以外，还要能取得可观的利润；从社会效益来考察，新产品必须安全可靠，节约能源。

2．新产品开发的方向

1）多能化。一种产品具有多种功能，一物多能、一物多用，同时满足消费者的多种需要，如多功能治疗仪、多功能手表等。

2）小型化、微型化。主要从产品的体积和重量方面改进，使产品体积更小、重量更轻，如笔记本计算机、掌中宝手机等。

3）简易化。从产品的结构、使用方法上改进，力求产品结构简单、使用方便、易懂易掌握，如电饭煲、智能型洗衣机等。

4）多样化。从产品的形式、规格、包装、颜色等方面改进，使产品具有不同规格、不同形式等。

5）公益化（节能化）。从节约能源、控制污染、不产生公害方面来考虑，使产品能省煤、省水、省电、省油或能利用最新的能源，如太阳能、风能、核能、潮汐能等。

另外，健美化、个性化、高档化、绿色化等也都是重要的发展方向，企业可以考虑。

实例

移动电话发展趋势：手表化、袖珍化、功能化

随着现代文明和科技的进步，近年来全球电信业得到了前所未有的蓬勃发展，有线和无线移动电话已日益普及，为人们的通信联络及各种信息传递提供了极大的方便。尤其是后者，以其使用方便灵活、辐射范围广等优势，深受欢迎与青睐。在“电话热”的明天，移动电话将呈“三化”趋势发展。

一是“手表化”：这种手表式移动电话没有拨号按键，就像人们戴普通手表一样戴在手腕上。这种移动电话代表了现代电信行业生产体积更小、使用更为方便且具有装饰效果的佩戴式产品的发展趋势主流。

二是“袖珍化”：目前已经有一些袖珍式移动电话面世并投入使用。

三是“功能化”：移动电话一经袖珍化、手表化，将更多地考虑尽可能使它实现多功能、多用途；除了更加新颖别致并具有装饰效果和更优良的通信功能之外，将电视、计时（手表）和可视（能看见对方）等功能融为一体，从而实现一机多用。

启示：一物多能、一物多用是研制开发新产品的重要途径之一。你还能再举出一些例子吗？

3．新产品开发的方式

1）购买方式。购买包括购买专利、购买技术、购买特许经营权等。这种方式能节省研制费用，赢得时间，缩短差距，填补空白。日本经济腾飞的原因之一就是大力引进、消化和吸收世界现代科学技术，为己所用。我们国家在改革发展过程中要赶超先进，许多产品开发也是采用这种方式。引进先进技术，使我们的发展有了一个更高的起点，少花钱，多办事，但应注意改进、提高，切勿人云亦云。

2）开发方式。开发也有许多种，包括企业自行开发、与科研机构联合开发、协议开发（委托独立的研究机构为企业开发新产品）等。通过开发，创造出独具特色的新产品，从而取得技术领先地位和市场优势。

3）开发与引进技术相结合。既重视购买、引进先进技术，也不放弃产品开发，将两种方式结合起来。关键的、先进的技术引进，其他的自己开发，这是目前国内许多企业开发新产品采用较多的一种形式。

相关链接

引进先进技术或移植生产是新产品开发的一个重要方式，也是经济技术比较落后的国家，发展经济、赶超世界先进水平的成功经验。第二次世界大战结束后，日本用较短的时间，在一片废墟上，建立了一个全新的日本。今天的日本已经成为世界一流的经济强国，其经济发展速度如此之快，主要原因之一就是大量引进国外的先进技术。通过技术引进，可以使新产品开发的进程加快，费用减少。日本的合成尼龙生产技术是从美国引进的，美国的杜邦公司用了 11 年时间，耗资 2 500 万美元，而日本只用了 700 万美元就购买到此项专利。

4．新产品开发的程序

新产品的开发是一项高风险的艰巨工作，必须慎之又慎。为了减少开发成本，提高成功率，必须按照科学的程序来进行。开发新产品的程序可以分为八个阶段，如图 7-3 所示。

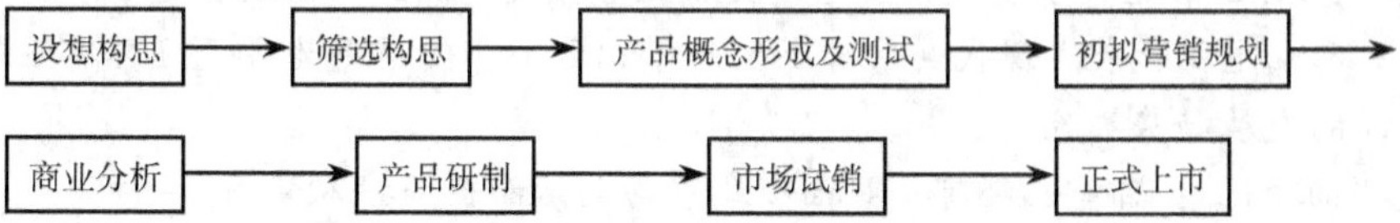

图 7-3　新产品开发程序示意图

1）新产品设想构思。新产品设想构思是指提出开发新产品的想法、主意，或称创意、点子。这是发展新产品的基础与起点。一些“异想天开”的构思往往独具创意。新产品构思的来源是多方面的：① 顾客，这是构思的主要来源；② 竞争对手，及时掌握竞争对手开发新产品的动向，可以使企业少走弯路，或者“借鸡下蛋”，或者后来居上；③ 企业推销人员和经销商，他们经常与消费者、竞争对手打交道，对市场行情最了解；④ 科研部门，一个良好的构思可能产生于偶然的发现，但主要是依靠科学的方法和新技术成果，企业应经常与科研部门、科研人员保持广泛的联系，不断搜寻新产品构思。

实例

索尼公司的创始人盛田昭夫曾在其自传《索尼和我》一书中讲述了袖珍式立体声录放机的创新故事。他说，井深太酷爱高尔夫球和音乐。一次，井深先生提着公司生产的便携式录音机，头戴一副耳机，走进盛田的房间，他对盛田说："我想欣赏音乐，但又怕妨碍别人，所以就戴上了耳机，可以边走边听。不过这家伙太重了，实在受不了。"井深的烦恼使盛田思索良久，创新的冲动在他的脑海里激起，对未来的憧憬在他心中升起。他马上邀请技师着手研究袖珍式立体声录放机。盛田对这一绝妙的创意倾注了极大的热情。样品出来后，不但体积小，音质也极佳。他不顾一些人的反对，毅然将其命名为"Walkman"。不出盛田所料，新产品投放市场后，空前畅销，在世界各地引起轰动。盛田不无欣喜地说："正是这一不起眼的小小产品，改变了世界上几百万、几千万人的音乐欣赏的方式。"

启示：一个好的创意、点子，可能就意味着一个巨大的市场。

2）筛选构思。并不是每个构思都有开发价值，这就需要筛选。根据企业的发展目标和长远利益，结合企业的资源能力和实际情况，淘汰那些不可行的构思，把有限的资金集中到少数有潜力的新产品上来。

在筛选过程中，企业应当避免两种失误：① 误舍，对一些有发展前途的构思估计不足，错过机会。② 误取，考虑不周，仓促投产，以致造成损失。因此，企业在构思的筛选时应特别慎重。

3）产品概念的形成及测试。新产品的构思经过筛选后，要进一步将其发展成具体明确的产品概念。产品概念是用文字、图形、模型，对已经成型的构思进行详尽、形象的描述，以便在消费者心目中形成一种潜在产品的特定印象。一个新产品构思可以形成若干个产品概念。对发展出来的产品概念，还需要进行目标顾客测试，听取他们的意见，包括产品特点、用途、价格、包装、款式等方面，这一步叫产品概念实验，它关系到新产品开发出来以后为市场接受的程度。例如，我国一些大中城市相继限制燃油助动车上牌后，一些企业抓住机遇开发电动自行车。

（4）初拟营销规划。在确定最佳产品概念之后，企业还要初步拟订市场营销规划，这个规划在以后的发展过程中还要不断地补充、修正。营销规划包括：具体描述目标市场，对概念产品进行市场定位，投产后几年内的销售额、市场占有率和利润目标及不同时期的市场营销组合策略等。

（5）商业分析。在确定最佳产品概念和初步拟订营销方案之后，还要对这一概念产品进行商业分析，判断其商业上的可行性和吸引力。这种分析包括需求分析、成本分析和赢利分析三大部分。

（6）产品研制。经过商业分析认为有开发价值，就可交给生产部门试制，即把产品概念变为物质产品，把抽象的东西具体化。在这一阶段，必须研制出新产品的样品，这一样品要具备产品概念中阐述的主要特点，还要进行安全测试，汽车要进行试车，新药要经过长达几年的动物实验和人体实验，获得批准后才能投放市场。

（7）市场试销。样品经测试，结果满意，就可投入小批量生产，将其推向市场进行试销。所谓试销，是将产品投入有代表性的小范围市场上，进行销售试验，了解消费者的需求和购买情况。检验产品的质量、包装、价格、广告效果，以确定大批量生产的可能性和营销方案。

在试销过程中，主要应收集和掌握以下数据，然后得出结论，如表 7-1 所示。

表 7-1　市场试销结果

试销结果		分　析	结　论
试 用 率	再 购 率		
高	高	试销成功	成功产品，抓紧时机上市
高	低	用后不满意	或者改进设计，或者放弃
低	高	产品是好的	需加强宣传，开发新客户
低	低	无前途	失败产品，停止发展

所以，试销对于大多数产品来说都是很有必要的，它可以以少量的投入避免大量的损失，同时可以检验市场营销组合的优劣，为进一步推广提供经验。

（8）正式上市。这是开发新产品的最后一个程序。如果试销成功或某些方面改进以后，就可以进入商业化阶段，正式大批量生产，全面推向市场。这时，产品进入市场生命周期的投入期，以后可按市场生命周期策略进行营销。应注意的是，要合理确定推出时机、推出地区、目标市场选择和营销对策的运用，以保证新产品开发成功。

7.3.3　新产品的推广

1．消费者采用新产品的过程与新产品的推广

消费者对新产品的采用过程一般分为五个阶段。

1）知晓阶段。开始知道某种产品，但还缺乏了解。

2）兴趣阶段。在广告宣传刺激的作用下，对新产品产生兴趣，开始积极收集有关信息。

3）评价阶段。对价格、成本、利益进行评价，考虑是否试用这种新产品。

4）试用阶段。开始少量试用新产品，并根据试用的感觉来修正对新产品的评价。

5）采用阶段（再购买及扩散阶段）。试用新产品感到满意后，就会正式采用这种产品。

企业要注意不能使消费者长期地停留在起初的三个阶段，因此，应采取必要的措施，促使消费者尽快地进入试用阶段，加快新产品的推广进程。

2．消费者对新产品的反应差异与新产品的推广

1）领先采用者。这是“消费先驱”，富有个性，敢于冒险，信息灵通，经济宽裕，对新产品很敏感。他们是投入新产品时的极好目标。

2）早期采用者。一般比较年轻，经济状况良好，对新事物较敏感，他们对早期采用新产品具有一种自豪感，他们的行为对周围的消费者往往有较大的影响作用。他们是推广新产品的极好目标。

3）中期采用者。他们思想有点保守，深思熟虑但不愿意赶“潮流”。

4）晚期采用者。他们表现得多疑和优柔寡断，对新事物不敏感，在大多数消费者购买新产品后才会采取行动。

5）最晚采用者。一般比较保守，对新产品持怀疑态度，固守传统的消费观念，他们是最后采用新产品的人。

新产品能否打开市场，关键是做好前两种人的工作，要特别注意“消费先驱”和“早期采用者”的心理特征和他们通常接触的信息媒体，以便采取一定的促销手段，把有关新产品的信息传递给他们，通过他们的带头试用，使中晚期消费者模仿跟进，新产品的销路就会扩大，这几乎是新产品进入市场并获得成长与发展的一般规律。但是，认识领先采用者和早期采用者并非易事。一般他们有以下特征：年龄较轻，有一定的社会地位，经济条件较优越，有一定的专长，有比较敏捷的思维能力，有较强的社会活动能力等。

本章小结

产品市场生命周期是指一种产品从进入市场开始到被市场淘汰的全过程，是产品更新换代的经济现象。每种新产品一经推出，都要经过一个以不断变化的问题和机会为标志的产品生命周期。

一般产品的销售历史遵循由投入期、成长期、成熟期和衰退期四个阶段组成的S形曲线，产品在不同的阶段，具有不同的特征，所以应采取不同的营销策略，这也正是研究产品市场生命周期的意义所在。

新产品既指全新发明创造的产品，也指对原有产品的革新、改良。处在成熟期和衰退期的产品，必须用新产品取而代之。新产品开发的风险和将获得的报酬是对等的。新产品的开发必须考虑开发要求、开发方向、开发方式、开发程序，在此基础上，做好新产品的推广和扩散。

复习思考题

1. 基本概念

产品市场生命周期　　新产品　　快速渗透策略　　缓慢撇取策略

2. 填空题

（1）产品的生产生命周期可分为（　　）、（　　）、（　　）、（　　）四个层次阶段。

（2）新产品的种类包括（　　）、（　　）、（　　）、（　　）四种。

（3）产品市场生命周期的改型变异有（　　）、（　　）、（　　）、（　　）、（　　）等。

（4）延长产品生命周期的途径有（　　）、（　　）、（　　）。

（5）消费者对新产品的采用过程一般可分为（　　）、（　　）、（　　）、（　　）、（　　）五个阶段。

3. 选择题

（1）企业以高价高促销向市场推出新产品，这采用了（　　）策略。

A．快速渗透　　B．快速撇取　　C．缓慢渗透　　D．缓慢撇取

（2）企业开发新产品的第一步是（　　）。

A．形成产品构思　　B．研究消费需求

C．商业效益分析　　D．产品研发试制

（3）在原有产品的基础上进行革新，使产品性能显著提高的产品属于（　　）。

A．全新新产品　　B．改进新产品

C．换代新产品　　D．仿制新产品

4. 判断题

（1）产品的生命周期是指产品的社会经济寿命。（　　）

（2）新产品一定是新发明创造的产品。（　　）

（3）任何产品都必须经历投入期、成长期、成熟期和衰退期。（　　）

（4）仿制是企业开发新产品的最快捷途径。（　　）

5. 简答题

（1）产品市场生命周期各阶段有何特征？应采取什么样的营销对策？

（2）产品市场生命周期理论的意义表现在哪几个方面？

（3）如何做好新产品的推广和扩散？

实训题

1. 案例分析

（1）一家公司生产出一种新型高效的打字机，该公司宣称，这种打字机工艺先进，重要的是在技术上有重大革新，是市场上最先进、效率最高的打字机，将开创打字效率的新时代。为此，它发起了一场推销打字机的运动。然而在推销过程中，这种打字机却遭到其使用人员的坚决抵制，从而导致这家企业推销活动失败，最后不得不停止生产这种打字机。

请问：1）为什么会出现这种情况？

2）新型打字机停止生产，对此你有何感想？

（2）美国马特尔公司的芭比娃娃，自1959年投放市场以来畅销不衰。该公司延长芭比娃娃市场成熟阶段的一条成功经验，就是瞄准社会热点职业，不断更新芭比娃娃的服装。从问世之初的时装模特，到后来的律师、企业家、医生、飞行员等，使得很多美国家庭三代都钟爱芭比娃娃。

请问：1）该公司采用了什么样的产品开发策略？

2）请再举出使用这种策略的实例，并做分析。

2. 课堂讨论

（1）东方贸易公司是一家刚刚起步的企业，公司研制了一种全新的营养品，与市场已有的产品有很大的不同。现面临着如何进入市场的难题。公司决定先集中力量在临近的大城市搞“广告轰炸”，在这点上公司上下意见一致，但在广告的侧重点上，大家发生了争议。你认为广告的侧重点应放在哪些方面，请为其设计一套该产品进入市场的营销方案。

（2）请利用各种信息途径，调查你所在地区的一种知名产品，运用产品市场生命周期理论，分析其处于产品市场生命周期的哪一个阶段？请你为该产品设计一个比较理想的营销策略。

3. 营销实训

（1）实训题目：新产品开发创意训练。

（2）背景资料：列举一种熟悉的产品（如眼镜、计算机、MP3、手机或其他产品），在规定的时间内指出不足、提出创意。

（3）实训步骤：① 每5位同学一组，10分钟内尽可能多地列举出产品的缺点（不必考虑改进的现实性），每小组指定一人记录列举出的缺点。② 规定时间结束后，分类、汇总各小组列举出的缺点，并向全班公布。③ 面向全班，针对列举出的某项缺点，由各小组指定发言人提出新产品开发创意，在规定的时间内尽可能多地提出创意。④ 比较评价各小组列举出的缺点和提出的新产品开发创意的数量和质量，分优、良、中、及格四个等级评定各小组的成绩。

（4）实训要求：不许有任何批评意见，只考虑想法，不考虑可行性。想法越新颖越好，鼓励异想天开，可以寻求各种想法的组合和改进。

第 8 章

价格策略

◇ **本章学习目标** ◇

1. 了解企业定价目标和影响定价的因素；企业价格调整的方式及应对价格变动的调整策略，具备市场营销活动中制定和控制价格的基本能力。
2. 熟悉企业定价的程序。
3. 掌握企业定价的基本方法、基本策略和技巧。

价格是市场营销过程中一个十分敏感而又难以有效控制的因素。定价不仅直接影响企业赢利目标的实现，而且直接关系顾客对产品的接受程度；同时定价最易引起社会各方面的重视，也是一种重要的竞争手段。定价目标是否明确直接影响定价因素的分析是否科学、企业的定价程序是否合理；定价方法、策略选用如何，价格调整是否恰当，都直接关系企业营销目标的实现。因此，企业必须根据营销总目标确定定价目标，在定价目标确定的基础上，认真分析影响价格目标实现的因素，按照定价程序，选择科学的定价方法和定价策略。本章将围绕以上内容进行阐述。

8.1 影响企业定价的因素与定价程序

价格作为市场营销组合中最活跃的因素，历来受到人们的关注。在早期的市场竞争中，价格是最主要的竞争手段。20 世纪 30 年代以后，随着经济和科技的发展及消费水平的提高，非价格因素在现代市场营销过程中的作用越来越突出，但价格仍然是市场营销组合中一个十分重要而又难以控制的因素。它直接关系着需求量的多少和利润的高低，影响着营销组合中的其他因素，并在一定程度上决定企业营销成败。所以价格问题是企业营销人员特别关注的问题之一。

8.1.1 企业定价目标分析

所谓定价目标，是指企业希望通过价格手段的运用而达到的预期营销效果。在企业的价格决策中，确定适当的、明确的定价目标，是价格决策的前提和首要内容，也是价格决策中选择定价方法和定价策略的主要依据。产品价格的确定必须按照企业的目标市场战略和市场定位战略的要求进行。由于不同的市场环境和不同的企业状况，不同企业的定价目标会有所不同。例如，在成长性较好的市场上，企业可能更注重占有率的增长而暂时降低对利润的要求，采取低价渗透策略；在成长性较差的市场上，企业可能更多地考虑短期财务绩效，而采取高价撇脂策略。一般来说，企业的定价目标有以下几种。

1．以获取当前最高利润为定价目标

获取当前最高利润是指获取目前能够从市场上获取的最高利润。这几乎是所有企业的共同愿望。

追求最大利润并不等于追求最高价格。当一个企业的产品在市场上处于某种绝对优势地位时，如拥有专卖权或垄断地位等，固然可以实行高价策略获得超额利润。然而，由于存在市场竞争，所以任何企业要想在长时期内维持一个过高的价格几乎是不可能的，必然会遭到来自各方的抵制。例如，需求减少、代用品加入、竞争对手增多、购买行为推迟，甚至会引起公众的不满而遭到政府的干预等。因此企业可把追求最大利润作为一个长期的指导思想，同时选择一个适应当前环境的短期目标来确定实际价格。

2．以提高市场占有率为定价目标

市场占有率也称市场份额，是一个企业在某一市场上出售某种产品的销售额或销售量相对该行业同一时期内该种产品在这一市场上的总销售额或销售量的比率。市场占有率是企业经营状况和产品竞争力状况的综合反映。较高的市场占有率可以保证企业产品的销路，便于掌握消费者的需求变化。所以企业一般尽量保持或提高市场占有率，并以此作为定价目标。

3．以实现预期的投资收益率为定价目标

预期的投资收益率即利润相对投资总额的比率。企业都期望所投入的资金在预期时间内分批收回。因此，定价时一般在总成本之外加上一定比例的预期赢利。在产品成本不变的情况下，价格的高低往往取决于企业确定的投资收益率的大小。如果投资收益率低于同期银行存款利率，这种投资是不划算的。

一般来说，只有企业在同行业中处于领导地位或者其产品是全新的、受保护的或没有竞争对手的产品时，才适宜选用此种定价目标。否则定价太高会遭到用户排斥。

4．以应付或防止竞争为定价目标

价格是市场竞争的重要手段。在激烈的市场竞争中，无论厂商的规模大小，对于竞争对手的价格都很敏感。实力雄厚的大企业都能左右市场价格，它们为保持自己的市场地位往往以稳定商品的价格为主要目标。有时一些大企业为了击败竞争对手或阻止新的竞争对手的出现，往往采取低价倾销的手段力争独占市场，然后制定对企业有利的垄断价格。而实力弱的企业只能紧随市场主导企业的价格或以其为参考，与其保持适当的差异。

5．以维持企业生存为定价目标

维持生存的定价目标是企业处于不利环境中所采取的一种特殊的过渡性定价目标，目的是使企业能够继续生存。由于生产能力过剩、市场竞争激烈或顾客需求发生变化，造成企业产品积压、资金周转困难，影响企业生存。这时企业就给自己产品制定较低的价格，以求早日收回成本，使企业得以继续经营下去，因为这时生存比获利更重要。但这只能作为企业面临困境时的短期目标，一旦出现转机，企业应该马上选择其他的定价目标。

6．以维持高品质产品形象为定价目标

维持高品质产品形象是指维持市场上产品质量领导者的形象。采用这种定价目标，企业必须制定高价，一方面使顾客产生优质产品的印象，另一方面收回优质产品生产和开发研究的高额费用。名牌产品多采用这种定价目标。

7．以保证中间商合理利润为定价目标

对那些须经中间商推销商品的企业来说，保持分销渠道畅通无阻，是保证企业获得良好经营效果的重要条件之一。为了使分销渠道畅通，企业必须研究价格对中间商的影响，充分考虑中间商的利益，保证中间商有合理利润，促使中间商有更高的积极性去推销商品。在现代市场营销活动中，中间商是现代企业营销活动的延伸，对宣传企业产品、提高企业知名度有十分重要的作用。

8．以保护生态环境为定价目标

随着全球性环境保护意识的增强，消费者对于使用产品所引发的环境问题给予越来越多的关注，从而使企业不得不用“绿色”的眼光来开发、生产和销售产品。因此，企业定价时需要把用于环境保护的费用计入产品成本，这会使产品的价格有所提高。

小思考

一些新推出的产品，在生命周期的早期阶段，为迅速打开市场赢得一定数量的顾客，应选择哪一种定价目标?

8.1.2　影响企业定价的因素

企业定价除了考虑定价目标外，还要考虑其他的影响因素（见图 8-1）。

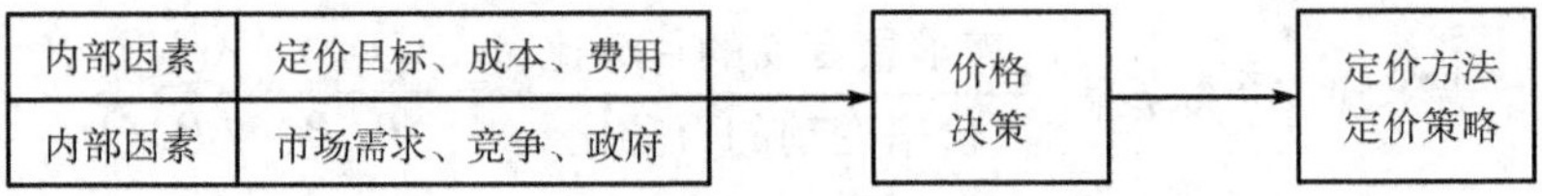

图 8-1　影响定价的因素

1．产品成本费用

成本是产品价格的主要组成部分，也是定价的基础。产品成本包括制造成本、销售成本和储运成本等。企业为了保证再生产的实现，既要收回成本，又要实现一定的利润。因此，成本是产品定价的最低限度。从长期来看，任何产品的价格都应高于所发生的成本费用，这样在生产经营过程中所发生的耗费才能从销售收入中得到补偿，企业才能获取利润。企业必须了解成本的具体构成及变化情况，努力降低成本、控制价格、扩大销售、增加赢利。

2．市场需求状况

市场需求是影响企业定价的重要因素。当产品价格高于某一水平时，将无人购买。因此，市场需求是产品定价的上限。所以，企业在制定价格时，必须了解价格与需求的关系、需求价格弹性等因素。

（1）价格与需求的关系

通常，市场需求随着产品价格的上升而减少，随着价格的下降而增加，需求曲线是一条从左上方向右下方倾斜的曲线（见图 8-2）。

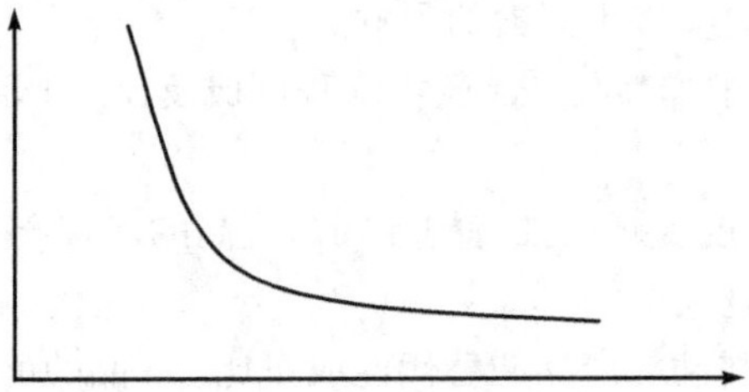

图 8-2　需求曲线

需求曲线表明了价格与需求之间呈反比关系。即价格下降，需求增加；价格上升，需求减少。但是也有一些产品，需求与价格之间呈同向变化的关系，如能代表一定的社会地位和身份的装饰品、显示其经济实力的标志性产品或有价值的收藏品等。

（2）需求价格弹性

价格的变动会影响市场需求，那么需求对价格的变动将做出多大的反应呢？这就必须了解需求价格弹性。

需求价格弹性，简称需求弹性，它是指价格变动而引起的需求相应变动的比率，反映需求变动对价格变动的敏感程度。它的大小一般依据需求弹性系数测定，需求弹性系数反映需求变动率与价格变动率的比值，用$|E_P|$来表示。

$$\text{需求弹性系数}|E_P| = \frac{\text{需求量变动的百分比}}{\text{价格变动的百分比}} = \frac{\Delta Q / Q}{\Delta P / P} = \frac{\Delta Q}{\Delta P} \cdot \frac{P}{Q}$$

式中，P 代表价格，ΔP 代表价格变动量；Q 代表需求量，ΔQ 代表需求变动量。由于价格与需求反向变动，需求弹性系数小于零。为方便起见，常用绝对值来表示 E_P。

不同产品具有不同的需求价格弹性，对价格的制定影响很大。

1）$E_P>1$，富于弹性。即需求的变动对价格的变动十分敏感，价格较小幅度地下降或上升，就可能引起需求量较大幅度地增加或减少，这种产品的需求是有弹性的。这时，应该降低价格，以刺激需求，实现薄利多销。

2）$E_P<1$，缺乏弹性。即需求的变动对价格的变动不敏感，价格变动对需求的影响不大。这时，企业可以适当地提高产品的价格，增加企业的总收益。因为商品缺乏弹性，降价会减少企业的收益。

3）$E_P=1$，单一弹性。即需求的变动与价格的变动反向同幅度。价格下降 10%，需求量就增加 10%，对企业总收益影响不大。这时，企业应采取通行价格，来实现预期的利润。

4）$E_P=0$，完全无弹性。即需求的变动对价格的变动一点都不敏感，价格的任何变化都不会引起需求量的变动。这时，可适当提价，当然这也有幅度问题。

5）$E_P\to\infty$，完全有弹性。即需求的变动对价格的变动有无穷大的敏感性。这时，企业应综合考虑各种因素，努力使自己的产品以市场上的通行价格出售。

需求价格弹性的大小主要受以下因素的影响。

1）产品的需求程度。需求弹性与产品的需求程度成反比。生活必需品的需求弹性较小，一般产品需求弹性则较大。

2）产品的独特性和知名度。越是独特的和知名度高的名牌产品，消费者对价格越不敏感，需求弹性越小；反之，弹性越大。

3）产品的替代性。需求弹性与产品的替代性成正比。产品的可替代性越强，需求弹性越大；反之，弹性越小。

此外，需求弹性的大小还受产品供求状况、购买时间等因素的影响。

3．市场竞争

企业的定价是一种竞争行为，任何一次价格的制定或调整均会引起竞争对手的关注，并可能导致竞争对手采取相应的对策。同时，竞争对手的定价行为也会影响本企业产品的定价，迫使本企业做出相应的反应。所以，企业在定价时，必须考虑各个竞争对手产品的质量和价格，把它们作为自己定价的出发点。

4．政府的法律、政策

所有国家的政府都有自己的经济政策，对市场价格的制定和调整也都有相应的限制和法律规定。例如，我国的《价格法》、《反不正当竞争法》就对价格的制定做出种种限制。政府禁止的有关价格行为有以下四类。

（1）禁止价格垄断

价格垄断行为分为两种类型。

1）滥用市场优势控制市场价格的行为。经营者为了获取高额利润，利用或滥用市场优势，控制市场价格，严重损害其他经营者和消费者的利益，属于法律禁止之列。

2）联合控制价格行为。包括两类：① 联合固定价格行为是指处于垄断状态的两个或两个以上经营者为避免价格竞争，以合同、协议等方式共同决定商品或服务的价格；② 限制转卖价格行为是指生产企业在向批发商或零售商提供商品时，要求他们必须按照所限定的价格销售商品，剥夺了批发商或零售商本应享有的自由定价权，使他们无法根据各自面临的竞争状况及成本费用来制定商品的销售价格，减弱了同一商品的不同经营者之间的价格竞争。

（2）禁止价格欺诈

1）虚假降价。虚假降价是指谎称降价而实际没有降价的行为，如虚假宣传、伪装削价、虚拟原价等。

2）模糊标价。模糊标价是指故意用模糊的语言、文字、计量单位等表示价格的行为，例如，以虚假的优惠价、折扣价、处理价、最低价及其他虚假信息引诱消费者进行交易。

（3）禁止价格歧视

所谓价格歧视，是指提供相同等级、相同质量的商品或服务时，使具有同等交易条件的消费者在价格上处于不平等地位。例如，对具有同等条件的甲、乙企业，对甲实行批量作价，对乙则不实行批量作价；或者对甲讨价还价，对乙则不允许，从而构成价格歧视行为，使条件相同的买主处于不平等的地位，妨碍了它们之间的正当竞争。

（4）禁止低价倾销

企业在降价处理商品时，不得以排挤竞争对手或者独占市场为目的，不能以低于成本的价格销售商品。这实质就是禁止经营者的低价倾销行为。

5. 其他因素

如产品生命周期，在产品生命周期的不同阶段，市场竞争状况不同，企业定价目标不同，因而定价方法和策略也应有所不同。另外，还有收入弹性、交叉弹性等，这里不再论述。

8.1.3 企业定价的程序

企业在新产品投放市场或者在市场环境发生变化时需要制定或调整价格，以保证企业营销目标的实现。由于价格涉及企业、竞争对手、消费者、商家等多方利益，因此，严格按照定价程序制定合理的价格是十分必要的。定价程序一般包括以下六个步骤。

1）选择定价目标。任何企业都不能孤立地制定价格，必须按照企业的战略目标来制定价格。定价目标要服从企业的经营目标。

2）测定需求的价格弹性。首先应调查了解市场需求结构，了解不同价格水平上人们的购买数量；其次分析需求的价格弹性。

3）估算成本。产品成本一般分为两类：一类固定成本，一类变动成本。固定成本包括厂房设备折旧费、房地租、利息、办公费用、高级管理人员薪金等。这些费用不随生产和销售多少产品的变化而变化，即使未开工也必须负担。所以当产量等于零时，总成本等于固定成本。变动成本是指随产品的产量和市场投放量的变化而变动的成本，主要是生产和市场营销方面的费用，包括原料、燃料、工资、储存费用、运输费用、促销费用等。固定成本和变动成本之和为总成本。

4）分析竞争对手的产品和价格。产品价格要受市场需求、成本费用和竞争形势等因素的影响和制约。产品的最高价格取决于市场需求，最低价格取决于产品的总成本费用。在最高与最低价格的幅度内，企业究竟给产品定多高价格，则取决于竞争对手的同种产品的价格水平。企业必须了解和研究竞争对手的产品质量和价格，作为自己制定和调整价格的依据。

5）选择定价方法。企业通过对成本、供求状况、竞争环境等一系列因素分析研究后，可采用适宜的定价方法制定价格。

6）制定最终价格。在制定最终价格时还需要分析政府有关政策法规、企业的定价政策、消费者心理、企业合作伙伴的意见，经过计算分析，最终确定产品价格。

8.2 企业定价方法

定价方法是企业确定价格实现定价目标所采用的具体方法。由于价格的高低主要受成本费用、市场需求、竞争状况等因素的影响，所以企业选择定价方式时就要考虑这三个主要因素中的一个或多个。因此，根据侧重点不同，企业的定价方法就可以归纳为成本导向定价法、需求导向定价法、竞争导向定价法。

8.2.1 成本导向定价法

成本导向定价法就是以产品的成本作为定价的基本依据，定价时较少考虑市场需求和竞争状况。包括以下三种具体方法。

1. 成本加成定价法

企业根据所确定的加成率（毛利率）和单位产品的总成本来制定产品的单价。定价时，先确定单位变动成本，再加上分摊的固定成本，构成单位产品总成本，在此基础上加一定的毛利率，计算出产品的价格。由于毛利率的确定方法不同，加成定价法又可分为成本加成法（顺加法）和售价加成法（倒扣法）。其计算公式为：

成本加成法（顺加法）

$$P=\text{单位产品总成本}\times(1+\text{加成率})\qquad(P\text{代表价格})$$

$$加成率=\frac{销售收入-销售成本}{销售成本}$$

售价加成法（倒扣法）

$$P=\frac{单位产品总成本}{1-加成率}$$

$$加成率=\frac{销售收入-销售成本}{销售收入}$$

生产部门较多采用成本加成定价法，零售商业部门较多采用售价加成定价法。

成本加成定价法应用范围广泛。它的优点是计算简便易行，计算出来的价格能保证获得预期的利润；缺点是忽视了市场需求的变化和竞争的影响，缺乏灵活性，而且它只是从卖方的角度来考虑，不一定切合实际。在产品销量与产品成本相对稳定及竞争不太激烈的情况下，可以采用。

2．目标利润定价法

它是根据企业的总成本和确定的目标利润来制定产品价格。它的具体做法是：先预计未来时期的销售量，计算出在这个预计销售量下的总成本，再结合企业确定的目标利润计算出产品的价格。其计算公式为：

$$\frac{总成本+目标利润}{预计销售量}=单位产品总成本+\frac{目标利润}{预计销售量}$$

这种方法计算简便，但它没有考虑价格与需求之间的关系和竞争对手产品的价格等因素对企业产品销量的影响。如果在目标期内实际销量小于预期的销量，那么目标利润就很难实现。所以，这种方法适用于市场占有率较高或带有垄断性的产品。

3．边际贡献定价法

边际贡献定价法是企业仅计算变动成本，而暂不计算固定成本，也就是按变动成本加预期的边际贡献来制定产品的价格。边际贡献是指产品销售收入与产品变动成本的差额，如果边际贡献弥补固定成本之后有剩余，就形成企业纯收入，否则企业将发生亏损。在企业经营不景气、销售困难、生存比获利更重要或企业生产能力过剩时，只有降低售价才能扩大销售，就可以采用边际贡献定价法。其计算公式为：

$$\frac{总的变动成本+边际贡献}{总产量}=单位产品变动成本+单位产品边际贡献$$

边际贡献定价法的原则是，产品单价高于单位变动成本时就可以考虑接受。因为不管企业是否生产、生产多少，在一定时期内固定成本都是要发生的，而只要产品单价高于单位变动成本，这时销售收入弥补变动成本后的剩余，就可以弥补固定成本，减少亏损或增加企业的赢利。

小思考

以下情况适宜采用哪一种定价方法？

A. 小企业和标准化的、竞争性不强的产品

B. 供不应求或处于市场有利地位的产品

C. 供过于求或处于激烈竞争的产品

8.2.2 需求导向定价法

需求导向定价法是以消费者对产品的价值感受和需求强度来作为定价的基本依据。这是一种伴随营销观念的更新而产生的新型的定价方法。面对商品供应的日益丰富和消费需求的不断变化，企业已经认识到，判定产品价格是否合理，最终并不取决于生产者或经销商，而是取决于消费者和用户。需求导向定价法主要包括以下三种。

1. 理解价值定价法

理解价值定价法以消费者对商品价值的感受和理解程度来确定价格。因为消费者在购买商品时，总会在同类商品之间进行比较，选择那些既能满足其需求，又符合其支付标准的商品。当价格水平和消费者对商品价值的理解大体一致时，消费者就会顺利购买。

理解价值定价法的关键是要正确地估计顾客的认知价值。如果估计过高，会导致定价过高，影响销售；如果估计过低，会导致定价过低，虽然产品卖出去了，但影响收益。所以，为了加深顾客对商品价值的理解程度，提高其愿意支付的价格限度，企业在定价前，应先搞好市场定位，突出产品特色，加深顾客对产品的印象，从而提高购买率。

实例

凯特比勒公司奇特的定价方法

凯特比勒公司是一家生产和销售牵引机的公司。它的定价方法十分奇特，一般牵引机的价格均在2万美元左右，然而该公司却卖2.4万美元，虽然一台高出4 000美元，却卖得更多！

当顾客上门，询问为何公司的牵引机要贵4 000美元时，该公司的营销人员给顾客算了一笔账：

20 000美元，是与竞争对手同一型号的机器价格；

3 000美元，是产品更耐用多付的价格；

2 000美元，是产品可靠性更好多付的价格；

2 000美元，是公司服务更佳多付的价格；

1 000美元，是保修期更长多付的价格；

28 000美元，是上述总和的应付价格；

4 000美元，是折扣；

24 000美元，是最后价格。

凯特比勒公司的营销人员使目瞪口呆的客户相信，他们花24 000美元就能买到一台28 000美元的牵引机，从长远来看，购买这种牵引机的成本比一般牵引机的成本更低。

启示：该公司采用的就是理解价值定价法。

2. 市场可销价格倒推定价法

市场可销价格倒推定价法也称反向定价法，即根据消费者能够接受的销售价格，倒推出批发价和出厂价。其计算公式为：

$$批发价=\frac{市场可销零售价}{1+批零差率}$$

$$出厂价=\frac{市场可销批发价}{1+进销差率}$$

或

$$=市场可销批发价\times(1-进销差率)$$

市场可销价格的确定，可通过主观评价、市场调查或试销评估来确定。批零差率和进销差率一般可由买卖双方共同协商，按利润合理分配，或者依据一般行情来确定。这种定价方法不以实际成本为依据，而是以市场需求为定价的出发点，力求使价格为消费者所接受，并促使企业降低生产成本，有利于开展市场竞争，提高经济效益。但企业的成本必须降到出厂价格规定的范围内，否则无法采用。这种方法比较适合批发商和零售商采用。

3. 需求差异定价法

需求差异定价法又称差别定价法，是指在特定的条件下，产品可按不同的价格出售。可以按顾客需求强度的差别、不同市场的差别、消费者群的差别、产品的差别及消费时间的差别等引起的需求不同，制定产品的价格。这种价格差异并非以成本差异为基础，而是以顾客需求差异为基础的。这充分体现了定价的灵活性。差别定价法有以下几种形式。

1）因顾客而异。即对同一产品或服务，根据顾客不同的需求强度，制定不同的价格；或者不同的顾客在同一价格下，享受不同的配套服务。例如，对批发商和零售商采用不同的价格；有的公共交通工具对学生和老人收取较正常票价低的费用，银行对大、小储户采用不同的存贷利率等。

2）因产品形式而异。即对同一产品，根据不同式样、花色、规格等，制定不同的价格，并且这种价格上的差异与成本差异不成比例。例如，式样新颖的服装比式样陈旧的服装定价要高些；同一质量和成本的花布，因花色不同，需求量不同，定价也不同；同是汗衫，普通的可能卖 7 元，而文化衫可以卖到 13 元。

3）因时间而异。即同一种产品或服务，在不同的季节、不同的月份、不同的日子，甚至不同的钟点，制定不同的价格。例如，长途电话的收费，在白天与晚上、平时与节假日就不相同；宾馆在旅游旺季和淡季的收费标准也不相同。

4）因地点而异。即企业为处于不同位置的产品或劳务制定不同的价格，即使它们的成本费用没有任何差异。例如，影剧院、体育场前排和后排的票价就不相同。

企业实行差别定价必须具备一定的条件：① 市场能够细分，并且各个细分市场显示出不同的需求强度；② 以低价购买产品的顾客不可能将产品用高价转卖出去；③ 在高价市场上，不存在竞争对手用低价倾销手段争夺顾客的可能；④ 差别定价不会导致顾客的反感，不会影响企业形象。

8.2.3 竞争导向定价法

竞争导向定价法是以市场上相互竞争的同类产品的价格为依据，来确定自己产品的价格。其特点是价格不与成本和需求发生直接关系，而只与竞争对手的产品价格发生直接联系，即使成本和需求发生变化，只要竞争对手的产品价格不变，企业产品的价格也不会改变。

1．随行就市定价法

随行就市定价法又称通行价格定价法，它是以本行业的平均价格水平或本行业中占主导地位的企业的价格水平作为定价的基础。

在有许多同行相互竞争的情况下，每个企业都生产着类似的产品，价格高于别人，就可能失去大量的销售额；价格低于别人，则必须通过扩大销量来弥补降低了的单位产品利润，但这样可能导致竞争对手随之降价，又会失去价格优势。因此许多企业倾向于与竞争对手保持价格一致，而平均价格水平往往被认为是“合理价格”，容易被市场接受。同时，企业希望与竞争对手和平相处，避免恶性价格战所产生的风险，而且这种通行价格一般也能为企业带来适度的利润。当需求弹性不易测量，成本难以估计，企业认为现行价格反映了本行业的集体智慧时，就可采用这种定价方法，如钢材、面粉及其他原材料的定价都是如此。

2．竞争价格定价法

与随行就市定价法不同，竞争价格定价法是一种主动竞争的定价方法。它指企业利用价格因素主动出击，通过竞争获取利润。即它不追随竞争对手的价格，而是根据本企业的实际情况及与竞争对手的产品差异状况，以高于或低于竞争对手的价格来出售产品。采用这种定价方法，首先要了解竞争对手的价格策略和方法，然后要把本企业的产品与竞争性产品进行比较分析，找出本企业产品所具有的优势，作为制定主动出击价格的依据，最后根据上述的竞争形势和有利条件，制定出本企业产品的价格。这种定价方法的关键是知己知彼。此方法可以随时调整定价，充分体现了定价的灵活性，一般被实力雄厚或产品独具特色的企业所采用。

3．密封投标定价法

大宗物资采购、工程项目承包、仪器设备引进、矿产能源开发等大都采用招标和投标的交易方式。投标价格是投标者根据竞争对手的报价估计确定的，而不是按照自己的成本费用确定的。投标企业在报价时，必须预测竞争对手的价格意向，努力制定既能保证中标，又能保证最大利润的最佳报价，而这正是投标定价的困难之所在。

投标定价法的另一种形式是拍卖定价法。它是指预先展示所出售的商品，在一定的时间和地点，按一定的规则，由买主公开叫价，引导购买者报价，利用买方竞购的心理，从中选择最高价格成交。这种方法具有竞争公开、出价迅速、交易简便的特点，流行于世界各地，尤其在出售文物、古董、珍品、高级艺术品、房产等商品时多用此法。

小思考

北京故宫博物院的门票，旅游淡季40元/人，旅游旺季60元/人，这是采用了哪种定价方法？

8.3 企业定价策略

在激烈的市场竞争中，定价策略是企业争夺市场的重要武器，企业不仅要根据适当的定价方法科学地制定产品的基本价格，还要根据具体的市场环境、产品特点、产品所处生命周期阶段、消费者心理需求和特点等，运用灵活的定价策略和技巧，对产品的基本价格进行调整和修正，以促进销售，增加赢利。定价策略多种多样，在此仅介绍企业常用的定价策略。

8.3.1 新产品定价策略

新产品的定价十分重要，它对新产品能否打开市场起着重要作用。由于消费者对新产品不熟悉，因此新产品定价的自由度很大。常见的新产品定价策略有以下几种。

1．取脂定价策略

取脂定价策略是指向市场高价投放新产品，价格远高于价值，力求在短时间内收回总成本，并获取利润。这就像从牛奶中撇取油脂一样，所以称取脂定价或撇脂定价。

这种策略的优点是：① 易于企业实现预期的利润；② 掌握市场竞争及新产品开发的主动权；③ 树立高档名牌产品形象；④ 便于价格调整，因为开始的高价为后面降价留有充分的余地。例如，摩托罗拉公司在中国市场上率先推出传呼机的时候，就采取了这种定价策略。当时，一台汉字传呼机的成本约200元，而在20世纪80年代的中国市场上，售价却在2 500元左右，消费者把拥有一台传呼机作为财富、身份和地位的象征。随着竞争对手数量增加，其价格也随之下调。后来摩托罗拉又推出手机产品，每当新型号的产品上市时，定价都很高，当竞争对手也推出同类型产品时，它再降低价格。通过这种价格策略，摩托罗拉公司在中国取得了很好的经济效益。

这种策略的不足是在高价抑制下，销路不易扩大；而且高价厚利，极易诱发竞争，使企业获得高额利润的时间比较短。例如，摩托罗拉公司在中国通信市场上的成功吸引了诺基亚、爱立信、飞利浦等众多竞争对手的加入。

采用这种定价策略，主要是利用消费者对新产品的好奇、求新的心理动机。新产品刚上市时，竞争产品还未出现，新产品的新颖性和优越性会降低人们对价格的敏感度，而且在细分市场上，总有一些追求时尚、标新立异、乐于接受新生事物的消费者，他们有较高的支付能力和较强的支付愿望，愿意以高于平均水平的价格获得特定数量的新产品和服务。这种策略适宜的条件是：市场上无类似的替代品；需求相对无弹性，即使把价格定得很高，市场需求也不会大量减少；市场生命周期短、花色式样变化快的产品；产品具有明显的优势，且短期内不易消失，其他竞争对手难以进入；顾客主观上认为该产品具有很高的价值等。

2．渗透定价策略

渗透定价策略是指向市场低价投放新产品，以吸引顾客、扩大销售、提高市场占有率。采用这种定价策略，主要是利用消费者求廉求实的心理。在新产品上市时，以低价刺激人们的需求，给消费者留下经济实惠的感觉和印象，取得顾客的信赖。

这种策略的优点是：① 迅速打开销路，占领市场，并渗透到更多的细分市场，以提高市场占有率；② 树立良好的企业形象；③ 低价薄利不易诱发竞争，有效阻止新竞争对手的加入，便于企业长期占领市场，实现利润最大化。例如，美国最早发明传真机，并制定了很高的价格；比美国晚两三年的日本，给传真机的定价比美国低40%，几乎一夜之间就占领了市场，只有一家生产少量特别产品的美国小传真机公司幸存下来。

它的缺点是：低价销售产品，成本回收期长；企业在市场竞争中价格变动余地小，难以应付短期内骤然出现的竞争和需求的变化；低价容易使消费者产生便宜没好货的联想。

这种策略适用的条件是：市场需求弹性大，顾客对价格比较敏感；市场容量大，生产该产品的规模经济效益明显，企业的生产成本会随着销量的增加而减少；新产品的生产购买力较薄弱，采用低价出售，容易被消费者接受，从而扩大生产；出于竞争或其他原因，企业希望尽快占领较大市场，以求在同行中占据领先地位；低价不会引起竞争对手的报复和倾销指控。

这种策略一般用于创新程度不高的新产品和专用性不强的产品，此外也常用于价格敏感的市场。在某种情况下，渗透定价可紧随取脂定价，即企业可对新产品制定一个较高的初始价格，以吸引对价格不敏感的消费者，收回初期的投入后，就接着运用渗透定价策略，以吸引对价格敏感的消费者，并提高市场占有率。

需要注意的是，渗透定价策略不是减价让利，更不是亏本经营，而是抓住时机，立足长远，以期通过市场占有率的提高和规模经济的形成来降低成本，增强市场竞争能力。

3．满意定价策略

满意定价策略是介于取脂定价和渗透定价之间的一种定价策略。企业的价格水平适中，同时兼顾厂商、中间商和消费者的利益，使各方面都能顺利接受。有的企业在竞争中处于优势地位，有条件采用取脂定价获得高额利润，但为了使各方面满意，从长计议，还是采用满意定价策略，制定一个各方面均可接受的“温和价格”，故也称君子定价策略。

这种策略制定的价格具有较大的合理性，可以避免高价带来的竞争风险，又可防止低价可能遭受的损失，保持价格稳定，按期实现企业的赢利目标。缺点是可能比较保守，会使企业失去更大的赢利机会，不适于复杂多变或竞争激烈的市场环境。

这种策略适用的条件是：产品在市场上的供求基本平衡；竞争不太激烈，具有同种商品的一些大型企业或主要企业的价格关系协调；企业对利润的短期追求不太迫切，财务状况较好；产品的需求弹性较大，并希望较长时期维持平稳的价格。

实例

高价与低价

1945年，美国雷诺（Reynolds）公司在新品“原子笔”上市时，就是利用“原子时代奇妙笔”的不凡之处，即“可以在水中写字，也可以在高海拔地区写字”等特性和美国人追求新奇的性格，精心制定价格。当时这种圆珠笔生产成本仅为0.8美元，而出厂价为10美元，零售价高达20美元。因为只有这个价格才能让人们觉得这种笔与众不同，配得上“原子笔”的名称。1945年10月29日，在第二次世界大战后第一个圣诞节来临前投放市场，十分畅销，被顾客当做礼物购买，人们以赠送或得到“原子笔”为荣。一时间新颖、奇特的“原子笔”风靡美国，大量的订单像雪片一样飞向雷诺公司。短短半年时间，雷诺公司用生产圆珠笔所投入的2.6万美元的成本竟然获得150多万美元的利润。第二年，生产厂家剧增，产品迅速大众化，成为普通的圆珠笔，雷诺公司鉴于竞争激化，以及产品成本大大下降的情况，便将原子笔降价至0.7美元。

启示：高价也可多销。

8.3.2 折扣和让价策略

企业为了鼓励顾客的某些行为，如提早付款、批量购买，会对基本价格进行修订，实行价格折扣和折让，以适应消费者的偏好和需求变动，充分体现定价的灵活性。这种策略主要有以下几种方式。

1. 现金折扣

现金折扣又称付款期限折扣。即对按约定日期付款或提前付款的顾客给予一定的价格折扣，其目的在于鼓励顾客提前支付货款，加速资金周转，减少呆账风险。这是国际上十分流行的一种价格策略。在美国，最常见的现金折扣用语是“2/10，net30”，即要求 30 天付清货款。如果购买者在 10 天内付清货款，则给予 2%的折扣；若在其后的 20 天内付清货款，就按原价支付。现金折扣率一般应高于银行同期贷款利率，否则，买主宁愿采用延期付款的方法。

2. 数量折扣

数量折扣是企业给那些大量购买某种产品的顾客的一种减价，以鼓励顾客购买更多的货物。一般来说，购买数量越大，折扣幅度越大。数量折扣分为累计数量折扣和非累计数量折扣。

累计数量折扣，即规定顾客在一定的时间内购买商品累计达到一定数量和金额时，按总量大小给予不同的折扣，其目的在于鼓励顾客经常购买本企业的产品，建立一种长期的购买合作关系。例如，一位旅客在一年中累计乘坐飞机旅行超过 10 000 公里，每次购买机票时按基本价格结算票款，到年终，航空公司赠送旅客一张 2 000 公里以内的机票。

非累计数量折扣，即按顾客每次购买产品数量和金额的多少给予不同的折扣，购买越多，折扣越大，其目的在于鼓励顾客进行一次性的大量购买，便于企业大批量的生产和销售。例如，购买 100 件以上按基本价格的 95%收款，购买 200 件以上按 90%收款。

3. 贸易折扣

贸易折扣又称职能折扣、中间商折扣。它是指企业对处于不同渠道的中间商或同一渠道中不同环节的中间商，按其在渠道中所发挥的功能及承担的风险给予不同的折扣。目的在于鼓励各类中间商充分发挥其潜在功能，调动其积极性，从而取得渠道的最佳使用效果。

小思考

对批发商、零售商的折扣一样吗？为什么？

4. 季节折扣

季节折扣又称季节差价，是企业给那些购买季节性强的商品或服务的顾客的一种减价，使企业的生产和销售在一年四季保持相对稳定。生产厂商利用这种折扣鼓励批发商、零售商提早进货，淡季购买，从而使自己获得资金和维持稳定的生产。例如，某些旅游景点为了在旅游淡季吸引游客，对机票或旅店房间租金打折，这正是季节折扣策略的运用。

5. 推广让价

推广让价是指中间商替制造商进行产品促销活动时，制造商给予中间商一定的津贴。例如，零售商为制造商的产品在当地的报刊上做广告、开辟专门的陈列橱窗、举办展销会等，制造商应给予一定的补贴。其具体做法多种多样，可以支付一部分广告费，或者在货价上给予减让，或者免费供应一部分产品等。

8.3.3 心理定价策略

企业在给产品定价时，一方面要从经济的角度考虑定价，另一方面还要根据消费者的购买动机和心理感受来制定价格。主要有以下几种。

1. 尾数定价策略

尾数定价又称奇数定价，是指对多数日用品或低档商品在定价时保留价格尾数，以零头数来标价。例如，定 9.95 元，而不定 10 元，使价格与整数有一定的差额，并保留在较低一级档次。这是根据消费者求实求廉的心理，让消费者感觉价格低廉。但它一般只适用于价格较低的产品，其尾数一般使用奇数，效果更好。

2. 整数定价策略

对一些高档耐用的消费品，特别是一些消费者不太了解的商品，消费者往往以价格高低来衡量产品质量的优劣。对这些商品，企业在定价时，合零凑整，采用整数定价，利用"一分钱一分货"和方便快速的心理，使价格上升到较高一级档次。例如，一台电视机标价 2 500 元，而不标价 2 498 元，这样反而会增加顾客的购买欲望。

3. 如意定价策略

如意定价是根据消费者追求吉利、好兆头的心理，在定价时加以适当利用的定价策略。定价时，采用一些吉祥的数字给产品标价，如“8”、“9”、“6”或偶数，以及 888（发发发）、168（一路发）等，往往能收到较好的效果。但要注意不同地区、不同民族有不同的方言、习俗，灵活运用这一策略。

4. 声望定价策略

企业利用消费者仰慕名牌和“价高质必优”的心理，对在消费者心目中享有声望的产品制定较高的价格，如一些名牌产品（名烟、名酒等）、有名望的商店（老字号等）、标志性的高级消费品（高级轿车、钻石、香水、精美瓷器、水晶、珍珠等），价格定得都较高。一方面显示商品的档次和企业的声望，另一方面又迎合了消费者的求名心理，满足较高收入消费者的需要。

5. 招徕定价策略

招徕定价策略也称特价品定价、牺牲品定价。即企业利用消费者的求廉心理，在一定时期内，有意识地将某几种商品的价格定得特别低，以招徕顾客，借以带动和扩大其他正常价格产品的销售。现在，一些超级市场和百货商店几乎天天都有“特价”、“惊爆价”、“减价”等商品，就是这种策略的运用。采用招徕定价时，应注意：① 特价商品的确定必须是大多数消费者都需要的；② 价格对顾客要具有足够的吸引力，降价幅度太小，难以吸引顾客；幅度太大，会造成误会，顾客误以为是残次品；③ 数量要充足，保证供应，否则顾客会有一种被愚弄的感觉，损害企业形象。

6. 习惯定价策略

有些商品在顾客心目中已经形成了一个习惯价格，符合其标准的价格才会被顺利接受，偏离其标准的价格则会引起疑惑。因此，对这类商品，企业在定价时要按照消费者已经形成的习惯心理，力求维持产品价格不变，避免价格波动带来不必要的麻烦。当必须变价时，应同时改变包装或品牌，避开习惯价格对新价格的影响，引导消费者逐步形成新的习惯价格。

8.3.4 地理定价策略

1. 原产地定价

原产地定价又叫离岸价格（Free On Band，FOB），即生产企业对不同地区的顾客制定统一的出厂价格。企业承担交货前的一切风险和费用，交货后的风险和费用则由买方承担。这样定价，使每个顾客都是按照企业的出厂价来购买产品，比较公平合理，但对远地的顾客不利，因为他们要承担较高的运费。

2. 统一运送（交货）定价

这种定价与FOB定价刚好相反，企业对处于不同地理位置的顾客都实行同样的销售价格，即按出厂价加上平均运费定价。这种定价方法可能会失去附近客户的生意，但却获得远方顾客的欢迎，而且便于管理，也便于做全国统一价格的广告宣传，从而有利于巩固成熟市场和开拓边远市场。

3. 分区运送定价

分区运送定价介于FOB定价和统一运送定价两者之间，即企业先将自己产品的销售市场划分为几个区域，在同一区域内执行相同的价格，离企业越远的区域，价格定得越高。

4. 基点定价

基点定价是指企业选定一些中心城市作为定价的基点，然后按一定的出厂价格，加上从基点城市到顾客所在地的运费来定价，而不管实际上产品是否由该城市起运。有的企业为了加大灵活性，选取许多基点城市，按离顾客最近的基点来计算运费。

5. 运费补贴定价

当企业急于和某个顾客达成交易或急于进入某一地区市场时，会为购买者负担部分或全部运费。

8.3.5 促销定价策略

1. 牺牲品定价

牺牲品定价即招徕定价或特价品定价，见前述心理定价策略。

2．特别事件定价

企业利用某个特定的时间或场合、某种特别的节日或某些重要的社会活动日，将价格大幅度地降低，以吸引顾客，如一些商店利用寒暑假开学前的时机，降低学习用品的价格，吸引学生购买。

3．现金回扣

有些制造商在特定的时间内向顾客提供现金回扣，以刺激他们购买本企业产品，达到清理存货的目的。

4．心理折扣

企业开始时给产品制定很高的价格，然后大幅度降价出售。如标出“原价×××元，现价×××元”。采取这种方式，不得违反有关法规，如虚增原价、所标原价无根据或所标原价非本次降价前的售价等。

8.3.6 产品组合定价策略

如果企业经营多种产品，而且这些产品之间存在某些关联性，定价时就应综合考虑，一般有这样几种情况。

1．产品线定价

通常一个企业不仅仅销售一种产品，而是销售各种各样的系列产品，这时企业应适当地确定产品线中相关产品之间的价格差异，这就是产品线定价策略。在许多行业中，常常利用顾客对产品线系列产品形成的理解来定价。例如，服装商店可将男衬衫分为三个档次，分别定价为15元、18.5元和24元。顾客自然会把这三种价格的衬衣分为低档、中档、高档，即使这三种价格都有所变化，顾客仍会按他们的习惯去购买某一档次的产品。另外，如果一条产品线上两种产品的价格差异不大，顾客就会购买性能较高的产品；反之，如果价格差异较大，顾客就会更多地购买性能较低的产品。

2．单一价格定价

企业销售品种较多而成本相差不大的商品时，为了方便顾客挑选和内部管理的需要，企业实行单一的价格销售全部产品。例如，一些自助餐厅，每位顾客进店用餐，不管你吃多少，只有一个价格。

3．选择品定价

许多企业在提供主要产品的同时，还提供与主要产品密切相关，但又可独立使用的产品。如自行车的车篮、车锁，舞厅里提供的饮料，汽车上的报警器，餐厅里的酒水等。企业可将选择品的价格定得很低以吸引顾客，也可定得很高来获取利润。

小思考

顾客去饭店吃饭，除了点饭菜之外，可能还会点酒水、饮料、烟等。许多饭店酒水价格很高，而饭菜的价格相对较低；有的饭店却相反。你认为哪一种定价策略效果更好？

4．附带产品定价

附带产品又叫互补产品，指必须和主要产品一起使用的产品，如照相机的胶卷、计算机的软件、刀架上的刀片、录音机的磁带等。企业往往把相关产品中的主要产品的价格定得较低以吸引顾客，这种商品称为“引诱品”；而把与主要产品一起使用的附带产品价格定得较高以赚取利润，这种商品称为“俘虏品”。当顾客以较低价买了“引诱品”以后，不得不以高价来买“俘虏品”。一般“引诱品”使用寿命长，而“俘虏品”则是易耗品。例如，把剃须刀的价格定得较低，而把配套的刀片的价格定得较高。

5．组合产品定价

企业可以把相关产品组合在一起，为它制定一个比分别购买更低的价格，进行一揽子销售，如计算机公司把计算机硬件、软件和维修合同组合在一起，瓷器店把整套餐具组合在一起，世界杯足球赛出售的套票，旅游景点的参观套票等，都是典型的组合定价。采用这种方式定价时，提供的价格优惠要足以吸引原本只准备购买部分产品的顾客转而购买全套组合产品，但一定要注意不能搞硬性搭配。

6．副产品定价

肉类加工和化工等企业在生产过程中往往会有副产品，只要买主愿意支付的价格高于企业储存和处理这些副产品的费用，就可以接受。这样，能够减少企业的支出，为主要产品制定更低的价格，增加竞争力。

实例

美国的一个彩照实验室1988年推出一个“俘虏”消费者的新招牌，它首先在各个大学普遍散发宣传其彩色胶卷新产品的广告，除了说明新彩卷性能优越外，还说明其定价不高，每卷只要1美元（柯达胶卷价格为每卷2美元多），以便让消费者有机会试用。结果经济拮据的大学生们纷纷寄钱去购买。几天后，他们收到了胶卷及一张“说明书”，其上写道：这种胶卷由于材料特殊，性能优良，因此，一般彩扩中心无法冲印，必须将拍摄后的胶卷寄回该实验室冲印。说明书上还列出了冲印的价格，这些价格比一般的彩照扩印店的价格高一倍。但是，每冲印一卷，该实验室将无偿赠送一卷新胶卷。精明的大学生仔细一算，发现损益相抵后，胶卷、冲洗、印片三者的总价格仍高于一般水平，无奈已花费了1美元的“投资”，只得忍气吞声做了“俘虏”。

启示：定价的技巧，其妙无穷。

8.4 企业价格调整决策

企业给产品定价以后，由于外部环境的变化，经常还要调整价格，价格调整主要有两种情况：① 市场供求环境发生了变化，企业认为有必要调整自己的价格；② 竞争对手价格有所变动，企业不得不做出相应反应。

8.4.1 企业价格调整原因

企业对价格调整分主动调整和被动调整，价格调整原因也主要从这两个方面进行分析。

1．企业主动调整价格的原因

（1）提价的原因

企业采取调高价格策略的原因主要有四方面。

1）产品成本提高。由于原材料涨价等原因使产品成本、费用不断增加，而企业技术进步和生产效率提高的速度跟不上原材料价格上涨的速度，这时原材料价格上涨因素不能在企业内部消化，就只能考虑提价。

2）商品供不应求。企业的生产不能满足市场需求，采取提价策略既能促进生产经营规模的扩大，又能限制消费，促进商品供求平衡。

3）通货膨胀。企业为了应付通货膨胀，有时也不得不提高商品价格。

4）竞争的需要。将产品价格提到同类产品之上，以树立高档产品形象。

（2）降价的原因

企业采取调低价格的原因主要有三方面。

1）商品供过于求。商品大量积压，占用大量仓库和流动资金，从而影响生产的正常进行，为了摆脱困境，在采用其他营销策略无效的情况下，就要采用降价策略。

2）在激烈的竞争中，企业的市场占有率逐渐下降，为了夺回失去的市场，企业可以采取降价策略。

3）由于企业成本费用比竞争对手低，想通过降低价格来控制市场，或者希望通过降价提高市场占有率，从而扩大生产和销售。

2．企业被动调整价格的原因

当竞争对手率先调整商品价格时，企业会随之做出反应，这种调整属于被动调价。

一般来讲，在同质商品市场上，如果竞争对手降价，企业也要随之降价；如果竞争对手提价，其他企业也可能随之提价（如果提价对整个行业有好处）。在异质商品市场上，企业对竞争对手价格变动后的反应，则有较大伸缩余地。如果竞争对手价格变动影响企业的市场占有率，企业靠调整营销组合中的其他因素难以达到效果时，企业必须以完全或部分的价格变动来应对。

8.4.2 企业价格调整策略

在市场营销活动中，企业为了应对市场营销环境的变化，不得不对价格做出调整。价格调整策略包括以下内容。

1．企业提价策略

1）根据市场情况和竞争对手调价情况直接提高产品的价格。

2）变相提价。通常的做法是产品价格不变，但减少免费项目或增加收费项目。

3）减少价格折扣。

4）维持原价，但使用便宜的材料和配件做替代品，或者采用廉价的包装材料。

5）减少产品的功能、服务和分量等。

2．企业降价策略

1）根据市场情况和竞争对手调价情况直接降低产品的价格。

2）企业不直接降价，而采取增加免费服务项目，如送货上门、免费安装等。

3）随产品赠送优惠券或礼品，达到暗中降价的效果。

4）维持原价，增加单位产品的含量。

5）改进产品的性能和质量、增加折扣种类等，实际降低产品价格。

3．维持原价策略

当竞争对手降价幅度较小时，企业可以在保持商品原有质量基础上维持原价，因为降价会减少利润，而保持价格不变，市场份额损失不大，必要时很容易弥补。

小思考

在提价策略和降价策略的方式中，你认为明调和暗调哪一种效果好？

8.4.3 企业调整价格后各方的反应

企业价格调整就会影响顾客、竞争对手、中间商等各方面的利益。因此，调价的成功与否在很大程度上取决于这些利益相关者的反应。因此企业价格调整，必须关注购买者对调价的反应，关注竞争对手对企业调价的反应，同时还要做好应对竞争对手调价的工作。

1．关注顾客对调价的反应

从理论上讲，顾客对价格变化的反应，可以通过需求价格弹性来测定。但在实践中，价格弹性的估算比较困难，企业可以运用以下一些方法来估计顾客的反应。

1）直接调查法，即企业派专人进行访问，直接询问顾客对价格变化的态度。

2）市场试销法，即以新价格在某个市场上试销，观察顾客的反应。

3）统计分析法，即通过对本企业的价格与销量的数据整理，找出两者的相应变化关系，也可以用同样的方法得出生产和销售同类商品的其他企业的价格与数量之间的变化关系，并与本企业的状况做出比较。

4）分析推理法，即企业将其顾客进行分类，分别研究他们的反应情况，据此得出最终结论。

在研究顾客对调价的反应时，应特别注意顾客的主观感受因素。顾客对于企业的某种商品降价可能会理解为：这种商品的样式老了，将被新型产品所代替；这种商品有某些缺点销售不畅；企业财务困难，难以继续经营下去；价格还会进一步下降；这种商品质量下降。反之，顾客对企业某种商品提价也可能会这样理解：这种商品很畅销，不赶快买就买不到了；这种商品有非常好的性能；企业想尽量取得更高利润。企业在做出调价决策时，一定要考虑顾客的这些感受，它们往往制约着顾客的购买行为，从而使市场对价格的反应发生偏差。

2．关注竞争对手对企业调价的反应

企业如何去估计竞争对手的可能反应呢？假定企业面临着一家较大的竞争对手，企业首先必须了解竞争对手企业对企业价格的变化，是有一套适应价格变化的对策，还是对每一次价格变动采取不同的对策。竞争企业对价格变化的处理方式不同，企业研究其反应的方法也不同。

如果竞争对手有一套适应价格变化的对策，那么，一方面可以通过不同的渠道收集有关这套对策的信息；另一方面也可以运用统计分析，从过去的相互价格变动中找出规律，从而掌握其应对价格变化的管理系统。

在实际定价过程中，企业面临的竞争对手不止一个，往往要面对好几个竞争对手。如果所有的竞争对手的反应大体相同，就可以集中力量分析典型竞争对手，因为典型竞争对手的反应可以代表其他竞争对手的反应；如果各竞争对手的反应不尽相同，就必须分别对各竞争对手进行分析。

3．应对竞争对手调价的对策

在市场营销活动中，我们经常会面临竞争对手率先调整价格的情况。这时企业必须冷静思考，认真分析，依据不同的情况采取不同的措施。

认真分析竞争对手价格变动，要弄清楚以下几个问题。

1）竞争对手为什么要调价，即调价的目的是什么。是想扩大市场份额，是因为成本变化，还是在竞争中败下来用降价手段寻求自保？

2）调价幅度的大小。调价幅度的大小能反映出竞争对手的意图，也会对本企业的销售情况产生很大影响。因此，小幅调价，企业可以观望；大幅度调价，企业必须采取对策。

3）购买者对价格的敏感程度。购买者如果对价格变动很敏感，则企业对价格变动必须做出反应；如果购买者对价格变动不太敏感，企业可静待观察。

4）市场地位。企业要认真分析和衡量竞争对手的市场地位及自身的市场地位。

经过对竞争对手和企业自身的分析研究后，企业就可以做出正确的反应。一般来说，对竞争对手调高价格的反应容易掌握，而对竞争对手调低价格的反应则应该慎重。当竞争对手降低价格时，企业要首先考虑除跟随降价外还有没有其他可行的应变方案，有时非价格竞争手段更具有吸引力。如果非价格竞争手段无效，就要考虑跟随竞争对手降价。是降到与竞争对手相同水平，还是降到企业的损益平衡水平，要视市场情况而定。

8.4.4 企业调整产品价格应注意的问题

由于价格调整的复杂性，因此企业在调整其产品价格时，应注意这样几个问题。

1）调价产品的数量。对一系列产品价格进行调整还是对某一种产品价格进行削价或提价。

2）价格调整的方式。价格变动的方式多种多样，包括明调、暗调等。明调是对标价的直接改变，暗调是采用其他方式和营销手段与对手周旋，使实际价格发生改变，有的靠技术研究与产品更新换代的优势抢占市场。

3）价格调整的幅度。即要调整多大的价格幅度。对于竞争优势和经济实力较强的企业，可选择少次数、大幅度的变价方式；而实力较弱的企业一般采用多次数、小幅度的变价方式。

4）价格调整的时间。何时向顾客宣布及何时正式开始执行新的价格都是调价时应该注意的问题。

5）其他相应的营销措施。可以采用其他的营销措施，如包装或广告收费、产品质量改善、提供配套服务等。

本章小结

尽管非价格因素在现代市场营销过程中的作用日益突出，但价格仍是一个决定性因素，尤其在垄断竞争的市场上更具挑战性。价格是影响商品销售的关键因素，也是市场营销组合中最活跃而又难以控制的因素。制定价格必须确定适当的、明确的定价目标，通过价格手段的运用而达到预期的营销效果。

影响商品价格的因素除了定价目标外，还应考虑成本费用、市场需求、竞争状况等因素。成本是制定价格的下限，市场需求是制定价格的上限，竞争状况决定了价格在上限和下限之间浮动的幅度。

企业的定价方法主要包括成本导向定价法、需求导向定价法、竞争导向定价法三种。这三种方法又分别包括成本加成定价、目标利润定价、边际贡献定价，理解价值定价、可销价格倒推定价、需求差别定价，随行就市定价、竞争价格定价、投标定价、拍卖定价等。企业应采用合适的定价方法来确定产品的基本价格。

企业的定价策略可以对基本价格进行调整和修正，体现了定价的艺术性和灵活性。主要包括新产品定价策略、心理定价策略、折扣和让价策略、促销定价策略、地理定价策略、产品组合定价策略等，企业应灵活运用。既要保证与企业定价目标相一致，又要确保经销商、分销商、企业销售人员、竞争对手、供应商和政府能够接受该价格。

随着市场状况的变化，应对价格进行适时调整。调整价格的形式有两种：降价和提价。企业应具体分析顾客和竞争对手的反应，以便采取相应的价格调整策略，提高对价格的适应性。

复习思考题

1. 基本概念

需求弹性　理解价值定价法　需求导向定价法　竞争导向定价法　取脂定价策略　声望定价策略

2. 填空题

（1）折扣策略包括（　　）、（　　）、（　　）、（　　）。

（2）企业定价程序具体包括（　　）、（　　）、（　　）、（　　）、（　　）、（　　）六个步骤。

（3）（　　）是产品定价的最低限度，（　　）是产品定价的最高限度。

（4）竞争导向定价法具体分（　　）、（　　）、（　　）三种方法。

（5）需求差异定价法是以（　　）为基础，主要表现形式有（　　）、（　　）、（　　）、（　　）。

（6）如果某种商品的价格提高了20%，该商品的需求量却下降了10%，则该商品的需求价格弹性表现为（　　），弹性系数为（　　）。

3. 选择题

（1）市场需求弹性较大的商品，定价时适当（　　），可以增加总收入。

A．提高价格　B．降低价格

C．保持价格不变　D．先高后低

（2）新产品投放市场时制定一个较高的价格，以求在短时间内收回投资并获取利润，这是采用了（　　）策略。

A．渗透定价　B．取脂定价

C．温和定价　D．声望定价

（3）现在许多商场、超市经常推出“特价”、“惊爆价”商品，这属于（　　）策略。

A．现金折扣　B．招徕定价

C．特别事件定价　D．习惯定价

（4）附带产品定价时，企业往往将主要产品“引诱品”的价格定得（　　），将“俘虏品”的价格定得（　　）。

A．较高，较低　　B．较低，较高

C．较高，较高　　D．较低，较低

（5）以维持或提高市场占有率为定价目标的企业，通常为其产品制定（　　）。

A．高价格　　B．低价格

C．市场价　　D．保本价格

（6）价格调整的主要形式有（　　）两种。

A．降价　　B．重新定价

C．提价　　D．进行价格组合

（7）为鼓励顾客提前付清货款，按原价给予一定的折扣，这种策略叫（　　）。

A．职能折扣　　B．现金折扣

C．季节折扣　　D．数量折扣

4．判断题

（1）定价既是一门科学，也是一门艺术。（　　）

（2）要追求利润的最大化，就一定要给产品制定最高价。（　　）

（3）价格与需求之间的关系是反比关系。（　　）

（4）市场供求状况是影响产品定价的重要因素。（　　）

（5）要想打败竞争对手，就一定要给产品定最低价。（　　）

（6）成本导向定价法简单易行，适合所有的产品。（　　）

5．简答题

（1）影响企业定价的主要因素有哪些？需求价格弹性对定价有何影响？

（2）企业的定价方法有哪几种？各自的定价依据是什么？各包括哪些主要形式？

（3）新产品定价策略有几种？各适宜在什么条件下采用？

（4）常用的心理定价策略和组合定价策略有哪几种形式？请举例说明。

实训题

1．案例分析

一个汉堡包的价值为多少，现在越来越难以估计。大多数西方人只要花不到 0.5 美元就可以买到一个可口的汉堡包，少数人会花 1.5 美元买一个大麦或加奶酪的汉堡包，然而，这些都是过时的风尚了。随着人们生活条件的改善，现在越来越多的人情愿花 4 美元，买一个新近流行的汉堡包，即所谓的美食汉堡包，它在一些专门的豪华餐厅里出售。

为什么美食汉堡包要卖4美元一个呢？在顾客的心目中，它不但比较大，而且是现做现卖，更重要的是这类餐厅提供一些较为舒适的软硬件设备。一般的汉堡包店，使用的是塑料椅，服务也一般；而在美食汉堡包餐厅，不但桌椅比较舒适，而且兼卖酒，有时还提供点菜并送到桌上的优良服务。

顾客到美食汉堡包餐厅，买一个汉堡包、外加薯条和饮料，花费6美元；而同样的食物，在一般的汉堡包店只需要 2.5 美元。但是对有些消费者来说，舒适的环境、豪华的设备加上美味可口的汉堡包，付6美元完全合理，比到麦当劳和汉堡王等店更合算。

请问：（1）美食汉堡包采用的是什么定价方法和定价策略？

（2）这种定价策略的关键是什么？为什么顾客认为这是合理的价格？

（3）从美食汉堡包的定价策略中你受到什么启示？

2．课堂讨论

（1）讨论以下产品各适合采用哪些定价方法或定价策略？

A．个人计算机 B．戒烟产品 C．名人字画 D．新型儿童玩具 E．水果蔬菜

（2）对市场营销中的定价策略，有人有一些不同的意见，以下所列是现在存在的一些现象：原价20元，现价19.8元，销量就会大量增加，这是自作聪明；原价70元，提高至100元，限量打7折销售，买的人就多，这是欺诈；超市4元一瓶的啤酒，酒吧要20元一瓶，这简直是暴利；原价300元的皮衣，无人问津，标价3 000元，却被抢购一空，这是消费者太蠢；某旅游景点突遭降温，游客被困，个别商家一包方便面售价30元，租一件军大衣150元；2003年“非典”期间，一瓶原价5元的普通消毒液，20元才能买到，商家认为这是物以稀为贵，遵循的是价值规律，等等。解释造成这些现象的原因，讨论在营销活动中，该如何处理好定价策略与营销道德、诚信和价值规律的关系。

3．营销实训

（1）实训题目：价格调整策略训练。

（2）背景资料：

掌上计算机，风云突变

1998年10月，恒基伟业在京举行发布会，正式宣布其“商务A计划”。由此，一场掌上计算机价格大战开始打响。

让更多的人买得起掌上计算机

恒基伟业此次降价的产品，均为其在市场上的畅销产品，销售量和消费者的认知都十分令人满意。那么，恒基伟业为何要降价呢？对此，总裁张征宇说，目前商务通用户已逾118万户，但整个掌上计算机市场的规模还很大，预计当年全国销量将达到180万台以上。市场经过初期的启蒙，普及的时机和条件都已经成熟。为了让更多的消费者使用掌上计算机，恒基伟业觉得

有义务有责任进行掌上计算机的普及工作。把价格降下来，让更多的人买得起掌上计算机，这是恒基伟业发动此次价格战的重要原因之一。

有专家预测，商务通此次降价将有众多同类厂家在短期内迅速跟进。恒基伟业已对此次价格战做了精心而充分的准备，已经在原材料、产品、渠道和服务上做了充分的准备，严阵以待。

打假手不软，让消费者得益

从 1999 年起，恒基伟业所创造的市场奇迹，为众多厂商开辟了一块新兴市场，一时间掌上计算机品牌数量激增，快译通、好易通、名人、震旦……各路诸侯纷纷出马。众多厂商参与竞争本来对行业和消费者都是有好处的，但有些厂商为了迅速占领市场，将模仿成功者作为他们的首选方式，造成各种不规范行为屡屡发生。为此，有人悲观地说，掌上计算机市场发展的结果将如同 VCD 一样。所以当“恒基”宣布降价时，引起了行业内外广泛的关注。有业内人士分析，本次降价是对国内掌上计算机市场进行的第二次“洗牌”。它将标立新的行业门槛，对生产者技术和企业实力提出更高的要求。一方面，避免了小作坊式的企业的进入，使一些试图捞一把就走的企业知难而退，减少了消费者莫名其妙的损失。另一方面，降价使现有市场中不合理的产品被淘汰，也促使整个市场进行大规模的调整，让消费者可以享受最好的性价比产品。一些生产规模小、成本高、性能差、服务不成体系的厂商将没有市场生存空间。很多企业和产品也将被淘汰出局，因此在一定的时间内将会出现“跳楼价”的甩货现象。再次“洗牌”后，有实力留下来的商家和商务通进行竞争，将会形成一个相对成熟和健康的竞争环境。

营造良好的市场竞争环境

从经验和调查来看，价格战始终有三大特征：一是针对竞争对手采取价格行动；二是不惜血本地抛售；三是它的结果或是消灭竞争对手，或是被对手吃掉。由于在市场竞争中第一品牌占有品牌、市场、渠道、资金等诸多优势，可以凭借规模，最大限度地降低生产和销售成本，因此其他品牌想要通过价格战打倒第一品牌几乎是不可能的；也因此只有领导品牌才有能力来决定价格和行业标准，其他品牌无力挑起价格战，也无力承受价格战。恒基伟业就是凭借其第一品牌的规模和实力，规范目前混乱的市场状况，营造一个良好的市场竞争秩序。

（3）实训任务：①“恒基”为什么要降价？其降价的依据是什么？② 你认为“恒基”降价是否为明智之举？③ 消费者将如何看待“恒基”的降价现象？④ 竞争对手对“恒基”降价将做何反应？并可能采取哪些策略？⑤ 结合本章的实训内容，说明企业是如何实施定价策略的？

（4）实训形式：学生分成若干小组，每组 4 ~ 6 人，每两个小组为一个组合，分正反两方，分别代表商家和顾客，或者主张提价方和主张降价方，或者主张采用撇脂定价策略和主张采用渗透定价策略。

（5）实训要求：正反两方要鲜明地表达自己的观点和理由，允许对方进行反驳；教师不直接干预学生的讨论，只根据每组的表现做好考评；以每组的综合表现作为每个学生的考试成绩。

第 9 章

分销渠道策略

◇ 本章学习目标 ◇

1. 了解分销渠道的概念、职能和基本类型，以及中间商的基本类型和分销渠道的发展趋势。
2. 熟悉分销渠道选择与管理的相关知识。
3. 掌握分销渠道选择策略和技巧，从而具有一定的渠道开拓能力。

产品和劳务只有到达消费者或用户手中，才是现实的商品。在市场经济条件下，产品在流通领域的这种运动，是依赖一系列的买卖活动转移其所有权来实现的，担负这一职能的就是市场分销渠道。产品只有通过一定的渠道，才能在适当的时间、地点，以适当的价格供应给广大的消费者和用户，满足他们的需求，实现企业的市场营销目标。本章着重考察分销渠道的特征、类型，分销渠道的选择、管理，以及分销渠道的发展趋势等相关内容。

9.1 分销渠道概述

9.1.1 分销渠道的概念和职能

1. 分销渠道的概念

分销渠道是指产品从生产者向消费者或用户转移的过程中所经过的一整套机构或途径。在现代社会中，大部分生产企业并不是把产品直接销售给最终的消费者或用户，而是借助一系列中间商的买卖活动来实现的。所以，分销渠道的起点是生产者，终点是消费者和用户，中间环节包括批发商、零售商、代理商及储运商等，由它们构成了产品的分销渠道，如图 9-1 所示。从生产者到最终的消费者和用户，任何一组相关联的市场营销机构都叫做一条分销渠道。分销渠道也可理解为产品从生产领域经中间商转移到消费领域的市场营销活动。

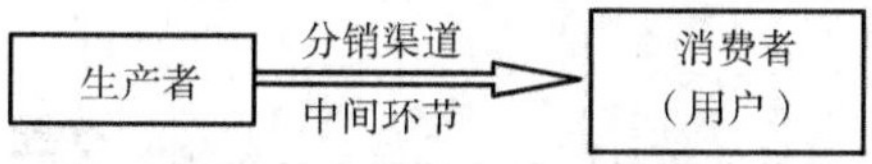

图 9-1　分销渠道示意图

分销渠道的选择是否得当，对企业的营销工作有很大影响。首先，企业选择的分销渠道直接影响营销组合中其他方面的决策。例如，产品的定价不仅取决于生产成本的高低和质量的优劣，也取决于该产品选择的渠道类型。其次，分销渠道的决策是企业的重大决策，不仅需要大量的人力、物力和财力，而且是相对长期的决策，渠道建立和完善需要若干年。渠道决策失误会导致企业的巨大损失。最后，分销渠道是企业掌握市场信息的重要途径。在激烈的竞争中，中间商能更多地了解消费者的需求、市场的变化，知道什么产品受欢迎、什么产品需改进、哪些新产品待开发、定价多少最好卖等，所以慎重选择渠道成员是一项十分重要的工作。

2. 分销渠道的职能

1）联结产销。分销渠道一头连着生产，一头连着消费，它就像一座桥梁，把生产者和消费者联结在一起。

2）沟通反馈信息。为了保证商品的适销对路和有效流动，分销渠道必然时刻努力收集、传播和反馈各类信息，了解现实和潜在的产品销售情况、市场供求的变化，以及顾客、竞争对手及其他市场要素的动态信息等。

3）促进销售。分销渠道中的中间商以转移商品为基本业务，因此，在经营过程中，会努力地将有关企业产品的信息通过各种促销方式传播给目标消费者和用户，以刺激需求，扩大商品销售量。

4）风险负担。分销渠道成员在商品流转过程中，由于大量集散商品，要承担商品供求变化、自然灾害、价格下跌等风险。

5）实体分配。产品在实现空间转移时，渠道成员负责货物的运输、仓储及信息处理等具体活动，从而使商品高效、适时地到达消费者的手中。

6）协商谈判。渠道成员在实现产品所有权转移的过程中，要就产品的价格、付款方式、促销费用、订货和交货条件等问题进行协商谈判，才能保证顺利成交。

分销渠道除了上述主要功能外，还具有减少交易次数、降低流通费用、集中平衡和扩散商品、分级分等、提供服务、资金通融等作用。因此，企业在市场营销中，必须科学地选择和培育分销渠道，合理设置中间环节，充分发挥分销渠道的作用，实现货畅其流。

9.1.2　分销渠道的模式

1. 消费品的分销渠道模式

消费品的分销渠道模式归纳起来有以下五种，如图 9-2 所示。在销售渠道中，拥有产品所有权或帮助转移所有权的中间商称为渠道中的一级。

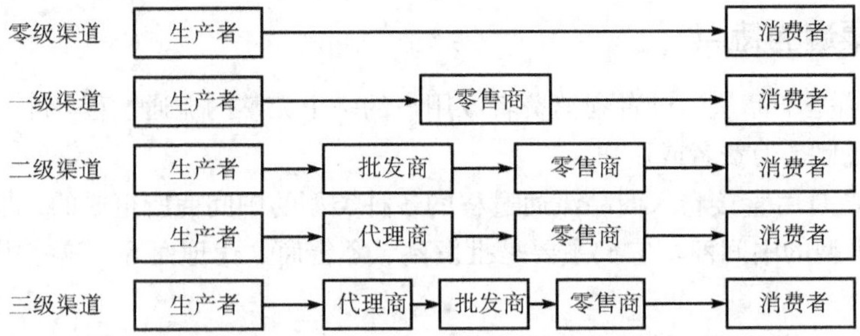

图 9-2　消费品的分销渠道模式

2．工业品的分销渠道模式

工业品分销渠道的基本要求是环节尽量少，渠道尽量短，主要有以下几种分销渠道模式，如图 9-3 所示。

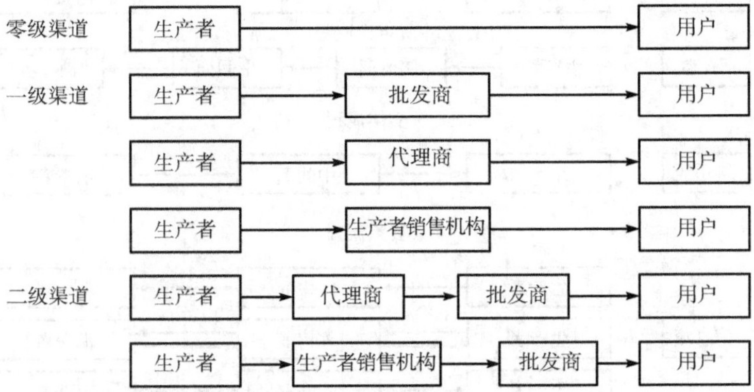

图 9-3　工业品的分销渠道

从图 9-2 和图 9-3 可以看出，分销渠道的模式有以下几种。

1）零级渠道。它是由生产者直接将产品销售给消费者或用户的一种渠道模式，如上门推销、邮寄销售、网上直销和生产者自设商店销售等。

2）一级渠道。它包括一种类型的中间商，即只经过一个中间环节。在消费品市场通常是零售商，在产业市场则可能是代理商或批发商。

3）二级渠道。它包括两种类型的中间商，经过两个中间环节。在消费品市场通常是批发商和零售商，在产业市场可能是代理商与批发商。

4）三级渠道。经过三个中间环节。在消费品市场，一般是在批发商和零售商之间加入中转商，解决大量批发与零星销售之间的矛盾，或是生产者通过代理商将产品卖给批发商和零售商。

当然，还有层次环节更多的渠道模式，但不多见。因为环节越多，越难以管理，并将导致流通费用和产品售价过高、信息传递不灵等不良后果。

9.1.3 分销渠道的特点

1）分销渠道是产品从生产者到消费者或用户的一个完整的流通过程。每一条渠道的起点都是生产者，终点都是消费者或用户。

2）分销渠道是由直接卷入商品流通过程的各种类型的中间商所组成的，即渠道的积极参与者，就是各种类型的中间商。它们主要是批发商、零售商、代理商等，这些中间商被称为“渠道成员”。

3）在产品从生产者流向消费者或用户的整个过程中，产品所有权至少要转移一次。有的分销渠道需发生多次所有权的转移，才能最终离开流通领域，到达消费者或用户的手中。

4）在分销渠道中，除发生商品所有权转移的“商流”外，还隐含着其他的使生产者与消费者相联结的“物流”、“信息流”、“货币流”等，如图 9-4 所示。

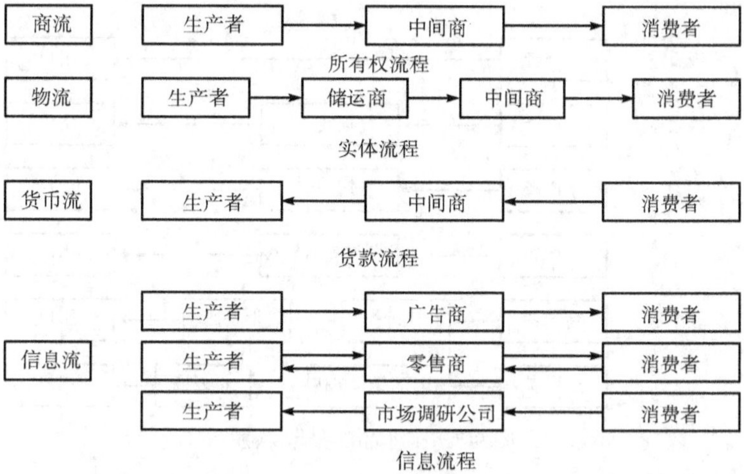

图 9-4　分销渠道的四大流程

因此，渠道的分销效率不仅取决于渠道成员本身的努力，而且取决于相关的支持系统的运作效率，如运输、仓储部门、金融、保险机构、广告、调研、咨询公司等。

小思考

运输公司、仓储公司是不是渠道成员？

9.1.4 分销渠道的基本类型

分销渠道可按不同的依据划分为若干类型。按是否使用中间商，可以分为直接渠道与间接渠道；按使用中间环节的多少，可分为长渠道与短渠道；按各环节使用同种类型中间商数目的多少，可以分为宽渠道与窄渠道。

1．直接渠道与间接渠道

1）直接渠道。生产者将产品直接销售给消费者或用户，不经过中间环节，属直接渠道，即零级渠道。直接渠道是工业品分销的主要类型，绝大多数机器设备、原材料和零部件都是采用直接销售的形式。在消费品市场上，也有不少商品采用了直接渠道，饮食店、糕点店大多采用直接销售方式销售自己的产品。

直接渠道可以减少损耗，降低费用，缩短时间，加速流通，了解市场，提供服务，控制价格。但它会分散生产者的精力，增加资金投入，承担全部的市场风险，作为生产者来讲，也不可能广设网点，使产品的销售范围和数量受到限制。

2）间接渠道。在生产者与消费者或用户之间有中间机构加入，商品销售要经过一个或多个中间环节，属于间接渠道，包括一级渠道、二级渠道、三级渠道等。

目前市场上绝大多数的商品都是通过间接渠道销售给最终的消费者或用户的。中间商的介入，将起到调节产销矛盾、提高分销效率的作用。

2．长渠道与短渠道

如果有中间商加入，按照经过的中间环节或层次的多少，就有长渠道与短渠道之分。经过一个中间环节的，叫短渠道；经过两个或两个以上中间环节的，叫长渠道。

分销渠道的长与短只是相对而言的，仅为形式的不同而已，并不决定它们孰优孰劣。所以渠道长短的选择，关键是要适合商品的特点，权衡利弊，"取长补短"。一般情况下，价格较高的家用电器、个人计算机、名牌服装、汽车和其他贵重商品等，可采用短渠道；绝大多数日用品、食品饮料、普通服装、小型家用电器、标准零配件等，可通过长渠道销售。

3．宽渠道与窄渠道

分销渠道的宽窄取决于渠道的每个层次（环节）中使用同种类型中间商数目的多少。如果生产者利用许多的批发商和零售商来分销产品，这种渠道就是宽渠道；反之，如果只通过很少的专业批发商推销其产品，甚至在某一地区只授权给一家中间商总经销，这种渠道就较窄或很窄。确定中间商数目时，有三种可供选择的战略。

1）广泛分销。广泛分销也称密集分销或普遍分销，指生产者利用尽可能多的中间商销售自己的产品，使广大消费者都能及时、方便地买到所需产品。比如适合消费品中的便利品（饮料、牙膏、洗衣粉、报纸、电话卡等）和工业品中的一般原材料、小五金、小工具等，以及不宜长期存放的商品（鲜花、水果、肉制品、鲜奶等）。

2）选择分销。这是指生产者在一定的市场区域内选择一些愿意合作且条件较好的中间商来销售自己的产品，借以提高产品形象，加强推销力度，增加商品购买率。这种策略适用于所有产品，但相对来说，对于消费品中的选购品（服装、鞋帽、家电等）和工业品中的零配件更合适。

3）独家分销。这是指生产者在一定的地区内只选择一家中间商销售自己的产品，独家买卖。通常经双方协商签订独家经营合同，规定在该地区内中间商不得再经营竞争性的产品，生产者也不得再向其他中间商供货。这种策略主要适用于特异产品（专利技术、专门用户、品牌优势等），如钢琴、轿车、钻石饰品，相当多的产业用品如钢材、化工原料、建材、机器设备等的销售采用的也是独家分销策略。

4. 多渠道与单渠道

根据生产者采用分销渠道的多少，可分为单渠道和多渠道（复式渠道和混合渠道）两种。单渠道是指生产者只通过一条分销渠道销售产品；多渠道是指企业对同一或不同细分市场，同时采用多条渠道的分销体系，并对每条渠道或至少对其中一条渠道拥有较大控制权。

在现代企业产品分销中，越来越多的企业乐于采用复式渠道。因为这种渠道形式能有效地扩大市场面，增加竞争力。例如，许多家电产品的分销，既采用直接渠道（通过建立自己的销售机构或专卖店），又同时采用间接渠道（通过百货公司、大型家电零售连锁店、大型超市等）来销售产品。

采用复式分销渠道，较单一渠道增加了企业对渠道管理控制的难度，也容易造成市场混乱，因此必须加强管理力度，注意协调、处理各渠道间的关系，最低限度减少利益冲突。多渠道系统的形式主要有以下几种。

1）生产者通过两条以上的竞争性分销渠道销售同一商标的产品。

2）生产者通过多条分销渠道销售不同商标的竞争性产品。

3）通过多条分销渠道销售服务内容与方式有差异的产品，以满足不同消费者的需求。

相关链接

可口可乐在中国的22种营销渠道

作为饮料行业的第一大品牌，可口可乐在中国不仅采用直接控股或与中粮、太古、嘉里等集团公司以合资的形式广设装瓶厂，进行市场开拓与分销活动，他们还采用22种渠道，将可口可乐产品分销到每个角落。

1）传统食品零售渠道，如食品店、食品商场、副食品商场、菜市场等。

2）超级市场渠道，包括独立超级市场、连锁超级市场、酒店和商场内的超级市场、批发式超级市场、自选商场、仓储式超级市场等。

3）平价商场渠道，经营方式与超级市场基本相同，但区别在于经营规模较大，而毛利更低。平价商场通过大客流量、高销售额来获得利润，因此在饮料经营中往往采用鼓励整箱购买、价格更低的策略。

4）食杂店渠道，通常设在居民区内，利用民居或临时性建筑和售货亭来经营食品、饮料、烟酒、调味品等生活必需品，如便利店、便民店、烟杂店、夫妻店、小卖部等。这些渠道分布面广、营业时间较长。

5）百货商店渠道，即以经营多种日用工业品为主的综合性零售商店。内部除设有食品超市、食品柜台外，多附设快餐厅、休息冷饮厅、咖啡厅或冷食柜台。

6）购物及服务渠道，即以经营非饮料类商品为主的各类专业店及服务行业，经常顺带经营饮料。

7）餐馆酒楼渠道，即各种档次的饭店、餐馆、酒楼，包括咖啡厅、酒吧、冷饮店等。

8）快餐渠道，快餐店往往价格较低，客流量大，用餐时间较短，销量较大。

9）街道摊贩渠道，即没有固定房屋、在街道边临时占地设摊、设备相对简陋、出售食品和烟酒的摊点，主要向行人提供产品和服务，以即饮为主要消费方式。

10）工矿企业事业单位渠道，即工矿企事业单位为解决职工工作中饮用、工休时的防暑降温及节假日发放等问题，采用公款订货的方式向职工提供饮料。

11）办公机构渠道，即由各企业办事处、团体、机关等办公机构公款购买，用来招待客人或在节假日发放给职工。

12）部队军营渠道，即由军队后勤部供应，以解决官兵日常生活、训练、军队请客及节假日联欢之需，一般还附设小卖部，经营食品、饮料、日常生活用品等，主要向部队官兵及其家属销售。

13）大专院校渠道，即大专院校等食宿制教育场所内的小卖部、食堂、咖啡冷饮店，主要向在校学生和老师提供学习、生活等方面的饮料和食品服务。

14）中小学校渠道，指设立在公立或私立小学、中学、职业高中等非食宿制学校内的小卖部，主要向在校学生提供课余时的饮料和食品服务（有些学校提供课余时的饮料和食品服务；有些学校提供学生上午加餐、午餐服务，同时提供饮料）。

15）在职教育渠道，即设立在各党校、职工教育学校、专业技能培训学校等在职人员再教育机构的小卖部，主要向在校学习的人员提供饮料和食品服务。

16）运动健身渠道，即设立在运动健身场所的出售饮料、食品、烟酒的柜台，主要向健身人员提供产品和服务；或者指设立在竞赛场馆中的食品饮料柜台，主要向观众提供产品和服务。

17）娱乐场所渠道，指设立在娱乐场所内（如电影院、音乐厅、歌舞厅、游乐场等）的食品饮料柜台，主要向娱乐人士提供饮料服务。

18）交通窗口渠道，即机场、火车站、码头、汽车站等场所的小卖部及火车、飞机、轮船上提供饮料服务的场所。

19）宾馆饭店渠道，集住宿、餐馆、娱乐为一体的宾馆、饭店、旅馆、招待所等场所的酒吧或小卖部。

20）旅游景点渠道，即设立在旅游景点（如公园、自然景观、人文景观、城市景观、历史景观及各种文化场馆等）向旅游和参观者提供服务的食品饮料售卖店。一般场所固定，采用柜台式交易，销售较大，价格偏高。

21）第三方销售渠道，即批发商、批发市场、批发中心、商品交易所等以批发为主要业务形式的饮料营销渠道。该渠道不面向消费者，只是商品流通的中间环节。

22）其他渠道，指各种商品展销地、食品博览会、集贸市场、庙会、各种促销活动等其他销售饮料的形式和场所。

9.2 分销渠道的设计、选择与管理

9.2.1 分销渠道的设计

分销渠道设计是渠道决策的核心。分销渠道的设计主要包括确定渠道类型、渠道长度和渠道宽度等内容。

1. 确定渠道的类型

在渠道设计中，企业首先要确定渠道的类型，即要确定采用哪一种或哪几种类型的渠道来分销产品。渠道的类型前面已述，每种类型都有其适应范围。因此，企业必须根据实际情况和制约因素来选择适合的分销渠道。

2. 确定渠道的长度

在确定了渠道类型后，若是用间接渠道和复合渠道等分销产品，企业还面临着确定渠道长度的决策问题。技术和服务含量较大的产品，如计算机、汽车等，需要较短的渠道；消费者选择性不强但要求方便购买的产品，如日用小百货，则适宜采用较长的渠道。

3. 确定渠道的宽度

确定渠道宽度，即企业确定在每个层次上使用中间商数目的多少，实际上是对宽、窄渠道的选择确定。根据企业所追求的市场覆盖面，有三种策略可供选择：广泛分销策略、选择分销策略、独家分销策略。这在前面已介绍，这里不再赘述。

4. 规定渠道成员的权利和责任

在确定了渠道的类型、长度和宽度后，还要规定渠道成员相互的权利和责任。主要包括价格政策、销售条件、渠道成员的地区划分权和各方面应提供的服务和责任。价格政策是生产者制定的价目表和折扣明细表，根据中间商的不同类型及经营数量给予相应的优惠。销售条件主要是指付款条件和生产者的担保，例如，对提前付款的经销商给予现金折扣，向经销商提供质量和价格方面的担保。对于渠道成员相互的权利和责任的确定，应本着合理、明确、公平、公

正的原则来进行。

5. 渠道方案的评估

当生产者设计了几种渠道方案时，就要对可选择的渠道方案进行评价，挑选出最能满足企业目标的最佳方案。对渠道方案的评估，企业可以从经济性、可控性、分销商实力和能力等方面进行分析选择。

1）经济性。经济性主要是分析每个渠道的销售额与成本的关系。一方面要考虑采用企业销售人员和利用中间商这两种方式，哪一种所产生的销售额较大；另一方面要评估每个渠道的成本，渠道成本就是企业建立、发展与维持渠道所需要的费用。生产者一般选择那些能够承担一部分广告费用和其他销售促进费用的中间商，以减少企业的负担，降低销售费用。

2）可控性。从长远目标来看，企业对分销渠道的选择不仅要考虑其经济性，还要考虑企业能否对其分销渠道实行有效的控制。一般来说，企业在其产品的分销渠道中卷入越深，对渠道的控制力越大，属于本企业的渠道和分销人员固然会增大投资，但毕竟最有利于控制。当销售渠道变得越来越长时，企业对价格、销售量、推销方式和零售形式等的控制力就会越弱。实践中，建立特约经销或特约代理关系的中间商比较容易控制，而对密集性分销渠道，由于涉及企业多，控制能力就比较弱。

3）分销商实力。生产企业要选择资金力量比较雄厚、财务状况良好的中间商，而且选择的分销渠道必须适合企业本身的特点及其产品的特点，企业要考虑中间商的销售对象是否与企业所要进入的目标市场一致，即所要选用的中间商的经营范围应该与生产企业的产品的销路基本对口。同时必须考虑中间商的经营能否维持连续性，以便在整个渠道建立对厂家品牌的忠诚度。

4）分销商能力。选择分销商除了上面一些因素外，还要考虑分销商信用和分销能力。信用是指中间商的信用度大小，如履行合约的信用、回款及时性等方面的信用。分销能力是指分销商开拓市场的能力、营销能力、管理能力、提供技术支持与售后服务能力、商品储存和运输能力等。企业一般选择信用好、分销能力强、市场覆盖面大的分销商经销本企业的产品。

9.2.2 分销渠道的选择

分销渠道选择的适当与否，对商品能否迅速地进入市场，实现其价值和使用价值，有着重要的影响。这就必须分析影响分销渠道选择的因素。概括起来，影响分销渠道选择的因素主要有以下四个方面。

1. 产品因素

1）产品的单价。单价较高的产品可以使用较短渠道或直接渠道销售，而单价较低的产品则应采用较长较宽的渠道。

2）产品的体积和重量。对体大量重的产品，可采用较短渠道；绝大多数体小量轻的产品可采用较长渠道，广泛分销，扩大市场面。

3）产品的自然属性。对于一些保质期短、易腐烂变质、易碎的产品等，必须采取较短渠道；反之，则可选择长渠道。

4）产品的技术性和服务要求。对于技术复杂、售后服务要求高的产品，应选择短且窄的渠道，也可由企业直接销售；对于那些通用性强、服务要求低、标准化的产品的销售，则可采用长而宽的渠道。

5）产品的时尚性和季节性。样式变化快、流行性强、季节性明显的产品，宜采用短而宽的渠道；款式不易变化的产品，渠道可长些。

6）产品的生命周期阶段。投入期的新产品，销售难度大，中间商经销的积极性不高，可采用较短、较窄的销售渠道，有些情况下只能由厂家直销；进入成长期和成熟期的产品，则可采用长且宽的渠道。

2．市场因素

1）目标市场范围的大小。市场范围大，潜在的购买者多，可采用长而宽的渠道；反之，市场范围小，潜在购买者少，可由生产者直接供应消费者或用户。

2）顾客的集中程度。如果市场上消费者和用户比较集中，可采用直接渠道、短渠道；消费者和用户分布广阔，宜选择长渠道、宽渠道。

3）顾客的购买习惯。对顾客购买次数频繁，但每次购买数量少的产品，应使用长且宽的渠道；对不常购买、数量大、服务多的产品，可采用短渠道、窄渠道。

4）竞争对手所使用的销售渠道类型。通常情况下，企业应与同类竞争的产品采用相同或相似的渠道。但如果竞争对手已经控制了某些销售渠道，企业就要另辟销售渠道，避免与强手正面争夺市场。

3．企业自身因素

1）企业的规模和实力。如果企业规模大、资本实力雄厚、信誉良好，控制渠道的能力就较强，可以自由地选择分销渠道，即可直接销售或选择较短的渠道，也可选择固定中间商经销其产品；而那些规模小、资金有限、缺乏实力的企业，只能依赖中间商扩大销售。

2）企业的管理能力和经验。企业具有较强的营销能力和经验，可以自己直接销售产品，因而渠道可短些；否则，只有选择较长的渠道。

3）企业控制渠道的愿望。有些企业为了有效地控制渠道，宁愿花费较大的直销费用，承担全部的市场风险，建立短而窄的渠道；有些企业并不希望控制渠道，则可采用长而宽的渠道。

4）企业的产品组合情况。如果企业的产品组合比较深、比较宽，可以选择较短的渠道，直接向零售商销售；反之，则要选择较长的渠道。

4．外界环境因素

1）经济形势。在经济繁荣时，市场需求旺盛，企业可以选择最合适的渠道来进行销售；而当经济衰退时，市场需求下降，通货紧缩，这时企业应尽量减少不必要的流通环节，采用较短的渠道，以控制最终产品的价格。

2）国家的有关法规。在市场经济中，政府已经放开对绝大多数商品的管制，这些商品的销售渠道完全由企业决定；而对极少数关系国计民生的重要商品的销售，还要受到有关法规的限制，如专卖制度（香烟）、专控商品（某些药品）等，需要根据有关政策法规的规定选用相应的销售渠道。

9.2.3 分销渠道的管理和调整

1．协调产销关系

1）合作。多数生产商与经销商都建立合作关系，一方面对中间商以高利润、特殊优惠、合作推销折让、销售竞赛等办法，激励其推销的热情和积极性；另一方面对表现不好或工作消极的中间商予以惩罚，如降低利润率、推迟发货，甚至终止合作关系。

2）合伙。较成熟的生产商一般与经销商建立合伙关系，并签订协议，在协议中明确规定双方的责任和权利。例如，规定经销商的市场覆盖面、市场潜量，以及应提供的市场信息和咨询服务等。根据协议执行情况对经销商支付报酬。

3）分销规划。分销规划是一种先进的方法，它是一种把制造商和中间商的利益融为一体的“纵向营销系统”。统一规划营销工作，共同制定销售目标、存货水平、培训计划，以及广告和营业推广方案等，使产销双方协调一致地完成任务。

2．激励渠道成员

选择中间商以后，生产者要不断地给予激励，以促使他们提高经营水平，扩大产品的销售。

1）销售权与专营权政策。主要从销售区域、授权期限、分销规模（市场占有率等方面的规定）、违约处理等方面加以规定，目的是限定中间商的销售区域和规定分销规模，防止出现窜货或占着市场不开发等现象，同时也要确保中间商一定范围内的专营权。生产者根据市场需求不断开发新产品，提高产品适销率，从根本上为中间商创造良好的销售基础。

2）促销支持政策。企业应协助中间商开展各种促销活动，如共同开展宣传，共同承担广告费用，邮寄宣传品，布置店堂，提供广告和推广等。中间商在销售产品时，都希望或要求给予足够力度的促销支持，很多企业在招募和选择中间商时，往往也承诺给中间商以促销支持。

3）扶持中间商政策。生产厂商可以经常向中间商提供培训、维修、商业咨询、资金等方面的服务和帮助。① 向中间商提供必要的资金支持或使用优惠的付款方式；② 向中间商提供信息及有关服务；③ 协助中间商开展经营活动，例如，帮助中间商培训维修人员；④ 辅导推销工作，包括顾客管理、推销实务培训、广告促销技巧、区域性公共关系活动；⑤ 市场需求调查等。

4）奖励政策。奖励政策分很多种，如资金奖励和精神奖励等。资金奖励是给中间商尽可能丰厚的利益和佣金，提供融资方便，设立商品促销奖，给予合作奖、回款奖、返利奖和年终奖励等。精神奖励包括赠送礼品或纪念品，发给奖牌，宴请，在制造商媒体和地方报纸上亮相，地位提升，邀请出国观光等。在实际操作时，严格执行，不要拖泥带水。

5）价格折扣。为了激励中间商，企业可根据不同的情况给予不同的价格折扣。但在确定价格折扣时必须慎重，因为中间商对产品的价格及各种折扣都非常敏感。一般来说，相同渠道之间的价格政策必须统一，不同渠道之间的价格不要差别太大。如果给不同的中间商的价格差异较大，就会严重挫伤他们的积极性，还可能会导致渠道之间的冲突。

6）与中间商结成长期的伙伴关系。生产者要注意与中间商之间的长期配合，考虑彼此的基本利益需要，建立互助的合作关系。在长期的合作中，互惠互利，共同发展。

实例

区域窜货问题是所有企业面临的共同问题，娃哈哈集团也不能避免。中国市场十分广阔，由于经济状况、消费能力及开发程度的不同，各省区之间产品的销售量差异极大。例如，浙江与江西、安徽毗邻而居，经济发展却差异较大。娃哈哈集团在三省的销量各有不同，为了运作市场，总部对各省的到岸价格、促销配套力度和给予经销商的政策也肯定有所差异，因而，各经销商根据政策的不同，偷偷地将一地的产品窜到另一地销售的情况便难免发生，这种状况频繁出现，必将造成市场之间的秩序紊乱。如蚁噬大堤，往往在不经意间让一个有序的市场体系毁于一旦，在过去十多年中，已有无数企业因此坠马，一蹶不振。

娃哈哈集团成立了一个专门的机构，巡回全国，专门查处窜货的经销商，其处罚之严为企业界少有。专门的巡察机构每到一地便要看商品上的编号，一旦发现编号与地区不符，便严令要彻查到底。

要彻底解决窜货问题，根治之策，就是要严格分配和控制好各级经销商的势力半径。一方面充分保护其在本区域内的销售利益，另一方面则严禁其对外倾销。近年来，娃哈哈集团放弃了以往广招经销商、来者不拒的策略，开始精选合作对象，从众多的经销商中发展、扶植大客户，同时有意识地画小经销商的辐射半径，促使其精耕细作，挖掘本区域市场的潜力。

启示：只有正确处理与中间商之间的关系，才能维护自己的利益。

3．评估渠道成员

生产者应定期对渠道成员的工作绩效进行评估。评估的主要内容有：销售指标完成情况、平均存货水平、向顾客交货的速度、对损坏和遗失商品的处理、促销方面的合作、货款回收情况、为顾客提供的服务等。

评估的目的在于掌握销售动态，及时发现问题。一方面，对绩效好的中间商给予一定的奖励，必要时可淘汰一部分中间商；另一方面，可对企业现有的分销渠道进行必要的调整，使之更趋合理。

4．分销渠道的调整

（1）调整某些渠道成员

这是渠道改进和调整的最低层次。当某个中间商经营不善且影响整个分销渠道时，生产者应考虑对该中间商进行调整和改进，并在适当的时候，增加能力较强的中间商。在做出这种调整决策时，需要做具体分析，如增加或减少某个中间商，将会给公司的利润带来何种影响，在某个销售地区增加一家批发商，对公司有多大的直接收益，对其他批发商的销售量、成本与情绪会带来什么影响等。

调整的内容包括：① 功能调整，即重新分配渠道成员应执行的功能，使之最大限度地发挥自身潜力，从而提高整个分销渠道的效率；② 素质调整，即通过培训、帮助等方法，提高渠道成员的素质水平，从而提高渠道的效率；③ 数量调整，即增加或减少渠道成员，以提高分销效率。

（2）调整某些分销渠道

这是分销渠道改进和调整的较高层次。当某些市场的营销环境、市场需求或顾客的购买能力都发生了很大变化时，生产者原有的分销渠道不能有效地将产品送达目标顾客或只依靠原有的分销渠道不能满足目标顾客的需求，生产者应考虑对某些分销渠道进行改进和调整。

调整的内容包括：① 对企业的某个分销渠道的目标市场重新定位。当现有的分销渠道不能将企业的产品有效送达目标市场时，企业应考虑能否将其用于其他目标市场，即对这个渠道的目标市场重新定位。② 对某个目标市场的分销渠道重新选定。即当前已有的分销渠道不能很好地联结目标市场时，企业重新选择新的分销渠道来占领该目标市场。

（3）变更改进整个分销渠道

这是分销渠道改进和调整的最高层次。企业对以前所选择的分销渠道做较大规模的改进，甚至完全废弃原有的分销渠道，重新设计和组建新的分销渠道系统，而且可能迫使企业改变其营销组合和营销政策。对企业来说，它是最为困难，也是最为复杂的渠道调整改进决策。例如，报社、杂志社将通过邮局发行报刊改为自办发行；我国禁止任何形式的传销活动后，有的企业改为通过店铺进行销售等，都属于这种调整方式。采取这种调整方式前企业应周密安排，慎重从事，权衡利弊，对可能出现的后果进行预测。

上述调整方式，前一种属于结构性调整，它立足于增加或减少原有分销渠道的某些中间层次。后两种属于功能性调整，它立足于将一条或多条渠道的分销工作在渠道成员中重新分配。制造商的分销渠道需要适时调整，调整到什么程度，取决于分销渠道的整体分销效率。

小思考

A．某化妆品公司发现其经销商只注意成人市场而忽视儿童市场，引起儿童护肤产品的销路不畅。为了促进儿童化妆品市场的开发，应如何对渠道进行调整？

B．某汽车制造厂放弃原来的直销模式，而采用通过代理商推销方式。这属于结构性调整还是功能性调整？

9.3 分销渠道中的中间商

9.3.1 中间商的概念和分类

1. 中间商的概念

中间商是指介于生产者与消费者之间，专门从事商品流通活动的经济组织或个人。或者说，中间商是生产者向消费者出售产品的中介机构。

2. 中间商的分类

（1）按是否拥有商品所有权，中间商可分为经销商、代理商和经纪人三种

1）经销商是指从事商品流通服务，并拥有商品所有权的中间商，如商人批发商、零售商等属于这一类。

2）代理商是指从事商品交易业务，接受生产企业委托，但不具有商品所有权的中间商，其利润来源主要是被代理企业的佣金，商品的销售风险与利益一般由被代理企业承担。

3）经纪人俗称掮客，既无商品所有权，也不持有和取得现货，其主要职能在于为买卖双方牵线搭桥、协助谈判、促成交易，由委托方付给佣金，不承担产品销售的风险。

（2）按在流通过程中所处的地位和所起的作用不同，中间商可分为批发商和零售商两大类

中间商的类型如图 10-5 所示。

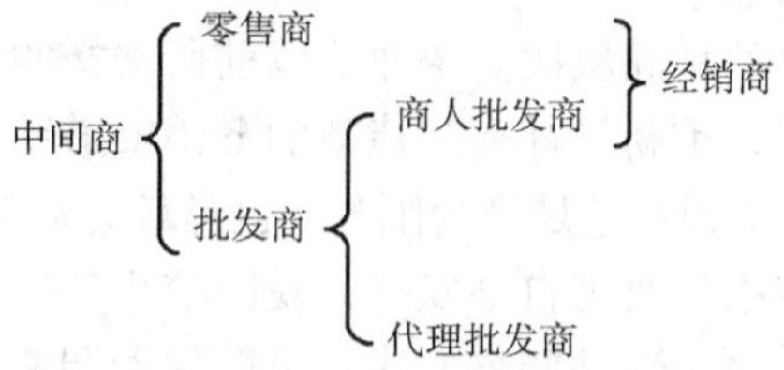

图 10-5 中间商类型

9.3.2 批发商

1. 批发商及批发商的特征

批发商是指专门从事成批商品买卖活动，为转售或生产加工，面对同一商品进行批购和批销的中间商。批发商从事商品批发业务，并不改变商品性质，只是实现商品在时间和地点上的转移，达到销售的目的。与零售商相比，交易对象主要是生产商、零售商，或者下一层次批发商；流通过程中处于中间环节；交易中反映的主要是工商企业间、商业企业间的经济关系；交易次数少，批量较大，在市场经济中具有独特的作用。

2. 批发商的功能

1）开拓市场与产品推介。批发商通过其营销人员的业务活动，可以将生产者产品有效地推广介绍给众多小客户，从而起到开拓市场、促进产品销售的作用。

2）集散采购与分装配货。通过采购把分散在各地的企业的商品集中起来，再经过初步加工、整理、挑选、分级、编配和包装等活动，分散供应给零售企业和生产用户。

3）整买零卖与沟通产销。批发商可以整批地买进货物，再根据零售商的需要批发出去，从而降低零售商的进货成本，并作为生产者与更低一级批发商、零售商的桥梁与纽带。

4）仓储服务与货物运输。批发商将货物储存到出售为止，从而降低供应商和顾客的存放成本和风险；由于批发商一般在仓库储存与货物运输方面具有专业的设备与人员，而且一般距零售商较近，可以很快地将货物送到顾客手中。

5）融通资金与分担风险。批发商可以向客户提供信用条件和融资服务，促进产品销售，加快商品销售及周转速度；另外，如果批发商能够提前订货或准时付款也就等于是为制造商提供融资服务，可以加快资本周转速度，提高企业再生产能力；批发商在分销过程中，由于拥有货物所有权，故可以分担失窃、损坏或滞销等各种风险。

6）信息咨询与终端服务。批发商可向其供应商提供有关买主的市场信息，如竞争对手的活动、新产品的出现、价格剧烈变动等；批发商还可以经常帮助零售商培训推销人员，布置商店及建立会计和存货系统，从而提高零售商的经营效益。

3. 批发商的类型

（1）商人批发商

它是指取得商品所有权的批发商。如果批发商买下所经销的商品，然后再出售，它就是拥有商品所有权的商人批发商。按照所提供的服务差别，又可细分为以下两种。

1）完全服务批发商。它是指能向顾客提供市场营销各项服务功能的批发商，如提供信贷、送货、协助管理等服务。具体又分为：① 综合批发商。经销商品种类繁多，花色齐全，通常单店规模较大。② 产品线批发商。通常只经营一条或两条产品线，但花色品种齐全，如药品批发商、五金批发商等，单店规模相对较大。③ 专用品批发商。它适应目标市场对某些产品需求量大的特点，专门销售一条产品线上的部分产品，所提供的产品有充分的花色品种可供选择，并能给零售企业提供较多的产品信息和服务项目。如建筑用五金批发商、中成药批发商等。④ 工业品配销商。工业品配销商是指向生产商销售零件、部件及生产用辅助材料的批发商。

2）有限服务批发商。它是指向顾客提供的服务相对较少的批发商。又可分为：① 现购自运批发商。大多以小型零售商为服务对象，经销周转快的有限产品线，收付现金，一般不负责送货。② 货车贩运批发商。以上门批发为特色，销售产品线极为有限，承担销售和送货职能。③ 承销批发商。这类批发商只有营业场所，不设仓库，接受顾客订货后，根据客户订单，与生产厂商联系，购得货物后，直接运送给客户，主要经营煤炭、木材、重型设备等大宗商品。④ 邮购批发商。将产品目录寄给城乡零售商店、企业和机关团体顾客，然后按收到的订单交送订货。一般经营珠宝、化妆品、专用食品、药品等。

（2）经纪人和代理商

1）经纪人。主要职能就是为买卖双方牵线搭桥，促成他们直接谈判，从中收取佣金。经纪人一般不代买，也不代卖，不持存货，也不参与融资或承担风险。

2）代理商。主要功能是代表买方或卖方在市场上从事营销活动，负责寻找顾客，代表委托者与顾客洽谈、代销、代购、代存、代运业务，从中收取佣金或手续费。代理商没有商品所有权，也没有定价权，不必代垫商品资金和承担市场风险。

（3）生产商及零售商的分店和销售办事处

1）销售分店和销售办事处。这是生产厂商设立的组织批发销售业务的机构，其目的是改进自己的存货控制、销售和促销业务。

2）采购办事处。这是大型零售商在一些中心市场设立的采购与批发销售机构，兼有采购和批发的功能。

（4）其他批发商

其他批发商主要是指零售企业兼营的批发业务部门和存在于某些特殊经济部门的专业批发商，如农产品收购部门。

9.3.3 零售商

1. 零售商的概念和经营特征

零售商是指向最终消费者个别地、直接地、重复地销售他们日常生活所需的商品和服务的机构和组织。商品经过零售企业最终进入消费领域，实现了社会生产目标和商品价值，保证了社会再生产的顺利进行。

零售是商品交换的一种类型，相对于其他交易类型，具有以下三个特征。

1）交易对象是最终的消费者或用户。他们是为了个人和家庭生活而购买和消费的。

2）交易活动零星、频繁。零售商整批购进商品，然后零星分散地把商品销售出去，一般营业时间长，交易次数多，交易也频繁。

3）处于商品流通的最后环节。商品经过零售以后，进入消费领域，商品变成了消费品，满足了消费者的消费需求。

2. 零售商的职能

1）批量购进，零散销售，解决供求数量矛盾。

2）了解市场，反馈信息，承担市场调查与求购信息反馈双重职能。

3）咨询服务，担保信用，解决购物双方信息不对称的矛盾。

4）采购配货，保障供应，解决生产地分散与消费地集中的矛盾。

5）预测市场，储备货物，解决供求时间不协调的矛盾。

6）运输储存，送货上门，解决生产者与消费者地域空间的矛盾。

7）广设网点，便利购销，解决生产者与消费者数量不对称的矛盾。

3．零售商的类型

（1）商店零售商

商店零售商设有固定场所，对顾客开放营业。一般按照经营商品和服务的特色可分为以下几种。

1）专用品商店。它是指专门经营某一类商品，但商品的花色品种较为齐全，如书店、电器城、家具店等。

2）超级市场。它是指以自我服务、低价销售为特征的零售机构。目前超级市场规模越来越大，设施越来越齐全，经营范围越来越广，是竞争力比较强的一种零售方式。

3）百货公司。它是以经营日用工业品为主的综合性零售商店，花色品种齐全，一般设在城市商业群中心或交通中心。

4）便利店。它是指设在居民区附近的小型商店，营业时间较长，商品主要是日用品，方便顾客购买。

5）折扣店。它是自助式、低价销售商品的零售方式。店址一般设在租金低的地区，销售对象以中低收入者为主。目前折扣店向经营专用品方向发展，如折扣书店、折扣体育用品商店等。

6）仓储商店。它是指集仓储、批发、零售于一体的自选商场。这种商场形似仓库，不搞豪华装修，采用开放式货架陈列商品。通过减少中间环节，节约装修和运输费用，为顾客提供价廉物美的商品，达到以低价大量销售商品的目的。

7）产品陈列式推销商店。这种商店是产品目录和折扣商店的合二为一，即向顾客散发彩色印刷的产品目录，在目录中，标明每项商品的价格和折扣价。一般销售种类多、有商标的商品，如珠宝饰品、照相器材等。这种形式已成为西方零售业中最热门的形式之一。

8）购物中心。它是指由大商店和小店铺组成的商场。由于购物中心内设有不同行业的店铺，经营各种各样的商品和服务，有停车场、餐饮服务，甚至设有大型娱乐场所，所以具有商品品种齐全，服务多样化，能满足一次购买所需商品，并且具有购物娱乐同时进行的优势。

（2）非商店零售商

非商店零售商是指专门从事无店铺销售的零售商。根据商品信息沟通方式不同，非商店零售商可分为以下几种。

1）邮购公司。它是指通过报纸或杂志广告，介绍商品并接受顾客汇款订货和销售的零售商。

2）网上商店。它是指通过企业网站或网页，向顾客推荐和介绍商品，利用电话和电子邮件接受顾客订货，大多派人送货上门，并取得货款。例如，东风汽车网站设有汽配集市、商务服务、广告直销等网页，开展销售服务。

3）直销公司。它是以推销人员上门推销为主来销售商品的零售商。

4）顾客服务部。它是指一些生产厂家自设服务机构承担产品销售服务和质量跟踪保证。

5）电视专卖商店。它是指通过电视广告推荐商品的专卖店。

（3）零售商集团

零售商集团是以多店铺联盟的组织形式来开展零售活动。通过商店之间的联合，可以避免过度竞争，提高零售的规模经济，节约成本。具体形式有以下几种。

1）连锁店。它是指由两个或两个以上的共同所有、共同管理的商店所组成的零售商业集团，其经营规模大，实行标准化经营，店铺统一装潢，广告费用低，管理费用少，商品比一般商店便宜。商店直接向制造方进货，又可在各店铺调剂余缺，便于减少库存资金占用，扩大销售。这些优势确保了连锁店能更加适应当今市场扩大、激烈竞争的要求，使其成为零售业中最主要的组织形式。具体形式有三种：① 团体连锁店。它是由总公司拥有分店资产所有权的连锁店。由总公司直接经营分店（各分店不是独立法人），对分店中的人、财、物实行统一管理。例如，麦当劳汉堡包在中国主要发展团体连锁店。② 自愿连锁店。它是指由若干所有者不同的中小型零售企业依靠契约自愿联合起来，所组成的一个连锁零售组织。各个分店都具有法人地位，但是在店名、外观装潢、管理制度和经营特色等方面统一操作。③ 特许连锁。它是指以一个规模较大、声誉较高的零售商或品牌为核心，其他零售商按照自愿参与、共享技术、共同开发市场、共担风险的原则加入而组成的连锁店。其中核心商店要向其他成员提供专门的技术和品牌商品，并对加盟店的组织、人员进行培训，对商品采购和商店管理予以协助。特许连锁由于管理规范，有效利用名牌效应，成为一种重要的零售方式。

相关链接

从世界上建立第一家连锁公司到现在，已有130年的历史。在工业发达国家，连锁经营取得普遍成功，一般都占市场销售份额的1/3以上。美国比例最高，约占60%。连锁销售在发达国家较为普及，并且已经开始跨越国界，发展为跨国连锁经营，如美国的麦当劳、肯德基、沃尔玛及法国的家乐福等，其连锁分店遍布世界。其中美国沃尔玛1991年的销售额达438.87亿美元，相当于同期我国最大的100家零售商销售总额的7倍，这一业绩就是通过它的全球2 000多家连锁店实现的。它们不仅实行连锁经营，而且加进了一些直销因素，消费者也从中受益。另外，许多零售企业为了建立自己的品牌，吸引顾客，促成了折扣商店的兴起，同时，发达国家反对维持零售价格等反托拉斯规定，都促使折扣商店迅速发展。在日本，折扣连锁商店已取代了百货商店的地位，成为全国最大的零售组织。从20世纪90年代开始，我国流通领域也出现了各种形式的便民连锁店、超级市场连锁、百货公司连锁、专卖店连锁和快餐店连锁等。

2）销售联合大企业。它是指由多个零售机构自愿组合而成的企业集团。通常是由若干不同所有者的不同类型的商店组合在一起，实行协调统一的销售促进和经营管理。

3）消费者合作社。这是一种由消费者自己出资、管理和拥有的零售企业，店铺大多设在社区各个居民点内，为住在周围的居民提供商品和服务。一般价格比较低，或者以正常价格出售，然后根据每人购物的多少给予分红。

9.4 分销渠道的新发展

9.4.1 渠道联合化趋势

渠道联合化是指在市场营销实践中，一些规模大、实力强、品牌优势明显的企业，借助自己的品牌影响力对渠道成员实施合同化管理，建立起政策统一、行动一致、风险共担、利益共享的联合化分销系统。我国家电业在短短的10年时间内，便经历了从经销到自建渠道，到区域代理销售和依托专业家电连锁销售的多重渠道变革。目前家电企业面对着成本趋高和利润缩水双重压力，家电行业销售渠道联合化的呼声越发高涨。向渠道和营销要利润已成为家电企业必须攻克的堡垒，也是目前我国家电业可以发挥的最大利润增长点。

实现销售渠道联合，关键是要打破区域、行业限制，结成企业间的产销联盟。用信息技术实现“无缝连接”，降低交易成本，提高运作效率，加快对市场需求的反应速度，实现在竞争中占据优势的同时实现利润的增长，才是具有前瞻性的，而且也是可能的。

实现销售渠道联合给合作双方带来的利益是明显的，对于委托方来说，可以节省大量的人员薪资、物流运输、终端管理方面的巨大费用开支，从而使企业能够有更多的精力和财力从事研发和生产，实现产品和品牌升级，最终提高企业的竞争力；对于受委托销售方来说，可以充分利用现有的渠道资源实现资源效用最大化，在分担运作成本的同时实现对利润的追求。

目前，一些家电行业建立集信息流、资金流、物流于一体的家电生产、流通、消费的新型家电商务联盟。有些家电企业已实现了采购渠道共享、生产资源共享、服务网络共享，那么也完全能实现渠道共享，实现成本的节约和利润的增加。

实例

宝洁公司的巨大成功，除了技高一筹的品牌营销策略外，也得益于其成功地实施了联合化的分销渠道策略。1999年，宝洁公司采取分销商公开招标的方式，将分销商的数目削减了40%，在全国范围内建立起由70家分销分公司组成的、具有战略合作伙伴关系的分销商网络。宝洁公司对分销商的定位，一是现代化的分销储运中心，负责向其覆盖范围的零售商和批发商提供宝洁产品和服务，并从其客户赚取合理的利润；二是向宝洁公司提供覆盖服务的潜在供应商，并根据其覆盖目标及完成情况，获得宝洁公司提供的覆盖服务费；三是向中小客户提供管理服务的潜在供应商，负责向中小客户提供电子商务管理、店铺宣传、品类管理、促销管理等服务，并收取相应管理服务费。同时，宝洁公司还向分销商提供有关财务、人事、法律、信息技术、储运等方面的专业化指导，并投资1亿多元，用于分销商计算机系统建设和车辆购置，使全国的分销商网络基本实现管理网络化，从而全面提高了整个分销渠道系统的管理水平和运作效率。

启示：市场营销中，渠道整合或借用别人的渠道营销自己的产品，是提高渠道管理水平和运作效率的重要方面。

9.4.2 渠道多元化趋势

渠道多元化就是企业对不同的市场和不同的客户群体采取不同的分销渠道，实行多渠道渗透、低成本运转、高效益产出的分销策略。

事实上，许多企业随着规模扩大、交易量增加，单渠道分销模式越来越不适应新的市场变化。一是市场覆盖率难以达到预期目标，二是企业利润经过多个环节大幅下降，三是企业控制渠道的主动性和灵活性不足。渠道多元化较好地解决了以上几个问题。

实例

在实施渠道多元化策略的企业中，IBM做得特别成功。IBM根据不同客户对计算机的产品及相关服务的不同需求，建立了由三条渠道构成的复合分销渠道：① IBM 销售公司主要负责一些大中型企业客户；② IBM 直销公司主要负责向小型企业和一些个体职业客户销售计算机及配件，这两个渠道由IBM直接管理；③ IBM的分销中间商，它们从IBM购入计算机及相关的硬件、软件和配件，转而销售给其他行业的客户。IBM公司的这种复合渠道策略，既通过其直销的两条渠道控制了主要客户的销售，大幅度地降低了销售成本费用，又通过其他的分销网络向全球实施强有力的市场渗透，提高其产品在全球的市场份额，收到了良好的效果。

启示：渠道多元化是实现营销低成本、高效率的又一新举措。

我国移动电话的分销渠道多元化也收到了理想的效果。在传统的移动电话销售领域，分销渠道的主要价值在于它的承载能力，渠道管理也只是侧重于定时定量的承载，并不注重管道的铺设及进、销、存的动态监控和管理，也完全没有货物离开其总包之后的流量及流向的跟踪。从而导致了市场需求与供应的严重失衡，使得价格混乱及窜货现象随即发生。在新的市场环境下，渠道管理的核心在于如何提高竞争力，而渠道竞争力的内涵也不仅是传统的承载能力及组织构架，更多地体现在以下几点：① 渠道的覆盖能力；② 进销存的动态数据统计能力及流量、流向的跟踪能力；③ 渠道的快速反应能力；④ 新品上市的执行能力（在限定的期限达到限定的目标）；⑤ 价格管理能力；⑥ 窜货管理能力；⑦ 市场推动能力。

任何一种渠道如果能同时达到上述所有能力，必将成为市场上最具竞争力的渠道。多元化渠道的组合，可以充分发挥不同代理商的作用和不同类型渠道的专长能力，是当今厂商在渠道管理方面取胜的又一法宝。

9.4.3 渠道扁平化趋势

随着市场竞争的日益加剧，现代企业的营销重心必然由现在精细化营销向精益化营销转型。在此形势下，缩短和加宽渠道便是企业灵活运作市场，从而获得有利竞争地位的关键和前提。

传统的分销渠道的经典模式是：生产企业——总经销商——二级批发商——三级批发商——零售商——消费者。这种金字塔式的分销渠道虽辐射能力强，但也存在层级多、费用高、渠道冲突严重（竞相杀价、跨区销售）、控制难度大等问题。因此，许多企业正力图将分销渠道纵向压缩，由长变短，同时进行横向延伸，由窄变宽，建立扁平化的分销渠道系统。

例如，海尔、格力和美的等家电厂家以大幅度运作二、三级市场为起点，拉开了分销渠道扁平化的序幕。渠道的扁平化就意味着家电厂家要砍掉省级或地区级代理，使其成为小区域代理商或经销商，厂家取代原来的省级或地区级代理商后，转而直供地区级或县级经销商或批发商，即原来属于分销商、批发商的，现在与原来的上游省级或地区级代理商平级了，同时都是厂家的代理商或经销商了。

分销渠道扁平化，有利于厂家控制经销商和市场环境，有利于市场信息的上传下达，有利于厂家及时做出决策并进行适时调整。当然渠道扁平化后，由于经销商数量增加、管理难度加大、经销商数量增加、管理人员增加，运营的成本也加大，管理不慎容易造成渠道冲突。对于大型企业来说，由于实力雄厚，管理水平一流，应通过以下一些方式实现渠道扁平化管理。

1）采取在县级设立经销商的方式，通过从厂家到县级经销商这两级渠道环节，来实现对销售渠道的扁平化管理和掌控。

2）采取设立地区级代理商加办事处的形式来实现渠道的扁平化管理，对于县级经销商可以通过办事处的运作来实施厂家的垂直管理和一站式服务。

3）设立4S店模式。4S是英语单词销售（Sale）、维修（Services）、配件（Spare parts）和信息反馈（Survey）的开头字母的组合。4S店是集整机销售、售后服务、零配件供应、信息反馈于一体的服务中心。当前包括海尔、格力、美的等在内的很多大型家电企业都在运用这种渠道扁平化的模式，以此来获得自己对渠道的有效掌控权。

9.4.4 直销化趋势

直销是指在固定零售店铺以外的地方（如个人住所、工作地点及其他场合），独立的营销人员以面对面的方式，结合示范演示，将产品和服务直接介绍给顾客，进行产品销售。直销行业存在着“单层次”和“多层次”直销，单层次直销是指由销售人员从厂家直接进货，然后直接卖给消费者；多层次直销是指由人际关系链来进行的直接销售。

就我国目前规定而言，多层次直销是被禁止的。原因就在于多层次直销与违法的“金字塔”传销很难区别。直销作为一种营销渠道，减少了中间环节，节省了流通费用和宣传费用，直接面对消费者，充分体现了直接的特点。直销减少了假冒伪劣商品的可能性，有助于提高产品质量，直销也有利于提供更多就业机会和赢利机会。同时，直销将逐渐打破国与国之间的市场界限，目前国外许多直销企业已进入中国市场，国内也有部分直销企业在开拓国外市场，以后这种趋势将更明显。直销将进一步与店铺及电子商务结合，打破以前单纯的“人员销售的直销模式”。

直销的实践证明，任何一个企业要取得成功，必须有好的产品质量。因为消费者评定一个企业，不光是企业的品牌、销售模式，最主要的还是产品的质量。直销是一种能适应需求、先进的、独特新颖的营销模式，它不仅可以降低投资风险，还可增加就业机会和赢利机会。

9.4.5 规模化、连锁化和折扣化趋势

从市场经济发达的国家的发展现状看，有以下几种趋势。① 规模的趋势。零售商的规模越来越大，但数量在不断减少。其特征是地处市郊，采用仓储方式，有较大的停车场，自助式购物，统一结算等。例如，日本的西武商场占了好几个街区，像一座围起来的小城镇，坐落在72万平方米的12层商业大楼里面，有47个出口，63个餐厅和咖啡馆，还有一条几英里长的专门陈列时尚珠宝等商品的走廊（1英里=1.6千米）。其特色是，通过从生产者那里购进大宗商品而获得折扣，价格远远低于超级市场甚至折扣商店。② 连锁化趋势。西方发达国家的连锁化趋势已跨越国界，走向世界，发展为跨国连锁化经营。例如，美国的麦当劳、肯德基、沃尔玛及法国的家乐福等，其连锁分店遍布世界。由于销售规模大，许多商店可直接从生产企业进货，价格较低，消费者可从中受益。例如，沃尔玛“天天有低价”的口号，实际上反映了实行连锁经营规模化后，商品实现直销价格低廉的现象。③ 折扣化趋势。由于市场竞争激烈，各种商业业态都充分发挥自己业态的优势。日本折扣商店就是在反对维持零售价格等规定情况下，取代了百货商店的地位而发展起来的，成为全国最大的零售组织。

本章小结

分销渠道是指产品从生产者向消费者或用户转移的过程中所经过的一整套机构和途径，中间环节包括各种类型的中间商。在分销渠道中，除了商流外，还包括物流、信息流、货币流、促销流等运动流。市场营销渠道决策是企业面临的最复杂、最具有挑战性的决策

之一。每个渠道系统都将产生不同的销售额和成本，一旦选定了某条渠道，企业必须在相当长的时间内依靠这条渠道，同时这条渠道也将极大地影响市场营销组合中的其他因素，同时被其他因素所影响。

分销渠道的类型多种多样，有直接渠道与间接渠道、长渠道与短渠道、宽渠道与窄渠道、多渠道与单渠道等，企业应根据产品因素、市场因素、企业自身因素、外界环境因素等，做好渠道的选择。

分销渠道的设计是渠道选择的核心。分销渠道的设计主要包括确定渠道的类型、渠道长度和渠道广度等内容。随着市场销售的变化，由于目标不同、角色权力不明、预期不同，各个渠道系统会发生冲突，应做好对分销渠道的管理并进行适时调整。

中间商是介于生产者与消费者之间，专门从事商品流通业务，促进交易行为发生和实现的组织或个人。中间商包括批发商和零售商，或者经销商和代理商，这些中间商类型多样，变化频繁，新的营销形式不断涌现，新的营销技术层出不穷，在市场营销活动中发挥着重要作用。

分销渠道的发展趋势，包括渠道多元化、渠道扁平化、渠道联合化、渠道直销化等。

复习思考题

1. 基本概念

分销渠道　　中间商　　代理商　　经销商　　直接渠道　　广泛分销　　渠道扁平化

2. 填空题

（1）分销渠道中运动流包括（　　）、（　　）、（　　）、（　　）、（　　）。

（2）按经过中间环节的多少，分销渠道可分为（　　）和（　　），按各环节使用同种类型中间商数目的多少，分销渠道可以分为（　　）和（　　）。

（3）影响分销渠道选择的因素主要有（　　）、（　　）、（　　）、（　　）四个方面。

（4）在确定中间商数目时，有三种可供选择的战略，即（　　）、（　　）、（　　）。

（5）分销渠道的管理包括（　　）、（　　）、（　　）三个方面。

（6）最窄的渠道模式是（　　），最宽的渠道模式是（　　），最长的渠道模式是（　　），最短的渠道模式是（　　）。

3. 选择题

（1）下列产品中，最适合采用广泛分销策略的是（　　）。

A．电视机　　　　B．高档家具

C．可口可乐　　　D．精工牌手表

（2）如果某公司建立的一级销售渠道属于宽渠道，一定是因为（　　）。

A．存在多个代理商　　B．存在多个批发商
C．存在多个零售商　　D．存在多个消费者

（3）一些实力雄厚，管理能力强，享有盛誉的大企业，取得中间商的支持，建立的渠道系统称为（　　）。

A．渠道联合化　　B．渠道多元化
C．渠道规模化　　D．渠道扁平化

（4）按是否经过中间环节，分销渠道可分为（　　）。

A．直接渠道和间接渠道　　B．长渠道和短渠道
C．宽渠道和窄渠道　　D．多渠道与少渠道

（5）不拥有商品所有权的中间商是（　　）。

A．批发商　　B．代理商　　C．经纪人　　D．经销商

（6）下列产品宜选择短渠道的是（　　）。

A．机器设备　　B．时装　　C．玻璃制品　　D．食品

（7）在目前市场游戏规则不甚完善的情况下，选择中间商考虑（　　）因素十分重要。

A．经营能力　　B．资金状况　　C．信用状况　　D．合作意愿

4．判断题

（1）分销渠道的设计是渠道决策的核心。（　　）

（2）分销渠道就是由不同类型的中间商构成的。（　　）

（3）批发商、零售商、制造商、消费者都属于渠道成员。（　　）

（4）长渠道是指在同一环节层次上使用两个以上的中间商销售产品。（　　）

（5）没有中间商介入的分销渠道，称做一级分销渠道。（　　）

5．简答题

（1）分销渠道的基本职能是什么？渠道策略在整个营销组合策略中的地位如何？

（2）企业应如何进行渠道的设计与管理？

（3）分销渠道的发展趋势有哪些？

（4）新型的零售商的类型有哪些？从中你得到什么启示？

实训题

1．案例分析

春兰空调在产品投入期，由于没有经销网络，采取的是企业直销方式；1987年，春兰空调出现产销两旺的局面，直销方式已不适应进入成长期的市场发展要求，于是春兰着手积极发展分销商，实施直销制向分销商代理制的转变；1988—1995年，中国空调市场进入高速发展阶段，

为抢占更大的市场份额，春兰进一步扩大分销网络，与全国 3 000 多家有实力、讲信誉的分销商结成长期贸易伙伴关系，并通过资本运作手段，广泛吸纳分销商参股入资，从而建立起以资本为纽带，由 1 家销售总公司、13 家分公司、62 个办事处、10 000 多个销售点、26 家维修公司、1 000 多个特约维修点组成的空调分销体系和售后服务网络；1996 年后，中国空调市场逐步成熟，空调厂商竞争日益激烈，这时春兰又一次调整分销策略，实施“全面网点建设”计划，全力推进终端销售网点建设，使春兰空调在激烈的市场竞争中独树一帜。

请问： 1）春兰空调是如何进行渠道调整的？

2）结合当地的市场，谈谈你对家电产品渠道建设方面的意见和建议。

2．课堂讨论

（1）讨论以下产品各应采取何种分销渠道？

A．洗衣粉　　B．山西老陈醋　　C．实木家具

D．钟表眼镜　　E．流行商品

（2）请上网或查阅相关资料，了解我国在直销和禁止传销方面的有关条例，结合实际分析讨论直销与传销的区别，以及我国为什么要禁止任何形式上的传销活动。

（3）李先生原来是当地一家有名的服装厂的设计师，因为与老板意见不合而离职。李先生认为自己对新潮服装有很强的设计能力（过去他设计的多套新款服装销路都不错），便决定自己做老板。他拿出多年积蓄创办自己的服装厂，并打算在销售渠道方面大胆创新，推出服装邮购销售方式。但是对于如何组织商品销售，他是一个外行。而对于自己的构思的可行性如何，他更是心中无底。为此，他来征询你的意见。

请问： 1）李先生的服装厂是否适合采用邮购销售方式？2）如果可以采用的话，李先生应当抓住哪些环节来保障商品销售顺畅？请你为他设计销售渠道方面的策划方案。

3．营销实训

（1）实训题目：家电产品的分销渠道设计。

（2）背景资料：假如你是某家电产品的市场营销人员，面对目前众多企业重新调整渠道或进行渠道整合，迫使本企业不得不重新审视自己的渠道策略，请你认真分析经营同类产品企业渠道策略的运用情况，并对你管理的产品进行渠道设计或提出渠道调整的建议。

（3）任务要求：① 在本地选择一个国美电器城进行调查，了解本企业和竞争企业的渠道选择情况及策略。② 给你的产品草拟一份渠道设计或调整的方案。③ 每位同学完成一份不少于 1 000 字的作业。

第 10 章

促销策略

◇ 本章学习目标 ◇

1. 了解促销和促销组合的概念及策略。

2. 熟悉人员推销、广告、营业推广和公共关系四种促销方式的含义和特点。

3. 掌握各种促销活动的策略和基本操作要领，从而具有进行产品促销和市场拓展的基本能力。

现代市场营销所要求的是，开发优质的产品、制定合理的价格、建立高效率的分销网络系统，但是仅有这三项活动还不能给企业带来足够的销售收入和利润。因为由于信息不通还有许多潜在的消费者和用户极少进行购买。为了进行卓有成效的市场营销活动，企业还必须制定行之有效的促销策略。促销的实质在于沟通，通过各种促销活动，与顾客进行沟通，使其对企业及产品产生兴趣，进而进行购买活动。本章将主要介绍各种促销方式及其运用。

10.1 促销与促销组合

10.1.1 促销的概念与作用

1. 促销的概念

促销即促进销售。促销是指企业通过人员和非人员的方式，把企业的商品、服务等信息传递给消费者，从而达到刺激需求、促成购买、扩大销售的目的的全部活动的总称。促销是企业营销计划中的重要因素，可以使企业树立良好形象，增加销售，使渠道成员产生合作感，给消费者提供售后服务，以及开展其他活动等。

由此可见，促销的实质是一种沟通、激励活动；促销的方式包括人员推销和非人员推销两大类；促销的目的是促成和推动销售量的扩大。但是，促销只是一种辅助手段，其本身并不能取代销售的功能。

2．促销的作用

1）传递供给信息，指导顾客消费。企业把进入市场或即将进入市场的产品或服务的有关信息传递给目标市场的购买者，引起他们的注意，使他们知晓何时何地以何价格水平、能够买到多大数量、多高质量、何种规格型号、什么特色、哪一品牌、能解决消费者什么问题的产品，从而使市场上正在寻找卖主的潜在买主成为现实买主。在现代市场营销中，信息沟通是争取顾客的重要环节，也是密切营销企业与生产者、顾客之间的关系，强化分销渠道中各个环节之间的协作，加速商品流通的重要途径。

2）突出产品特点，激发消费需求。促销突出本企业产品不同于竞争对手产品的特点，以及它给消费者或用户带来的特殊利益，这就有利于加深顾客和公众对本企业产品的了解，建立起本企业产品的形象。有效的促销活动通过介绍产品（尤其是新产品）的性能、用途、特征等，能够诱导和激发需求，在一定条件下还可以创造需求。

3）强调心理促销，激励购买行为。现代企业促销活动其实是一场攻势强大的、体现攻心为上、先预后取等心理战略和战术的促销活动。因为促销的对象是目标市场上的消费者，要使他们产生对本企业的购买行为，“心动”是前提。企业通过促销突出宣传本企业经营产品不同于竞争对手产品的特点，以及它给消费者带来的特殊利益，显然有助于加深消费者对本企业产品的了解，帮助消费者进行正确的购买决策，采取相应的购买行为。

4）树立企业形象，赢得顾客信任。促销活动有时并不以立即产生购买行为为目的。而是通过促销活动树立企业及其产品在市场上的良好形象，给消费者留下深刻的印象，形成消费者的特殊偏好，与企业结下厚意深情。一旦产生购买欲望与需求，就会联想到本企业的产品。因此，企业的促销活动可以抵御和击败竞争对手的促销活动，使消费者增加购买本企业商品的信心，稳定销售形势。

10.1.2 促销方式与促销组合

促销有直接促销和间接促销两种方式，具体又可分为人员推销、广告宣传、营业推广和公共关系，如图10-1所示。

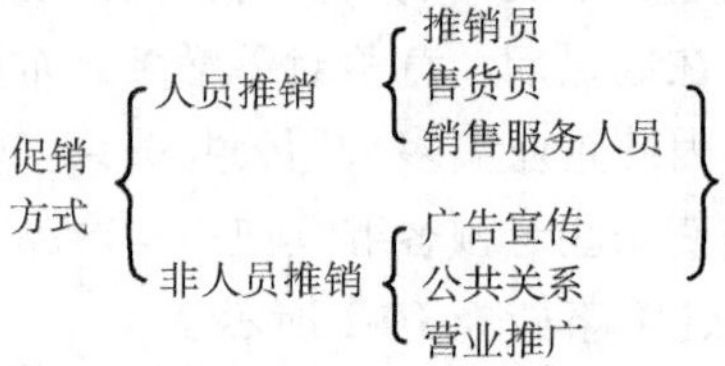

图10-1　促销方式组合示意图

在这四种促销方式中，人员推销最根本的特点是推销员“人的表现”，这是促进销售的主要原因；广告促进销售的最主要原因是“告知”；营业推广最主要的特点是与日常营业活动紧密结合，催化交易活动，产生短期效益；公共关系促销最主要的原因是“关系好”、“形象好”、“人缘好”，追求的是远期效益。

促销组合是指企业在促销活动中，根据产品的特点和营销目标，综合各种影响因素，把人员推销、广告、营业推广、公共关系等四种促销方式有机地结合起来，综合运用，以便实现更好的整体促销效果。

10.1.3 选择促销组合应考虑的因素

以上各种促销方式各具特点，企业若要制定一套行之有效的促销组合策略，应考虑以下几个方面的因素。

1．促销的目标

企业发展的不同阶段有不同的促销目标，特定的促销目标往往对促销方式有较为明确的条件要求和制约，从而限制了促销方式的选择范围。当以提高知名度和塑造良好形象为主要目标时，就应以公共关系和广告为主；当以销售商品为主要目标时，公共关系是基础，广告是重点，人员推销是前提，营业推广是关键。

2．促销产品的特点

不同的产品有不同的用途，满足不同消费者的需求需要不同的促销组合。一般来说，生产资料商品具有技术专用性、价格高、批量大等特点，购买时一般要经过复杂的研究、审批手续等，应以人员推销为主，配合公共关系和营业推广，而广告相对使用较少；消费品主要供应个人和家庭生活之用，涉及面广，销量大，常常以广告促销为主，辅之以公共关系和营业推广，人员推销相对较少。

3．产品生命周期的阶段

在产品生命周期的不同阶段，有不同的促销目标。这就决定了在不同阶段要有不同的促销策略。一般而言，在投入期，企业的促销目标是让消费者认识和了解产品，因此需要广告宣传，辅之以人员推销和营业推广；在成长期，由于产品销量迅速增长，竞争对手介入，企业的促销目标是进一步激发消费者的购买兴趣，激发其购买行为，因此要注意宣传企业产品的特色，使消费者逐渐对企业产品产生偏好；在成熟期，竞争对手增多，企业的促销目标是增加消费者对产品的信任感，保持市场占有率，因此企业应多采用公共关系宣传手段来提高企业和产品的声誉；在衰退期，企业的促销目标是使一些老顾客继续使用本产品，因此宜采用营业推广手段，辅之以公共关系和提示性广告。上述策略如表 10-1 所示。

表 10-1 产品生命周期不同阶段的促销组合

产品生命周期	促销重点	促销组合
投入期	认识与了解产品	广告宣传、人员推销、产品形象
成长期	提高知名度、形成偏好	广告宣传、公共关系
成熟期	保持竞争优势、继续扩大市场	广告宣传、公共关系、营业推广
衰退期	维持信任、提醒购买	营业推广为主、辅之以广告宣传
整个周期	树立形象	公共关系

4．目标市场的特点

不同的市场类型对促销方式有不同的需求。市场规模相对集中的市场，人员推销是重点；规模大、范围广且分散的市场则应多采用广告、公共关系和营业推广。对个人和家庭消费则以广告、促销为主，辅之以营业推广；对组织用户、集团消费应以人员推销为主，辅之以公共关系和广告；对中间商则宜以人员推销为主，并配合营业推广。当然，企业还要根据自身与竞争对手的实力分析和比较，选择针锋相对的促销方式或避其锋芒的促销组合。

5．促销时间与促销渠道的选择

任何商品都有销售时机和非销售时机。显然，在销售时机（如销售旺季、流行期、特别事件和节假日等）应当掀起促销高潮，一般要以广告、营业推广为重点；而在平时则应以公共关系和人员推销为主。

从渠道选择方面看，如果企业以间接渠道为主来分销商品，则应以广告、公共关系为主，为中间商创造有利的销售环境，再配合对中间商的营业推广，充分调动其积极性；如果企业以直接分销渠道的销售方式为主，则应重点采取公共关系、人员推销和营业推广。

6．促销费用

企业开展促销活动，必须要支付一定的促销费用，有的促销方式费用较高，而有的较低。企业市场营销费用究竟有多少用于促销，这往往是对促销方式选择的一种硬约束。一般来说，企业选择促销方式，要根据自身的资金水平，同时也要考虑最佳效益。

10.1.4 促销组合的类型

促销策略是根据促销合力形成的总体方向划分，可以分为推式促销与拉式促销两种类型。

1．推式促销

推式促销是指上游企业直接针对下游企业或目标顾客开展的促销活动。活动过程主要是运用人员推销、营业推广手段，把产品从制造商推向批发商，再由批发商推向零售商，最后由零售商推向最终消费者，如图 10-2 所示。

采用这一策略的企业，通常有完美的促销队伍，或者产品质量可靠，声誉较高。这种促销策略的促销对象一般是中间商，它要求促销人员针对不同的销售对象采取不同的促销方法和技巧。

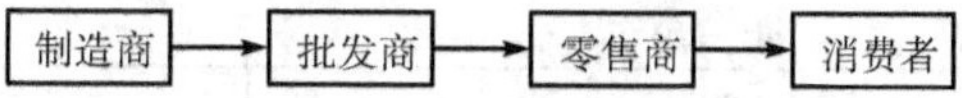

图 10-2 推式促销策略

2．拉式促销

拉式促销主要是指制造商直接针对最终消费者施加促销影响，以扩大产品或品牌的知名度，刺激消费者的购买欲望，进而产生购买行为，如图 10-3 所示。

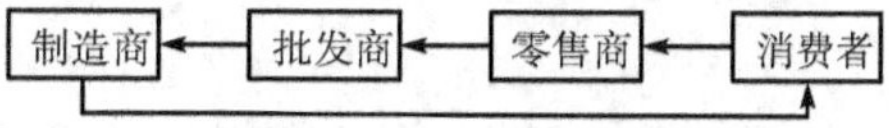

图 10-3 拉式促销策略

拉式促销策略一般以广告促销为主要手段，通过创意新、高投入、大规模的广告宣传，直接诱发消费者的购买欲望，由消费者向零售商、零售商向批发商、批发商向制造商采购，由下游至上游，层层拉动以实现产品销售。运用这种策略的企业一般具有较强的经济实力，能够承担昂贵的广告和公关费用。

单位价值较低的日用品，流通环节较多或流通渠道长的产品，市场范围较广或市场需求较大的产品，常采用这种策略。

10.2 人员推销策略

10.2.1 人员推销的含义和特点

1．人员推销的含义

人员推销是指一个企业委派自己的销售人员，直接向消费者或用户销售某种产品和提供某种服务的一种直接销售方式。人员推销是一种最古老、最传统、最富技巧性的销售方式，由于这种方式有着独特的优点，因此，在现代营销活动中仍然是重要的促销工具。

2．人员推销的特点

1）灵活机动，适应性强。推销人员本身就是信息传递的媒介，他们可以根据不同用户的具体情况，采取不同的推销方式，及时调整推销策略，也可以在顾客方便的时间、地点，以顾客最能接受的方式向顾客传递产品信息、推销产品。

2）区别对待，针对性强。推销人员在推销之前往往要先对顾客进行调查研究，选择潜在顾客，直接针对潜在顾客进行促销活动，这样针对性强，成效也比较显著。

3）双向沟通，反馈性好。人员推销属于信息的双向沟通，意见可以迅速地在双方之间交换。一方面，推销人员可以对顾客的意见进行解释和说服；另一方面，也可以及时地将意见反映给有关部门，使其做适当的产品调整。

4）及时促成购买，缩短购买时间。在人员推销中，传递信息与达成销售是融为一体的。推销人员在传递信息的同时，根据顾客的情况适时地提出销售建议，从而达成交易。

5）收集信息，兼做服务。推销人员在推销产品时还可以进行市场调研，收集市场信息，同时还可以兼做一些商业性业务和售后服务工作，如签约、收钱、送货、安装和维修等。

6）推销费用较大，对人员素质要求较高。由于人员推销是以推销人员作为传递信息的载体，因此，单位信息的传播成本大，同时要求推销人员有较高的素质，才能胜任推销工作。

10.2.2 人员推销的工作程序和技巧

1. 人员推销的工作程序

在不同的推销情境中，大多数推销员是按照六步推销法去完成推销任务的，如图 10-4 所示。

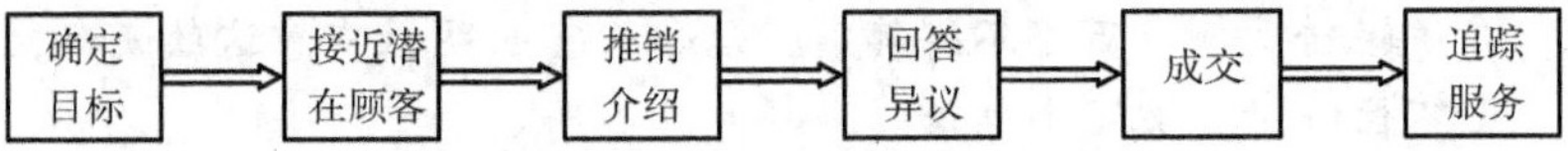

图 10-4 人员推销程序示意图

1）确定目标。人员推销首先要找出潜在的顾客。潜在顾客一般必须具备五个条件：有需要，有购买力，有购买决策权，有接近的可能性，有使用能力。确定潜在顾客的方法很多，可以通过推销员个人观察、访问、查阅资料等方法直接寻找；也可以通过广告宣传或朋友介绍，或者通过社会团体与推销员之间的协作等方法间接寻找。

2）接近潜在顾客。推销人员在目标确定之后，要认真准备有关产品、顾客和竞争对手的资料，同时还要选择最佳的接近方式和访问时间，迅速接近顾客。接近顾客必须要考虑以下三点：一是为了给对方一个好印象，推销员要注重礼仪，既要不卑不亢，又不要诋毁竞争对手；二是验证在预备阶段所得的全部情况；三是为后面的谈话做好准备。

3）推销介绍。这一阶段是推销过程的中心，是推销人员运用各种方法说服顾客购买产品的过程。推销说服的策略一般有以下两种。

- 提示说服。通过直接或间接、积极或消极的提示，将顾客的购买欲望与产品特性联系起来，由此促使顾客做出购买决策。
- 演示说服。通过产品、文字、图片、音响、影视、证明等样品或资料去劝导顾客购买产品。一般要重点指出产品的特点和带给消费者的利益，以及它们如何优于竞争对手的产品，有时甚至也可指出本产品的某些不足或可能出现的问题，以及该如何防范。

4）回答异议。潜在顾客在任何时候都可能提出异议或问题，这就给推销人员提供一个机会，去消除那些可能影响销售的反对意见，并进一步指出产品的其他特点，或者提示企业可提供的特别服务。潜在顾客所提的问题必须在成交前加以解决，最好做出进一步解释。

5）成交。一旦对顾客所提出的问题解决后，推销人员，就要使顾客同意购买自己推销的产品。在这个阶段，推销人员还可以提供一些优惠条件，促成交易。

6）追踪服务。追踪服务是推销人员为已购买产品的顾客提供的各种售后服务。追踪服务是人员推销的最后环节，也是推销工作的始点。追踪服务能加深顾客对企业和产品的信赖，促使重复购买。同时，通过追踪服务可获得各种反馈信息，为企业决策提供依据，也为推销员积累经验，从而为开展新的推销提供广泛而有效的途径。

实例

乔伊·吉拉德是美国首屈一指的汽车推销员，他曾在一年内推销出 1 425 辆汽车。然而，这么出色的推销员，也有一次难忘的失败教训。

一次，一位顾客来找乔伊商谈购车事宜。乔伊向他推荐一种新型车，一切进展顺利，眼看就要成交，但对方突然决定不要了。

夜已深，乔伊辗转反侧，百思不得其解，这位顾客明明很中意这款新车，为何又突然变卦了呢？他忍不住给对方拨了个电话。

“您好！今天我向您推销那辆新车，眼看您就要签字了，为什么却突然走了呢？”

“喂，你知道现在几点钟了吗？”

“真抱歉，我知道是晚上 11 点钟了，但我检讨了一整天，实在想不出自己到底错在哪里了。因此，冒昧地打个电话来请教您。”

“真的？”

“肺腑之言。”

“因为今天下午你没有用心听我说话。就在签字之前，我提到我的儿子即将进入密歇根大学就读，还跟你说到他的运动成绩和将来的抱负，我以他为荣，可你根本没有听我说这些话！”

听得出，对方似乎余怒未消。但乔伊对这件事却毫无印象，因为当时他确实没有注意听。这位顾客继续说：“你宁愿听另一名推销员说笑话，也不听我说什么，我不愿意从一个不尊重我的人手里买东西！”

启示：第一，倾听顾客的话实在太重要了；第二，推销商品之前，要把自己推销出去。

2. 人员推销的技巧

1）探测性推销。对于初次接触的顾客，推销人员，应根据“刺激—反应”的模式有计划地与顾客进行渗透性交谈，以观察顾客的反应。然后逐步根据顾客的反应来调整谈话的内容，将顾客的兴趣转移到产品上来，促成购买行为。

2）创造性推销。直接将产品的某些特性有效地对顾客进行宣传，使其产生兴趣，诱发其潜在需求，达到促使顾客购买行为发生的目的。

3）针对性推销。对于已掌握的部分现实和潜在的顾客，应根据产品特性进行有目的的推销，用充分的数据和事实引起顾客的重视，促成交易的实现。

4）教育式推销。对新产品和初次接触企业产品的顾客，用培训教育、示范操作等方法向顾客传播产品信息，以打消顾客疑虑，做出购买决定。

下边请看不同个性客户接待技巧（见表10-2）。

表10-2　不同个性客户接待技巧

序号	个性类型	特　点	接待要求	标准语言
1	理智型	对其所需商品的产地、名称、规格等说得很完整且对货比较挑剔	要耐心，做到问不烦、拿不厌	“不要紧，再看看这个或者我再给您拿几件比较一下，好吗？”
2	习惯型	进店后直奔所需商品，并能讲出产地和规格，没有其他替代品	应在“记”字上下工夫，尊重顾客的消费习惯，千方百计地满足其要求。这类顾客多是回头客。当他们有问题时，要立即给予回答，拿出商品马上递给他们	“您想看看这个吗？需要什么款式的，我给您拿。”
3	经济型	这类顾客分为两种：一种以价格作为选购标准；另一种专买高档品	营业员要懂商品性能、特点，做到问不烦、拿不厌	“请仔细挑选，别着急。虽价格贵点，但质量很好。”
4	冲动型	听到店内有新品上市便赶到商店，不问价格、质量和用途到店就买	在“快”字上下工夫，同时还要细心介绍商品性能、特点和作用，提醒顾客注意考虑比较	“您需要什么样式？我马上给您拿。”
5	活泼型	性情开朗、活泼好动、选购随和、较易接待	多介绍，耐心宣传、解释，当好参谋，在“讲”字上下工夫，指导其购买	“请您看看这种，我建议您买这种商品，它比较适合您。”
6	犹豫不定型	进店后面对商品拿不定主意，挑了很久还下不了决心	在“帮”字上下工夫，耐心介绍商品，当好顾客参谋，帮助他们选购	“这种可以吗？价格低一点，质量又较好。”

实例

某推销员向一家商品包装企业的厂长推销新型打包机，他的目的是让这家企业全换上这种机器，下面是他与厂长的对话。

推销员：王厂长，您好，我带来了一种新型打包机，您一定会感兴趣的。

厂长：我们不缺打包机。

推销员：王厂长，我知道您在打包机方面是个行家。是这样，这种机器刚刚研制出来不久，性能相当好，可用户却不愿意用。我想请您帮着分析一下，看看问题出在哪里，占用不了您几分钟时间。您看，这是样品。

厂长：哦，样子倒挺新的。

推销员：用法也很简单，咱们可以试一试（接通电源，演示操作）。

厂长：这机器还真不错。

推销员：您真有眼力，不愧是行家。您看，它确实很好。这样，我把这台给您留下，您先试用一下，明天我来听您的意见。

厂长：好吧。

推销员：您这么大的厂子，留一台太少了，要是一个车间试一台，效果就更明显了。您看，我一共带来五台样机，都留下吧。如果您用了不满意，明天我一块儿取走。

厂长：全留下？也行。

推销员：让我们算一下，一台新机器 800 多元，比旧机器可以提高工效 30%，每台一天能多创利 20 多元，40 天就可收回成本。如果您要得多，价格还可以便宜一些。

厂长：便宜多少？

推销员：如果把旧机器全部换掉，大概至少要 300 台吧？

厂长：310 台。

推销员：那可以按最优价，每台便宜 30 元，310 台就是 1 万多元了。这儿有协议书，您看一下。

厂长：好，让我们仔细商量一下。

至此，买卖已一步步逼近成交。

启示：在这一推销过程中，运用了许多的推销技巧。想一想，有哪些推销技巧？

10.2.3 人员推销的方法

1. 按推销人员与顾客见面方式分

1）一对一推销法。一对一推销法是指一个推销人员对一个顾客展开推销工作，这是最基本的推销方式。

2）多对一推销法。多对一推销法是指一组推销人员对一个顾客或用户展开推销工作，主要用在成组设备的推销或新产品的试销阶段。由于成组设备或新产品牵涉面广，往往需要各个技术部门的人员参加，以便及时解决顾客或用户的疑难问题。

3）一对多推销法。一对多推销法是指一个推销人员面对许多顾客，在零售展销及订货会的场合较多见。

4）多对多推销法。多对多推销法是指几个推销人员面对许多顾客，常见于大型订货会。

2．按推销人员的派出方式分

1）按产品派出。一个或一组推销人员负责一类产品的推销工作，适用于产品种类较多、产品之间技术差异较大、市场区域不太大的情况。

2）按地区派出。一般适用于产品单一、市场较大的企业。将市场分成几个区域，一个或一组推销人员负责一个区域。

3）按顾客派出。根据消费者群之间的差异，由一个或一组推销人员向某类消费者或顾客推销，适用于产品技术相近、顾客之间差异较大的情况。例如，电子计算机的技术性能相近，但用户则有商业、金融、民航、交通、科研、教育等部门，各类用户差异较大，就可按此种方式派出。

4）综合型派出。将上述几种方式组合起来的派出方式，适合于集团化、多元经营、市场区域大的企业。

3．按推销活动方式分

1）定点定时推销法。将在推销区域内的推销对象根据其进货和销售情况分别进行编号，按照其需要补货的时间分别上门，适时进行推销。

2）流动巡回推销法。将负责的推销区域画成图，设计合理的巡回路线，进行流动巡回推销。适合于购买量小、进货额低、需要保鲜的商品，如鲜牛奶、面包等。

3）集中时间推销法。在一定时间内集中力量推销。适用于新产品初上市、产品销售下降或该种产品的销售旺季。

4）节假日推销法。利用节日、假日进行推销。比较适合于礼品、个人用品或有特别意义的商品，如节日卡、玩具等。

10.2.4 推销人员的素质与能力要求

1．推销人员的基本素质

1）思想品德素质。企业市场营销人员必须具有优良的思想品德，这是保证企业营销工作正常开展、坚持正确营销方向的根本。思想品德素质由优良的政治品质、高尚的道德品质和良好的工作作风三方面构成。政治品质主要是要有较高的政策水平，以及对政府的路线、方针、政策能正确领会，准确把握，灵活运用；道德品质要求营销人员必须对社会的安定、文明和发展负一定的道德责任，并具备良好的职业道德；工作作风要求营销人员兢兢业业，勤勤恳恳，对自己职责范围内的事要保质保量地完成。

2）个性特征。对合格的推销人员有特殊的性格要求。合格的推销人员应该具有感情外露、热情奔放、活动能力强、能当机立断的外向型性格特征。企业营销人员在实践中应发扬自己个性的优点，克服和改变自己个性的弱点，以适应营销工作的需要。

3）文化知识素质。市场营销是一门多元知识结构的学科，它融经济学、心理学、行为科学、管理科学等相关学科为一体，注重多种知识的综合性和实际应用。因此，营销人员必须具备广博的知识、广泛的兴趣，能针对不同顾客投其所好，了解其心理活动和实际需求，热情地为客户服务，做好市场营销的调研、决策、计划、组织和实施评估工作。

4）身体素质。对企业营销人员的身体素质要求，主要包括正常的智力和健康的体魄。营销工作有时很辛苦，需要营销人员坚忍不拔、连续奋战，能克服经常遇到的种种困难和挫折。

2．推销人员应具备的能力

1）策划能力。在日常营销工作中，推销人员应注重抓住有利时机，把握有效空间，筹办和开展形式各异的介绍宣传与业务推广活动。有利的推销时机是指能够最大限度地发挥推销效能的时间与机会。在人、财、物条件相同的情况下，能否抓住这种有利时机会形成不同的推销效果。有效的推销空间是指有利于推销活动顺利实施的地点和环境。把握有效的空间会使推销工作有条不紊，对广大顾客具有感召力和吸引力。

2）组织能力。推销人员的工作就是开展多种形式的促销宣传活动，如各种纪念活动、重大庆典活动、新闻发布会、记者招待会、用户联谊会、商品展销会，以及日常的接待、资料整理、宣传材料编写等工作。每项推销工作都要求周密计划、认真组织，推销人员在每次活动中都要参与筹划安排。因此，强有力的组织能力对一个推销员来说是十分必要的。

3）交际能力。一个从事推销工作的人，必须具有较强的社会交往能力，在任何场合都能应对自如，见机行事。交际能力是衡量一个推销人员能否适应现代开放社会和做好本职工作的一条重要标准，推销人员要善于与各界人士建立亲密的交往关系，而且必须懂得各种社交礼节。

推销人员应是社会活动家，他必须视整个社会为自己的天地，具备与各式各样的人交往的能力。善于交际除了具有经验和阅历外，还要拥有大量的信息，寻找一个双方都感兴趣的话题，在自己的周围吸引一批忠实朋友，并且成为永久的朋友。

4）表达能力。在工作中推销人员要介绍企业和产品的概况。例如，在展销会上推销人员需要阐述自己的观点；在上门采访时，推销人员需要论证合作所带来的利益。所有推销场合都要求推销人员口齿伶俐、能言善辩。此外推销人员还必须具备语言知识，不仅要注意他人的体态动作，也要自觉注意自己的体态动作，虽然这种信息是无声的，但是可以明确地表达出一个人的思想感情和意见要求。在推销过程中，言语表达得体，能够更好地增强感染力与谈论效果。

5）自控能力。推销人员面对不同的顾客，必须认真观察对方的特点及生活习俗，了解社会各阶层的水准和涵养，以适应不同顾客的具体要求。

推销人员在实施促销过程中，遇到的事情千变万化，遇到的人也千差万别，例如，有的顾客前来投诉，态度粗暴，吹毛求疵。在这种情况下，推销人员能否压下心头的怒火，冷静处理，是对推销人员素质高低的一个考验。因为推销人员不能忍受顾客粗暴的行径，会使企业和产品的形象和声誉受到冷遇。因此，推销人员在顾客面前应当具有很强的自控能力和自控技巧。

10.3 广告策略

10.3.1 广告的含义和特点

1．广告的含义

广告是指企业或个人以付费的形式，通过一定的媒体，公开传播企业及其产品的各种信息，以达到促进销售、增加赢利的一种自我宣传方式。广告是促销组合的主体。

广告可以按不同的标准进行分类。按广告的目的不同，可分为告知性广告、说服性广告、提醒性广告；按广告主不同，可分为生产商广告、中间商广告、服务商广告；按广告对象不同，可分为消费者广告、用户广告、商业机构广告和媒介性广告；按广告的性质不同，可分为销售广告、观念广告、公关广告、求购广告等。

2．广告的特点

1）公开表达性。广告宣传通过大众传播媒介，将企业及其商品信息传递给广大的消费者。信息接收方是一个范围广泛的群体，它不仅包括现实的顾客，而且包括潜在的顾客，从而必然起到促销产品销售的传播效果。这一特点表明，它比较适合大众的标准化的产品的宣传推广。

2）非人员性。广告不像人员推销那样具有与顾客面对面交谈的特征，只能借助一定的媒体来发布信息、刺激需求。

3）方式灵活性。广告是一种很富表现力的信息传递方式。它可以通过声音、图像、色彩、音乐等表现手法，将企业信息传递出去，具有很强的艺术感染力，更容易加深消费者对企业或产品的印象。

4）信息传递的单向性。广告是单向的信息传播，有时不一定引起消费者的注意。

5）效用滞后性。广告传递信息的目的是刺激需求、促进购买，但广告宣传与购买行为往往存在着时间上的分离。多数消费者都是在接受广告促销信息后加深印象，记住广告宣传的企业名称、商品品牌、价格等，为以后购买提供依据。因此，广告的促销效用具有一定的滞后性，即广告对消费者态度和购买行为的影响难以立即见效，而是要延续一段时间。

10.3.2 广告决策的内容

1．确定广告目标

所谓广告目标，是指企业广告活动在一定时期内所要完成的特定传播任务。企业的广告目标取决于企业的整体营销目标，还要服从于企业的目标市场、市场定位和营销组合等决策。具体来讲，企业的广告目标主要有以下几类。

（1）告知信息

告知信息就是通过广告活动向目标市场提供产品的有关信息，使受众知晓该信息。这种以向目标顾客提供信息为目标的广告被称为告知性广告。它主要用于为新产品打开销路或者开辟产品的新市场，其目的在于激发初级需求。

（2）诱导购买

诱导购买就是通过广告活动突出宣传本企业产品的特色和优点，以说服目标顾客购买本企业的产品。这种以说服和诱导为目标的广告被称为说服性广告。它主要用于产品的成长期，其目的在于刺激选择性需求，促使目标顾客形成对本企业的品牌偏好。

（3）提醒使用

提醒使用就是通过广告活动不断提醒消费者想起某产品。这种以提醒为目标的广告被称为提示性广告。它主要用于产品的成熟期，其目的在于保持现有顾客对该产品的记忆，或者使他们确信自己所做的购买选择是正确的。

2．确定广告预算

制定广告预算可参考前述的制定促销预算的几种基本方法，同时，制定广告预算还要考虑以下几种因素的影响。

（1）产品生命周期阶段

在产品生命周期的不同阶段，所需的广告费用不同。一般来说，投入期需要较多的广告投入，以提高消费者对产品的认知程度；成长期的广告活动频率可以降低，广告费用支出渐次递减而有所侧重，以维持公众对产品的印象；成熟期则需投入大量广告费用，大力进行广告促销，以增加产品的竞争力，维持企业的市场地位；衰退期则应缩减广告费用。

（2）市场份额

一般而言，市场份额大的产品，广告投入应多；市场份额小的产品，广告投入可少一些。但是，如果希望提高品牌竞争力，扩大品牌的市场份额，则要比维持市场份额投入更多的广告预算。

（3）竞争情况

竞争越激烈，越需要大量的广告投入；反之，如果市场上的同类竞争产品较少，广告投入则可以相对少一些。

3．设计广告信息

广告信息的设计需要创造性和艺术性，这是广告取得成功的重要保证。广告信息设计主要包括确定广告信息内容、设计广告表达结构、设计广告表达形式和选择广告信息发送者。

（1）确定广告信息内容

在广告活动中，企业必须知道，为了使广告受众产生预期的认识、情感和行为反应，应该对他们说些什么，也就是广告应该向受众传达什么样的信息内容。信息内容也称广告主题或广告诉求，一般来说，信息内容有理性诉求、情感诉求和道德诉求三种。

（2）设计广告表达结构

广告信息表达结构设计需解决结论形式、论证方式和表达次序三个问题。

1）结论形式。结论形式是指广告是向受众提供一个明确的结论，还是让受众自己得出结论。提出明确结论适用于较为复杂的或专用的产品，如“金利来，男人的世界”，但在有些情况下，过分明确的结论反而会阻碍人们对产品的接受。

2）论证方式。论证方式是指广告是一味地赞誉某一产品还是在赞誉的同时指出它的某些不足。前者称为单向论证，后者称为双向论证。当受众对产品已经先有偏好时，单向论证能取得较好的效果。双向论证则对受教育程度较高或接受过反宣传的受众更为有效。

3）表达次序。表达次序是指广告是先提出最强有力的论点，还是将其留待最后提出。在做单向论证时，先提出最强有力的论点有助于立即引起受众的注意和兴趣，这对以报刊为媒体的广告尤为重要。在做双向论证时，还有一个先提出正面论点还是反面论点的问题。如果广告受众对产品已经先有否定倾向，从反面论点开始论证是明智之举，这样可以先使受众解除疑虑，进而接受下面的论点。

（3）设计广告表达形式

设计广告信息的表达形式，就是选择最有效的信息符号来表达广告信息内容和信息结构。广告信息的表达形式往往受到媒体特性的制约。首先，不同媒体所能传播的信息符号有所不同。例如，印刷媒体不能传递声音，广播媒体不能传播“文字”或“图像”。其次，广告媒体制约着信息表达的时间与空间。例如，广播、电视有时间限制，报纸、杂志有版面限制。

因此，在设计广告信息的表达形式时，必须采用与媒体相适应的信息符号，选择与一定时间和空间条件相适应的信息表达形式。同时，要注意表达形式的个性化和艺术化，增强广告的特色和审美价值，从而增强广告信息的吸引力和传播效果。

（4）选择广告信息发送者

广告的说服力还受信息发送者的影响。广告受众对信息发送者越信任，广告的说服力就越强。信息发送者的可信性主要来源于专业知识、可靠性和性格魅力三个方面。例如，人们容易相信和接受名人对产品的推荐，这是因为名人具有某种特殊的性格魅力。

4．选择广告媒体

（1）广告媒体的特点

广告媒体是企业向目标顾客传递信息的载体，是广告宣传所使用的物质手段。广告媒体的种类很多，主要包括报纸、杂志、广播、电视、直接邮寄、户外广告等。可以说，在现代社会中，只要是能对人的观感产生影响的物体都可能成为广告媒体。通常，人们使用最频繁的媒体有以下几种。

1）报纸。报纸是一种与社会具有广泛联系的大众传播工具。选用报纸做广告的优点是读者广泛，信息传递迅速，便于说明，制作灵活和费用适中等。企业必须根据不同报纸的效果和财力进行选择。

2）杂志。杂志的优点是：权威性较高，能加强广告的说服力；专门化程度高，能提高广告的针对性；印刷精良，能增加广告色彩；可读性强，重复宣传效果好。缺点是：缺乏灵活性，周期长，发行量有限和读者面窄。

3）广播。广播是一种通过听觉产生效果的广告媒体。其优点是：迅速及时，传播范围广，安排灵活，制作简单，费用低廉。缺点是：时间固定，表现手段单一。

4）电视。电视是一种具有视、听、读综合效果的广告媒体。其优点是：具有强烈的感官刺激，接近现实生活，能产生高度吸引力，传播范围广，老少皆宜，表现手法多样，形式丰富多彩。主要缺点是：选择性小，广告时间短，易受其他节目干扰，费用高。

5）网络。随着 Internet 的发展，网络广告越来越得到广泛的运用。全球最大的 500 家企业几乎都在环球网上注册了网址。目前，中国也逐渐重视网络广告的作用，越来越多的企业采用了上网做广告的形式。网络广告的主要优点是：速度快，制作成本低，跨越时间、空间限制，动态及时，反馈的可测性高，与消费者的互动性强。缺点是：目前网站点击率还不高，这种宣传范围受限；技术含量要求高，目前使用还不普遍。

小思考

《读者》和《时尚》这两种杂志媒体在传播范围和影响力上有什么不同？

（2）选择广告媒体应考虑的因素

企业在选择广告媒体时，除了要考虑各种媒体的特点以外，还应考虑以下几种基本因素。

1）企业及商品的特性。可以按照企业经营商品的不同特性，选择相应的广告媒体。商业、物资、粮食、供销企业的服务对象和市场范围不同，所选择媒体就应当有别。各个企业经营的商品不同，在媒体要求上也应有异。对于需要展示的、有色泽或式样要求的商品，应选择电视、电影或印刷品做媒体，以增加美感和吸引力。对只需要通过听觉就能了解的商品，应选择广播做媒体。对技术性较强的商品宜选择报纸和杂志做媒体，必要时也可直接用样品展示。

2）消费者的媒体习惯。广告可通过不同媒体传播到不同的市场，而能恰好传播到目标市场又不造成浪费的广告媒体，才算是最有效的媒体。企业必须研究目标市场的消费者经常接触什么广告媒体。例如，女性报刊的读者主要是女性，因而女性用品的广告宜登在女性报刊上。

3）媒体传播范围。不同媒体传播范围有大有小，能接近的人有多有少。市场的地理范围关系到媒体的选择。因此，行销全国的商品，应选择全国性的报刊、中央电视台或中央广播电台做广告；局部地区销售的商品，企业可根据所销商品的目标市场，选择地方性的报刊、电视台、广播电台或广告牌等媒体做广告宣传。

4）媒体的影响力。报纸杂志的发行量，广播、电视的听众、观众数量，媒体的频率及声誉等，是媒体影响力的标志。媒体的影响力应能到达目标市场的每个角落，但越出目标市场则造成浪费。季节性强的商品，应考虑媒体的时效性，到期不能刊登或发行的媒体就不宜选择，否则就会失去机会。

5）媒体的成本。广告活动应考虑费用与效果的关系，既要使广告达到理想的效果，又要考虑企业的负担能力。尽量争取以较低的成本，达到最大的宣传效果。

相关链接

两个开发商，一个在城东十里开发圆梦花园，另一个在城西开发凤凰山庄。双方都聘请了最好的设计师，使用了一流的施工队。

一年后，总投资10亿元的圆梦花园建成了。60栋楼房环湖排列，波光倒影，清新雅静，曲径回廊，处处花草，置身其中真如在花园中一般。不久，凤凰山庄也竣工了，它真像一座山庄，60栋楼房依山而筑，青砖碧瓦，绿树掩映，清风徐徐，松涛鸟鸣，确实是理想的居住地。

圆梦花园首先在电视上打广告，接着是报纸和电台，它打算投资1 000万元做宣传，让圆梦花园成为购房者真正圆梦的地方。凤凰山庄也拿出1 000万元，不过它没有交给广告公司，而是交给了公交公司，让他们把跑西线的车由每30分钟一班调整为每5分钟一班。一个月后，凤凰山庄售出的房子的数量是圆梦花园的10倍。一年后，凤凰山庄开始清盘，圆梦花园则开始降价。

现在去凤凰山庄的车每2分钟就有一班，坐这条线路上的车，人们可以得到一张如花园门票大小的彩色车票，它的正面是凤凰山庄的广告，反面是一首四言绝句，这种车票每周一换。据说，凤凰山庄有个孩子在车上背了400多首唐诗，最少的也背了50多首。

前不久，圆梦花园申请破产，凤凰山庄借势收购。从此，该市又多了一条车票上印有宋词的线路。

5．评估广告效果

评估广告效果的目的在于了解消费者对广告理解和接受的程度，以及广告对产品推销所起的作用。因此，评估广告效果主要包括销售效果评估和沟通传播效果评估两个方面。

（1）销售效果评估

把广告费用的增加与销售额的增加做比较，评估广告使销售额增加了多少。但这种评估很困难，因为销售额的增加，不仅取决于广告，还取决于其他许多因素，广告只是影响销售额的因素之一，因此还应考虑沟通传播效果。

（2）沟通传播效果评估（广告本身的效果）

广告做出以后，要测定视听广告的人数、视听印象等。主要从三个方面考察：① 注意程度，包括收听率、收看率、阅读率、注目率、接触率等；② 记忆程度，包括好感率、知名率；③ 理解程度，即对广告的理解度。

实例

中国香港一则宣传戒烟的广告，画面为一支烟烧穿心脏，以此示意吸烟会破坏心脏功能。这个广告没有语言文字的说明，图案简单明了，色彩主要利用黑白两色，整个画面只使用了三种不鲜艳的色彩——深黑、灰黑和白色。尽管如此，由于黑白反差使用得好，使广告画面形象突出，给人以深刻的印象，是一则成功的广告。

启示：广告的制作，就是一门艺术，这个艺术运用得好，就会给人留下深刻的印象。

10.4 营业推广策略

10.4.1 营业推广的概念和特点

1. 营业推广的概念

营业推广是指为刺激顾客需求、鼓励购买行为而采用的各种促销形式，包括代价券、奖券、竞赛、附带廉价品等，即除了人员推销、广告、公共关系以外，用以刺激和增进购买的所有不规则、非周期性发生的一切促销活动，都属于营业推广的范畴。

2. 营业推广的特点

1）针对性强，促销效果明显。营业推广是一种以激励消费者购买和经销商经营积极性为主要目标的辅助性、短暂性的促销措施。营业推广直接针对顾客、经销商或推销人员，针对性强。营业推广一般都是通过提供某些优惠条件调动有关人员的积极性，刺激和引诱顾客购买。因而营业推广见效快，对一些消费者具有较强的吸引力。

2）非规则性和非经常性。人员推销和广告都是连续的、常规的促销形式，而营业推广活动则是非经常性的促销手段，往往是为了解决营销过程中出现的具体促销问题或为了达到某种短期促销目标而临时采取的促销措施。所以，营业推广只是企业整体促销活动的一个环节，只是辅助或协调人员推销和广告宣传的补充性措施。

3）形式多样，应用普及。营业推广的方式繁多，如提供咨询性服务、举办展览会、博览会、示范、现场演示操作、赠送纪念品等，企业可以根据经营水平的不同特点，灵活地加以选择和应用。

4）短期效果。营业推广往往是企业为了推销积压产品或尽快地批量推销产品，获得短期经济效益而采用的措施。这种促销方式的效果往往也是短期的，如果运用不当，容易使顾客产生逆反心理或使顾客对产品产生怀疑。这种做法有时会降低产品的身份和地位，从而有损产品或企业的形象。因此，选择营业推广形式时应慎重。

10.4.2 营业推广的方式和技巧

1. 对消费者的营业推广方式

这是生产商以最终消费者为对象而实行的营业推广方式，经常在新产品开拓市场时或现有产品需要掀起销售高潮时采用。其常用的方式有以下几种。

1）赠送样品。免费让消费者试用产品。通过亲身试用，消费者能领略到产品的好处和实际利益，从而迅速接受新产品，成为新产品的购买者。

2）购买奖酬。购买一定数量商品即可获得奖金和奖品。

3）组合销售。将新产品与原有产品配套出售或将有连带关系的产品包装在一起出售，价格略低于单件分别出售的价格。

4）试用品尝。现场请消费者试饮饮料、品尝食品等。

5）折价优待。由广告或商品包装发送的折价优待券，凭券到指定商店购买该商品，即可获得一定的价格优惠。

6）以旧换新。将以前购买的同品牌的老产品或别的品牌的同类产品折价，再加上一定数量的现金即可换购该品牌的新产品。

7）廉价包装。包装注明统一折价率，购买时按折价率付款；或者包装上注明该包装是加大容量的包装；或者购买时另赠送小容量包装的商品。

8）奖励券。购买一定数量商品即可获得奖励券，凭奖励券数目的多少可换取不同价值的商品。

此外，还有现场展销、购物赠品、分期付款、限时折扣、特价优惠、购物积分、包退包换、特价日销售、义卖等。随着市场经济的不断发展，国际上通行的一些营业推广方式也会逐渐被推广应用。

小思考

服务促销属于营业推广的范畴吗？

2. 对中间商的营业推广方式

1）免费提供陈列样品。经销商在向顾客推销商品时，需要有样品在柜台或橱窗陈列。如果生产商不予免费提供，则经销商就会减少甚至不陈列样品，这样就会减少许多成交机会。由生产商提供陈列样品，经销商就会免除样品被用或废旧引起损失的担心。

2）推广资助。由于经销商经营的产品往往是众多企业的众多商品，因而要其专为某一企业的商品做广告或做其他推广工作，他们认为这是不值得的。所以，要刺激其推广的积极性，就必须在推广方面给予一定的资助。一般推广资助采取的方式有：按订货量或销售额的多少发放推广津贴；与经销商联合推广，如联合做广告或联合展销等，费用由双方按比例分摊或全部由生产商承担；为经销商提供推广指导，如提供广告样板、专橱（专柜）、设计资料，提供推广所用的材料、展品等。

3）销售竞赛。生产商在众多经销本企业产品的经销商中发起销售本企业产品的竞赛，对优胜者给予奖金或奖励。

4）协助经营。生产商为经销本企业产品的经销商提供人员培训、派员指导、举办经营研讨会、提供经营手册、发放经营简报等，帮助和促进经销商经营效率的提高。

5）发放刊物和邮寄宣传品。生产商定期出版并向经销商免费发放有关企业生产情况及产品经营销售情况的刊物，供其了解情况，学习经营经验，提高经营效率。同时，经常向经销商邮寄广告宣传品、产品目录、样品手册等，这也是较多采用的方式。

3. 对推销人员的营业推广方式

1）推销竞赛。在推销人员中举行推销竞赛活动，对优胜者给予奖励、奖金或授予某种荣誉称号，以激发士气和提高积极性。

2）推销津贴。对推销人员按完成推销量的多少发放数量不等的津贴或奖金，以激励推销人员的工作热情。

企业根据具体情况，还可以开展优胜重奖、高额补助，也可以搞超额提成、红利及利润分成等，还可以对表现出色的推销人员给予精神和荣誉上的鼓励。

实例

青岛啤酒为了打开中国香港市场，在开展人员推销和广告促销的同时，曾采用一个啤酒瓶盖（必须带铁盖内的橡皮）换取1港元的方法。于是，中国香港大饭店的服务员都热心向顾客介绍青岛啤酒，成为青岛啤酒的推销员。这样，大大提高了销量，使青岛啤酒在香港这个竞争激烈的啤酒市场上占有了一定的地位。

启示：营业推广的方式是多种多样的，根据目标市场的具体情况来创新营业推广，是企业产品进入目标市场的一个重要促销手段。

10.4.3 营业推广的策划

开展营业推广活动，必须进行精心的策划，具体包括以下内容。

1. 确定推广目标

企业应当根据目标市场的特点和总体营销策略来确定推广目标。首先，要确定以谁为推广对象，是消费者、中间商，还是推销人员；其次，要确定通过营业推广促销，推广对象做何反应；最后，根据推广目标确定采用何种营业推广方式。

2．确定诱因大小

在营业推广活动中，要想获得一定的促销效果，必须提供一定的诱因（刺激物）来刺激顾客需求。但当诱因增大到一定程度以后，其刺激效率将会递减。由于诱因大小是与推广费用成正比的，因此，必须研究推广费用与销售反应之间的关系，以获得最佳的推广效率为原则，来确定合理的诱因水平。

3．确定推广途径

就是确定通过什么样的具体途径来传递营业推广信息或分发刺激物。例如，实行折旧优惠就可以通过在产品包装内分发优惠券，或者邮寄优惠券，或者通过广告传递折价优惠的信息等多种途径来实现。不同的途径，其推广效果、推广范围和推广成本也不一样。例如，包装只能吸引接触过产品的顾客，邮寄可以向特定的顾客推广，广告有利于大范围快速传递。

4．确定推广时间

1）要选择推广时机。营业推广时机选择得好，能起到事半功倍的效果。例如，对于节假日需求量大的商品，应选择节假日即将到来的适当时机进行推广活动。

2）要确立推广的持续时间。持续时间过短，会使一部分潜在顾客来不及购买；持续时间过长，会给消费者造成变相降价的印象，其吸引力也会逐步递减，失去刺激消费者立即购买的作用。

总之，应当利用最佳的市场机会和恰当的持续时间，既要有欲购从速的吸引力，又要避免草率从事。

5．确定推广预算

营业推广的预算可以用三种方式来制定：① 参照上期费用来决定当期预算。这种方法简便易行，但必须估计各种情况的变化。② 比例法。根据占总促销费用的比例来确定营业推广的费用，再将预算分配到每个推广项目中。在实行中，各项目所占的比例必须根据情况灵活决定。③ 总和法。这种方法和比例法相反，先确定营业推广项目、费用，再相加得到总预算，其中各推广项目的费用包括了优惠成本（如样本成本）和实施成本（如邮寄费）两个部分。

10.5 公共关系促销策略

10.5.1 公共关系的含义和特点

1．公共关系的含义

公共关系是指社会组织运用沟通手段使自己与公众相互了解和相互适应，以争取公众的理解、支持和协作的一系列管理活动。公共关系活动有利于树立企业的良好形象，沟通与协调企业内部及企业与社会公众的各种联系，有利于创造良好的市场营销环境。

2．公共关系促销的特点

公共关系作为促销组合的一个重要组成部分，与其他促销方式相比，具有以下特点。

1）注重长期效应。企业通过各种公共关系策略的运用，能树立良好的产品形象和企业形象，从而能长时间地促进销售，稳固地占领市场。

2）注重双向沟通。公共关系的工作对象是各种社会关系，包括企业内部和外部两大方面。企业不是孤立的经济组织，而是相互联系的“社会大家庭”中的一分子，每时每刻都与其相关的社会公众发生着频繁广泛的经济联系和社会联系。企业既要了解公众，又要让公众认识企业，愿意购买企业的产品和接受企业提供的服务。

3）注重间接促销。公共关系的手段是有效的信息传播，而这种信息传播并不是直接介绍和推销商品，而是通过积极参与各种社会活动，宣传企业营销宗旨，联络感情，扩大知名度，从而加深社会各界对企业的了解和信任，达到促进销售的目的。

10.5.2　公共关系促销的原则

1．真实性原则

真实性原则是指企业在公共关系促销时，要以事实为基础，真实、客观、公正、全面地传递信息，沟通情况，企业通过信息传播和交流来树立良好的企业形象，因此，信息的真实、准确就成为企业公共关系促销获得成功的基本前提。

2．平等互利原则

平等互利原则是指企业在公共关系促销时，要与公众平等相处，共同发展。企业利用公共关系促销，同样是为企业既定目标和任务服务的，但这种服务要以一定的道德表现为前提，以“利他”的方式“利己”。在促销活动中公共关系同样强调主体与客体的平等权利和义务，尊重双方的共同利益和各自的独立利益，信守企业与公众共同发展、平等互利的坚定信念，只有这样才能实现公共关系促销的目的。

3．整体一致性原则

公共关系促销中整体一致性原则，是指企业从社会全局、企业全局的角度审视公共关系促销工作，评价其经济效益和社会效益。

这一原则对公共关系促销工作的指导，集中体现在对公众负责、对社会负责上。所谓对社会负责，就是企业不仅要考虑本身的经济效益，而且要站在全社会的角度考虑全社会的整体利益。因为每个企业都是社会的一个成员，离开了社会就无法生存，离开了公众，企业也就失去了存在的社会价值，所以企业应该担负起社会责任，履行社会义务。

4．全员公关原则

全员公关是指企业公共关系促销不仅要依靠专门的机构和专职人员的努力，还要依靠企业各部门的密切配合和全体员工的共同关心和参与。企业必须强调全员公关，即要求全体成员都要树立公关意识，共同关注和参与公共关系促销工作，并做出决策，共同推动企业公共关系促销目标的实现。

在实际工作中，企业形象是通过企业所有人员的集体行为表现出来的，每名企业员工与外界交往时都是企业形象的一个载体。他们的活动都展示企业的整体形象和风貌。因此，企业的每位成员在对外交往时，都必须注意自己的形象，从而维护企业的整体形象。

10.5.3 公共关系活动的主要内容

1. 与顾客的关系

在市场经济条件下，企业生存和发展的关键在于其产品能否卖出去。要想把产品卖出去，必须有顾客，在企业和顾客之间，存在着共同利益，顾客购买企业的产品，自身的需要得到满足；企业把产品卖出去，收回资金并获得利润，双方的愿望得以实现。由此可见，企业和顾客之间存在着一种合作和依赖的关系。企业为顾客提供了满意的产品和服务，从而使顾客对产品及企业产生信赖感，成为企业的忠诚顾客。顾客对企业的忠诚是企业的无形资产。顾客的忠诚感可以使其成为企业的忠诚顾客，使企业有一个相对稳定的顾客群。研究表明，寻找新顾客的成本要比维持现有顾客的成本高 5 倍多。顾客的忠诚使其产生重复购买行为，这会在自身的群体中产生传播效应。

因此，企业必须要重视顾客的态度，认真听取顾客的意见，了解顾客的需要，明确顾客的期望，从而最大限度地满足顾客的消费需要。此外，也要加强对顾客的教育和引导，让顾客及时地了解组织的产品和服务，扩大组织与产品的知名度，让顾客买到自己喜爱的商品，并能正确有效地使用。在现实生活中，人们往往愿意购买那些他们了解的、熟悉的、欣赏的东西，组织对消费者进行教育和引导，正是公共关系为销售加入润滑油的活动。

2. 与供应商、分销商的关系

在信息社会里，竞争不仅仅是公司之间的竞争，也是网络之间的竞争。借助于先进的信息系统，供应链中所有的参与者都可以运用最新的现货销售信息，也就是说，供应链中所有的参与者成为信息伙伴，他们实现了信息共享和利益分享，使得供应商、企业和分销商之间不仅有竞争，更重要的是有合作，这种合作使各方之间获益更大。

3. 与竞争对手的关系

中国有句俗语，“同行是冤家”。同行之间竞争，通常把商场比做战场。事实上，竞争对手之间可以建立双赢的关系。竞争对手合作，可以使合作各方获得更多的利益。其合作形式，可以是在某一特定营销活动内容上的水平合作，例如，两个或几个企业联合开发某新产品；也可以是在不同营销活动内容上分别承担某营销活动的垂直合作。竞争对手之间的合作还可以通过签订协议实行特许经营，也可以通过组织企业集团来实现。

4. 与新闻媒介的关系

在现代信息社会，媒介有着巨大的影响力。组织建立与媒介的良好的关系，对促进企业销售工作有重要作用，能为企业营销工作创造良好的舆论氛围。一般来说，公众舆论的形成取决于组织、公众和媒介之间的相互关系，以及他们对社会规范的意识。公众是舆论的主体，是舆论的制造者，他们可以通过媒介来形成对组织有利或不利的舆论。媒介公众长期从事信息传播工作，颇受广大公众信任，成为公众的代言人，是引导和影响民意及制造社会舆论的主要力量。媒介对组织和公众的态度，都直接关系到公众舆论的形成，在公众与组织之间的矛盾和纠葛面前，相对地容易倾向公众一边。如果组织与媒介的关系较好，那么可能就不会形成不利于组织的舆论了。

建立良好的媒介关系，有利于实现与社会公众的有效沟通。组织与公众之间，只有很少的一部分是可以直接接触的，因为许多公众是远距离、大范围、分散存在的，与他们进行沟通的最好手段和途径就是运用大众传播。然而，大众传播媒介不由企业内的公关人员控制。组织的有关消息能否被大众媒介所报道，以及报道的时机、频率、角度等，决定权在媒介。除非花钱做广告，否则企业对大众媒介的使用必须通过媒介的协助才有可能实现。特别是新闻宣传、专题报道这种免费宣传形式，完全是借记者、编辑的口和笔来进行的。这种传播，若没有良好的媒介做基础，是不可能进行的。

10.5.4 公共关系促销的活动形式

1. 发现和创造新闻

新闻是以第三者的名义，通过大众媒体传播的特定信息，因而对公众的影响很大。所以企业要积极主动地、经常地与新闻界保持联系，了解新闻报道的重点及新闻动向，并经常、及时地向新闻界提供具有新闻价值的本企业信息。同时，公关人员要善于发现和创造对企业及其产品有利的新闻，以吸引新闻界和公众的注意，增加新闻报道的频率，从而扩大企业及其产品的影响和知名度。

1）召开新闻发布会和记者招待会，通报企业情况，提供新闻素材。

2）邀请新闻记者参观企业，为其采访提供方便。

3）企业人员撰写新闻稿件寄给新闻单位，使其被发表采用。

4）创造新闻素材，吸引新闻媒介的关注。这种方法难度较高，是高级的公关艺术。例如，健力宝集团为了支持足球发展，曾拿出 1 000 万元人民币，资助中国少年足球队到南美学习，各大媒体纷纷报道，树立了良好的企业形象。

实例

中国香港一家经营强力胶水的商店，坐落在一条鲜为人知的街道上，生意很不景气。

一天，这家商店的店主在门口贴了一张布告："明天上午9点，在此将用本店出售的强力胶水把一枚价值4 500美元的金币贴在墙上，若有哪位先生或小姐用手能把它揭下来，这枚金币就送给他，本店绝不食言！"这则消息不胫而走。第二天，人们将这家店铺围得水泄不通，电视台的录像车也开来了。店主拿出一瓶强力胶水，高声重复广告中的承诺，接着便在那块在金饰店定做的金币背面薄薄涂上一层胶水，将它贴到墙上。人们一个接着一个地上来试运气，结果金币纹丝不动。这一切都被录像机摄入镜头。这家商店的强力胶水从此销量大增。

启示：企业善于创造新闻事件，是成功宣传企业及产品的最经济的途径。

2．介绍情况、回答问题、发表演讲、对外开放参观

企业营销人员要利用各种场合、各种机会，灵活地运用公共关系与语言艺术，及时地介绍企业及其产品情况，回答公众关心的问题。或者在有关业务会议上发表演讲，这也是提高企业及其产品知名度的一种有效形式。对外开放参观是企业为了让公众更好地了解自己，面向社会各界开放，组织广大公众到企业参观、考察，以提高组织的透明度，争取公众了解和支持的一种重要手段。

3．开展公益性的活动

企业积极参与社会活动和支持公益事业，如赞助文化、体育活动、捐资助学、扶贫救灾等，这样能够树立企业关心社会公益事业、承担一定的社会责任和社会义务的良好形象，有利于提高企业广告宣传的影响面和影响力，有利于建立与其他社会组织的友谊和感情，有利于赢得公众的好感和信任。

4．策划专门性公关活动

企业根据营销活动的需要，可以安排一些特殊的事件来吸引公众对自己和自己产品的注意。例如，可以通过召开新闻发布会、研讨会、展览会、业务洽谈会、答谢会，举行某种庆典活动等。这是企业与其他组织和社会公众沟通信息、交流感情的好机会，也是企业迅速而广泛地传播信息的有效途径。

1）巧抓事件。抓住一些与本企业及产品有关联的信息，采取某些措施使公众关注该事件，提高知名度和好感度。如中国移动，利用一次海上遇难，移动手机拯救了整船人的性命的事件，制造广告，大肆宣传。某居民家失火，但电视机仍能正常运转，该厂家立即派人更换，把旧的带回来陈列，引起新闻媒介的关注报道，也引起居民的兴趣和赞赏，提高了知名度，扩大了销售。

2）制造事件。举办企业庆典、展览会、进行意见征集活动或征集商标、征集广告等。例如，由南京熊猫电子集团等发起，倡议全国使用"熊猫"品牌和企业名称的企业参加"拯救中国国宝大熊猫活动"等。

5. 公关广告。在公关活动中，利用广告形式树立企业形象

1）形象广告。以树立企业形象为目的的广告。

2）声明广告。表明企业对某些事件的立场和态度的广告。

3）致歉广告。向公众表示歉意，以取得公众谅解和好感的广告。

4）祝贺广告。与本企业有密切关系的企业或单位举办重大活动时表示祝贺的广告。

5）公益广告。企业为获取公众的好感，表现社会责任而进行的有关维护社会公众利益的广告宣传。

6. 散发宣传材料

企业可以制作各种宣传资料广为散发和传播，向公众传递有关企业及产品的信息。宣传资料可以是印刷资料，如企业宣传册、年度报告、企业刊物等；也可以是音像资料，如幻灯片、录音带、录像带、光盘等。

7. 营销活动中导入 CIS

企业营销活动中导入企业识别系统（Corporate Identity System，CIS）就是综合运用现代设计和企业管理的理论和方法将企业的经营理念、行为方式及其个性特征等信息加以系统化、规范化和视觉化，以塑造具体的可感受的企业形象。企业可以通过一定的媒体来传播这种视觉化的形象。例如，将代表其形象的视觉符号（色彩、字体、图案、符号等）放置在企业的建筑物、车辆、工作服、业务名片、办公用品、包装用品、文件、招牌上面。通过导入 CIS，可以更具体、详细、直观地表达组织形象，它的传播也容易被公众所接受，使公众对组织形成一个比较完整、系统的印象，有利于扩大企业的知名度，形成良好的企业形象，从而促使社会公众认同企业形象、接受企业的产品，同样也可达到扩大销售的目标。

8. 危机公关活动

当企业与公众发生冲突或发生突发事件，使得公众舆论反应强烈，企业形象受到严重损害时，公共关系处于紧张状态之中。这时需要动用整个企业的力量及各种传播媒介来处理危机，协调与平衡企业与公众之间的紧张关系，变危机为商机。

实例

有一天，一位叫基泰斯的美国女记者在日本东京奥达克百货公司买了一台电唱机，作为送给在东京的婆婆的见面礼。售货员以日本人特有的彬彬有礼的服务，精心挑选了一台半启封的电唱机。

当基泰斯回到住所开机试用时，却发现电唱机没有装内件，根本无法使用。她不禁怒不可遏，准备第二天一早同这家百货公司交涉，并于当晚赶写了一篇新闻稿，题目是《笑脸背后的真面目》，并发传真到她所供职的美国报社。

不料，次日清晨，一辆汽车开到她的住处，从车上走出的是奥达克百货公司的副经理和拎着大皮箱的职员。他俩一进客厅便俯首鞠躬，表示歉意。基泰斯十分吃惊地问他们是如何找到这儿的。

那位经理打开了记事簿，讲述了大致经过。原来，昨天下午清查商品时，他发现错将一个空心的货样卖给了一位顾客。此事至关重要。他迅速召集全体公关人员商议，费尽周折，从顾客留下的一张美国某报社的名片里发现线索，打了35次越洋电话，最终总算从美国纽约得到了顾客婆婆家的电话号码，找到了顾客所在地。接着，经理亲手将一台完好的电唱机外加唱片一张、蛋糕一盒奉上。

奥达克百货公司所做的这一切深深地打动了基泰斯。她马上打越洋电话到美国报社，告知报社说又有新的稿件发出，昨天的传真稿件不要再发了。她随后又赶写了一篇新闻稿：《35次紧急电话》。后来报社考虑到她两篇稿件的视点不同，配上编辑的话，将两篇稿件全部刊发。后来，奥达克百货公司把基泰斯寄给他们的报纸给了日本某报社，日本的几家报纸竞相转发。奥达克百货公司的声誉大大提高。

启示：一个媒体记者的两篇稿件，无意中替一家百货公司打开了公关的大门。

本章小结

促销即促进销售，促销是企业营销组合四个要素之一。它是指企业通过人员或非人员的方式，把企业产品或劳务信息传递给目标消费者，从而达到刺激需求、促成购买、扩大销售的目的的全部活动的总称。促销的实质是生产者与消费者之间的信息沟通。

根据促销目标的要求，把人员推销、广告宣传、营业推广、公共关系几种促销形式有机地结合起来，综合运用，就形成促销组合策略。企业应综合考虑多种因素，做出正确的促销组合决策。

人员推销是一种既传统又现代的促销方式，它具有灵活性、选择性、针对性、双向性、完整性、情感性等特点，企业应参照人员推销的程序，运用不同的推销策略和技巧，做好人员推销工作。

广告是促销组合的主体，是一种有效的促销工具，它具有群体传播性、非人员性、方式灵活性等特点。广告决策的内容涉及五个方面，企业应全面分析，合理决策。

营业推广是刺激和促进购买的所有不规则、非周期性发生的推销活动，短期效益比较明显，适宜完成临时的、短期的促销任务。营业推广方式多样，应根据不同的对象灵活地选择应用。

公共关系是另一种沟通和促销手段，通过公共关系活动，企业可以提高其知名度和美誉度，营造良好的舆论环境和社会环境。

复习思考题

1. 基本概念

促销　　促销组合　　人员推销　　广告　　营业推广　　公共关系

2. 填空题

（1）人员推销程序包括（　　）、（　　）、（　　）、（　　）、（　　）、（　　）六个步骤。

（2）人们使用最频繁的广告媒体是（　　）、（　　）、（　　）、（　　）、（　　）等。

（3）公共关系促销的特点有（　　）、（　　）、（　　）。

（4）对推销人员的营业推广方式有（　　）和（　　）。

（5）推销人员应具备的基本能力有（　　）、（　　）、（　　）、（　　）、（　　）。

（6）拉式策略主要以（　　）和（　　）为促销手段，推式策略主要以（　　）和（　　）为促销手段。

（7）选择促销组合应考虑（　　）、（　　）、（　　）、（　　）、（　　）、（　　）六个方面的因素。

3. 选择题

（1）一些知名企业经常为各种体育比赛、文艺活动提供赞助，这是（　　）促销手段。

A. 广告宣传　　B. 人员推销　　C. 公共关系　　D. 营业推广

（2）女性时装做广告，最适宜的媒体是（　　）。

A. 电视　　B. 杂志　　C. 路牌　　D. 广播

（3）儿童产品选择（　　）媒体效果最好。

A. 户外广告　　B. 电视广告　　C. 网络广告　　D. 路牌广告

（4）一家公司推销大型的机器设备，选择（　　）促销手段，效果最佳。

A. 上门推销　　B. 演示推销　　C. 公共关系　　D. 刊登广告

（5）广告的优点是（　　）。

A. 见效快，刺激性强

B. 具有很强的公众性，渗透性

C. 灵活机动，针对性强

D. 易于和消费者培养感情，促成立即购买

（6）公共关系促销的对象是（　　）。

A. 社会组织　　B. 中间商　　C. 公众　　D. 企业

4．判断题

（1）促销的实质是营销者与购买者之间的信息沟通。（ ）

（2）人员推销是一种拉式促销策略。（ ）

（3）公共关系的目标是塑造企业形象，提高企业的知名度和美誉度。（ ）

（4）最适宜完成一些短期促销任务的促销工具是营业推广。（ ）

（5）评估广告效果好坏的指标是看销售量的大小。（ ）

（6）人员推销最大的特点是面对面地与顾客交流。（ ）

5．简答题

（1）人员推销的特点有哪些？工作程序分几步？

（2）主要广告媒体的特点有哪些？应如何选择运用？

（3）公共关系促销的途径主要有哪些？

（4）列举出至少10种针对消费者的营业推广方式。

实训题

1．案例分析

（1）在广州百货大厦的小家电柜台前，两个营业员正在做榨汁机的示范表演。一个营业员面前摆了橘子、苹果、西瓜等水果和玻璃器皿，他左一下，右一下拨动着榨汁机，鲜美的水果原汁流入杯中。另一个营业员向顾客介绍说，这种榨汁机是超级玻璃制成的，防酸、防碱、防裂、打不碎，接着拿起大锤猛砸几下，又把榨汁机狠狠地摔在地上。结果，榨汁机丝毫未损。看到这样的展示，围观的人信服了，纷纷购买。

请问：1）这两个营业员运用了什么推销技巧？

2）谈谈这件事对你的启发，再举出一些其他的例子并分析。

（2）某大型商场开业在即，为使商场开业伊始就有较高的知名度，商场精心策划了开业庆祝，以期引起消费者的关注。开业当天，商场搞抛发礼券活动，每张礼券50元，共抛发2 000张，先后有数万人参加礼券争抢活动。结果，商场周围交通堵塞，现场秩序失控，导致一些人被挤伤。当地几家媒体纷纷对活动带来的问题进行了报道。尽管活动的开展客观上使商场提高了知名度，但知名度带给商场的却是商场不希望看到的结果。

请问：1）这是一种什么促销活动？他们的失误在哪里？

2）结合实际，谈谈你的看法和建议。

2．课堂讨论

（1）广告的真实性，被称为广告的生命。但目前市场上虚假广告泛滥，严重损害了消费者的利益，甚至威胁到消费者的身体健康和生命安全。面对这种状况，你认为应怎么做？结合实际，讨论在促销活动中应注意什么？

（2）郝经理是某制药集团公司的销售部经理。去年该公司招聘了一批刚毕业的大学生，其中有一位学化学的小尧，被认为很有发展前途。公司指定他做A地区的销售工作，并设立了一种很有吸引力的佣金制度。一年下来，小尧尽管工作十分努力，可是业绩就是上不去，他也承认A地区潜力不小。面对这种情况，如果是你该怎么办？（展开讨论）

这时，有人给郝经理出了几个主意，你看哪个最好？

A．在办公室张榜公布每个地区的销售业绩，让大家都知道谁干得好、谁干得差。

B．郑重地告诉小尧，下季度如果仍达不到规定的销售指标，就要请他另谋高就。

C．郝经理带小尧去走访几家新客户，给他示范推销的技巧，传授一些推销的经验。

D．顺其自然，通过实践摸索与经验积累，他早晚会成熟起来的。

除了以上的主意，你还有没有更好的，说出来与大家共享。

（3）方案策划。一年一度的黄金周（十一、春节）或其他节日（情人节、母亲节、中秋节），就要到了，请每位同学为某商厦策划一个促销活动方案。要求从主办单位、活动目的、活动对象、活动方式、规则、内容、注意事项等方面撰写活动文案。

每位同学用10分钟时间，向全班同学推荐介绍自己的促销活动方案，说服大家采纳你的创意。

3．营销实训

（1）实训题目：模拟推销训练。

（2）实训目标：掌握推销技巧，锻炼推销过程中的策划能力、灵活应变能力、沟通表达能力及情绪控制能力。

（3）实训组织：同学2人一组，互换角色扮演推销员和顾客，进行推销模拟演示，其他同学观看后进行公开分析讲评，并进一步归纳提炼推销理论。

（4）背景资料：

场景一　推销员要将公司的某种产品推销给顾客，但顾客挑出产品的各种毛病，推销员应认真回答顾客的各种问题，即使是一些吹毛求疵的问题也要让顾客满意，不能伤害顾客的感情。

场景二　假设顾客已将产品买了回去，但产品出现了一些小问题，顾客找上门来，讲了一大堆对产品的不满，推销员要帮助顾客解决这些问题，提高顾客的满意度。

（5）注意事项：推销的产品尽量选择扮演推销员角色同学熟悉的产品，推销地点和接近顾客的方法要不同，由两位同学自己商定，并设计推销过程。

第 11 章

市场营销管理与控制

◇ 本章学习目标 ◇

1. 了解市场营销管理的过程和任务。

2. 明确市场营销计划、市场营销组织、市场营销实施和控制的含义及相互关系。

3. 熟悉市场营销计划、市场营销实施和控制的内容和方法。

4. 掌握市场营销控制知识并运用这些知识分析和处理企业营销管理的绩效问题，具备一定的市场营销管理能力。

市场营销的管理与控制，就是企业对营销活动的计划、组织、实施和控制的过程，它属于高层次的市场营销活动。为了适应复杂多变的市场，企业需要根据自身的资源特点，不断地制定、调整和修正营销战略计划。而营销战略计划能够顺利得以实现，还需要企业建立适当的组织机构来进行管理，并对战略计划的执行进行合理控制。

11.1 市场营销管理

11.1.1 市场营销管理的含义

市场营销管理是指为了实现企业目标，创造、建立和保持与目标市场之间的互利交换关系，而对设计方案、商品或服务进行的分析、计划、执行和控制。

市场营销管理是一个包括分析计划、组织实施、指挥协调和监督控制的过程，它涵盖方案、理念、商品、服务等领域，它以交换为基础，以满足交换各方的需要为目标。

11.1.2 市场营销管理的任务

企业在开展市场营销活动的过程中，一般要设定一个在目标市场上预期要实现的交易水平。

然而实际需求受多种因素的影响，可能会低于或高于这个预期的需求水平，营销管理的任务就是协调需求的水平、时机和性质，以促进企业目标的实现。市场营销管理的实质就是需求管理。在不同的需求状况下，市场营销管理的任务不同。

1．在负需求的状况下，市场营销管理的任务是转变市场营销

负需求是指市场上绝大多数的消费者对某个产品不喜欢甚至感到厌恶的一种需求状况。在这种状况下，市场营销管理的任务是转变市场营销，即分析市场上的消费者为什么不喜欢这种产品，以及是否可以通过产品的重新设计、降低价格和积极促销的市场营销方案，来改变人们对该产品的信念和态度，将负需求转变为正需求。

2．在无需求的状况下，市场营销管理的任务是刺激市场营销

无需求是指目标市场对产品毫无兴趣或漠不关心的一种需求状况。通常市场对下列产品无需求：① 人们一般认为无价值的废旧物资；② 人们一般认为有价值，但在特定市场却无价值的东西，如南方地区对加湿器的需求；③ 新产品或消费者不熟悉的产品等。在无需求的情况下，市场营销管理的任务是刺激市场营销，即通过大力促销及其他市场营销措施，努力将产品所能提供的利益与人的自然需求和兴趣联系起来，激发消费者的兴趣和欲望，创造新的需求。

3．在潜在需求的状况下，市场营销管理的任务是开发市场营销

潜在需求是指相当一部分消费者对某种产品或服务有强烈的需求，而由于各种原因现有产品或服务又无法使之满足的一种需求状况。在潜在需求情况下，市场营销管理的任务是开发市场营销，即开展市场营销研究和潜在市场范围的测量，进而开发出有效的产品和服务，将潜在需求转变为现实需求。

4．在下降需求的状况下，市场营销管理的任务是重振市场营销

下降需求是指对一个或几个产品的需求呈下降趋势的需求状况。在下降需求的状况下，市场营销管理的任务是重振市场营销，即分析市场衰退的原因，进而开拓新的目标市场，改进产品的特色和外观，或者采用更有效的沟通手段来重新刺激需求，或者开辟新的销售渠道，使老产品开始新的生命周期，并通过创造性的产品开发来扭转需求下降的趋势，变下降需求为上升需求。

5．在不规则需求的状况下，市场营销管理的任务是协调市场营销

不规则需求是指某些商品和服务的需求在一年的不同季节、不同月份，或者在一周的不同日子，甚至在一天的不同时间上下波动很大的一种需求状况。在不规则需求的情况下，市场营销管理的任务是协调市场营销，即通过灵活的定价、大力促销及其他刺激手段，改变消费者需求的时间模式，使产品和服务的市场供给与需求在时间上协调一致。

6．在充分需求的状况下，市场营销管理的任务是维持市场营销

充分需求是指某种产品或服务的目前需求水平和时间等于预期的需求水平和时间的一种需

求状况。这是企业最理想的需求状况。但是在动态的市场上，消费者的偏好会不断发生变化，竞争也会日益激烈。因此在充分需求的情况下，市场营销管理的任务是维持市场营销，即努力保持产品质量、广告频率及次数，经常预测消费者的满意程度，通过降低成本来保持合理的价格，并激励推销人员和经销商大力推销，千方百计地维持目前的需求水平。

7．在过量需求的状况下，市场营销管理的任务是降低市场营销

过量需求是指某种产品或服务的市场需求超过了企业能供给或愿意供给水平的一种需求状况。在过量需求的情况下，市场营销管理的任务是降低市场营销，即通过提高价格、合理分销产品、减少服务和促销等措施，暂时或永久地降低市场的需求水平。需要强调的是，降低市场营销并不是杜绝需求，而是降低需求水平。

8．在有害需求的状况下，市场营销管理的任务是反市场营销

有害需求是指市场对某些有害产品或服务的需求。如烟、酒、毒品、黄色光碟等。对于有害需求，市场营销管理的任务是反市场营销，即劝说喜欢有害产品或服务的消费者放弃这种爱好和需求，大力宣传有害产品或服务的严重危害性，大幅度地提高价格，以及停止生产供应等。如劝说人们戒烟、戒酒、戒毒，宣传吸烟的危害等。

11.1.3 市场营销管理的过程

企业市场营销管理的目的在于使企业的营销活动与复杂多变的市场营销环境相适应，这是企业经营成败的关键。市场营销管理的过程，就是企业识别、分析、选择和发掘市场营销机会，以实现企业任务和目标的管理过程。这个过程包括以下五个步骤。

1．分析市场营销机会

千里之行，始于足下。任何一家企业，无论规模大小，无论承担何种职能，要想经营成功并在竞争中立于不败之地，无不立足于长期认真地寻找和把握市场机会的艰苦努力的基础之上。所以，分析市场机会是市场营销管理过程的第一个步骤。

2．选择目标市场

经过分析和评估，选择了符合企业目标和资源的营销机会以后，还要对这一产业的市场容量和市场结构做进一步的分析，以便缩小选择范围，选出本企业准确地为之服务的目标市场。这包括测量和预测市场需求，进行市场细分，在细分的基础上选择目标市场，实行市场定位等。

3．制定营销战略和计划

营销战略和计划是指一个企业为达到其营销目标而部署的市场营销战略和一系列的活动计划。企业的营销战略规划包括确定企业的任务和目标，选择合适的市场机会并制定相应的发展战略，制定业务投资组合计划等工作。在营销计划中，企业管理层要决定为达到营销目标所需要的营销支出水平，要决定如何对市场营销组合中的各种工具进行预算分配等。比如，企业在短期内可以修订价格，增加广告支出；在长期内可以开发新产品，改革销售渠道。

4. 规划营销策略

在战略和计划的基础上，规划保证战略目标得以顺利实现的营销策略。营销策略主要包括产品策略（立足与用户的需求）、价格策略（定价方法、策略、价格调整）、渠道策略（渠道结构形式、中间商、渠道管理调整）、促销策略（人员推销、广告、营业推广、公共关系），也就是前面所介绍的4P策略。这些策略在营销活动中不能孤立地看待，应结合起来综合分析，以选择最有效的组合，实现企业的战略目标。

5. 实施和控制市场营销活动

这是重要的、关键性的步骤，计划必须转化为行动。企业为了贯彻执行营销活动，有效开展营销工作，必须建立专门的营销组织，对营销活动的全过程进行管理、监督和控制。具体地说，就是要做好市场营销的计划管理、市场营销的组织安排、市场营销的控制等管理性工作。

11.2 市场营销计划

11.2.1 市场营销计划的含义

市场营销计划是指企业为实现预订的市场营销目标，对未来市场营销活动进行规划和安排的过程。具体地说，市场营销计划就是确定未来的市场营销目标是什么，要采取哪些工作步骤来达到市场营销目标，要在什么时间和范围内实现这个目标，以及由谁来进行这种活动等一系列决策筹划过程。

营销计划是整个企业计划的一个重要组成部分，通过制定营销计划，规定一定时期企业营销活动的目标及达到目标的策略和步骤，可以使企业明确各时期前进的方向。制定营销计划是市场营销活动高效率运行的重要保证。

11.2.2 市场营销计划的内容

在企业经营管理活动中需要制定大量的计划，其中很多计划都包含着重要的市场营销内容。如企业计划、事业部计划、产品线计划、产品计划、品牌计划、市场计划、产品计划、职能部门计划等。这些计划都受到营销因素的影响，而且计划格式也越来越标准化，内容也大致相同。

一般来说，企业的市场营销计划包括八个方面的内容（见表11-1）。

表11-1 市场营销计划的内容

	1	2	3	4	5	6	7	8
市场营销计划的内容	内容摘要	背景和现状	机会和风险分析	营销目标	营销策略	行动方案	预计的损益表	控制手段

1．内容摘要

它是关于本计划的主要目标和建议事项的简短摘要，便于高层管理者迅速抓住计划的要点，并据以检查研究和初步评审计划的优劣。

2．背景和现状

主要是对当前市场营销情况的分析，提供与市场、产品竞争和宏观环境有关的背景信息资料。例如，市场的范围有多大，包括哪些细分市场，市场及各细分市场近几年的营业额是多少；顾客需求状况及影响顾客行为的各种环境因素等；产品组合中每个品种价格、销售额、利润率等；主要竞争对手是谁，它们的竞争策略、市场份额及变化趋势等；各主要分销渠道的近期销售额及发展趋势等。

3．机会和风险分析

根据对市场营销现状的了解，针对企业的某种产品，运用SWOT分析，找出主要的机会和威胁、优势与劣势及面临的问题，对机会和风险做出预测，并加以具体描述。SWOT 分析是把企业内部环境所形成的优势（Strengths）、劣势（Weaknesses）、机会（Opportunities）、威胁（Threats）四个方面的情况，结合起来进行分析，以寻找制定适合本企业实际情况的经营战略和策略的方法。

优势具体包括：有利的竞争态势、充足的资金来源、良好的企业形象、技术力量、经营规模、产品质量、市场份额、成本优势、广告攻势等。

劣势具体包括：设备老化、管理混乱、缺少关键技术、研究开发落后、资金短缺、经营不善、产品积压、竞争力差等。

机会具体包括：新产品、新需求、新城市、国外市场壁垒解除、竞争对手失误等。

威胁具体包括：新的竞争对手、替代产品增多、市场紧缩、行业政策变化、经济衰退、顾客偏好改变、突发事件等。

4．营销目标

在明确企业所面临的风险和可能取得的优势市场机会后，需要确定企业的营销目标。就是在计划期内要达到的目标，主要包括市场占有率、销售额、利润率、投资收益率等。这是整个营销计划的核心内容。

5．营销策略

营销策略是指为达到上述营销目标而采取的途径或手段，包括目标市场的选择、市场定位策略、市场营销组合策略等。

6．行动方案

行动方案将营销策略具体化。主要说明应该做什么，谁来做，什么时候做，需要多少成本，以及达到什么要求等。按这些问题把每项活动都列出详细的程序表，以便于执行和检查。

7．预计的损益表

根据行动计划来制定预算，即编制一张实质性的预期损益表。

8．控制手段

控制手段说明如何控制实施计划。有效的做法是将计划规定的目标和预算按月份或按季度分配，以便于营销管理人员进行有效的检查监督，确保营销计划的落实。

11.2.3 营销计划的制定程序

市场营销人员编制任何完整的计划，都应遵循如下的步骤，如图 11-1 所示。

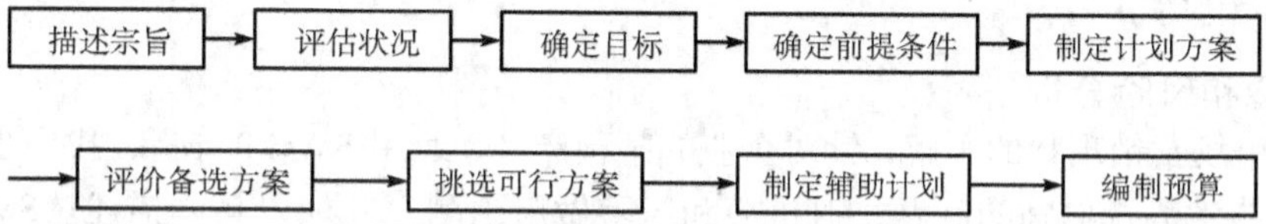

图 11-1　营销计划程序示意图

1．描述宗旨

计划工作过程起源于企业的使命和宗旨，当新创办的企业或处于重大变革时期的企业，或者需要企业员工正确地理解企业的宗旨时，应该将企业的宗旨贯彻到计划的制定和实施工作中去，让与计划的制定与实施工作有关的人们了解并接受组织的使命和宗旨，这对于计划的快速有效实施十分重要。

2．评估状况

评估状况就是对企业当前状况做出评估，这是制定和实施计划工作方案的前提。评估主要是对市场状况、产品状况、竞争状况、分销渠道状况，对企业自身的优势、劣势，以及对外部环境的机会和威胁进行综合分析。即使对那些局部性的作业性质的计划，也要对内部的资源与外部关系做出基本判断。

3．确定目标

目标是企业营销活动期望达到的最终结果。在这一点上要说明企业营销的基本方针和要达到的营销目标，说明制定营销战略、策略、规则、程序和预算的任务，指出营销工作的重点。

4．确定前提条件

前提条件是关于要实现的营销计划的环境假设条件，它对计划的执行起关键性的作用。编制营销计划的人越能彻底地理解和同意使用一致的计划前提条件，企业营销计划就越加协调。

5．制定计划方案

计划方案类似于行动路线图，是指挥和协调企业营销活动的工作文件，通过它可以清楚地告诉企业营销管理人员和员工要做什么、何时做、由谁做、何处做及如何做等问题。

6．评价备选方案

评价备选方案是指根据前提和目标来权衡各种因素和目标，比较各个方案的利弊，对各个方案进行评价。评价所得出的结论，一方面取决于评价者所采用的标准，另一方面取决于评价者对各个标准所赋予的权数。在多数情况下，存在很多可供选择的方案，而且有很多可考虑的可变因素和限制条件，评估会极其困难，可借助运筹学、数学方法和计算机等来评估方案。

7．挑选可行方案

这是采用计划的关键一步。有时候通过对方案的分析和评估，发现两个或两个以上的方案是合适的，在这种情况下，营销管理人员在确定首先采取的方案的同时，可以决定把其他几个方案作为后备方案，这样可以加大计划工作的弹性，使之更好地适应未来环境。

8．制定辅助计划

辅助计划就是总计划下的分计划，它是总计划的基础。

9．编制预算

这是计划工作的最后一步，即把计划转变成预算，使之数字化，是衡量计划完成进度的重要标准。

11.3 市场营销组织

11.3.1 市场营销组织的含义

市场营销组织是指企业内部涉及市场营销活动的一定人员，按照一定的程序，为着一定的营销目标而组织的合作性统一体。市场营销组织是保证营销计划执行的一种手段，同时也是企业实现营销目标的核心职能部分。

营销组织同企业其他组织一样：① 它是由各种各样的人通过分工协作而组成的；② 营销组织是为了实现营销目标而建立起来的，它会在自己的活动中表现出一定的方向或者共同的目标责任制；③ 营销组织要有不同的权力层次和责任制度；④ 营销组织是一个有生命力的有机体，它会成长、发展、衰落，甚至消灭；⑤ 营销组织效率大小是有差异的，即在营销组织中，成员经过共同努力，完成预订目标的程度是有差异的。因此，任何营销组织设计时的目标都要做到系统性、适应性和高效率。

系统性是指从整体的角度来看待企业的全部组织和活动。它要求企业营销部门必须密切配合、协调一致；要求每个部门的职能活动必须从全局出发，以保证企业总体利益的取得；要求企业每个行为必须是符合企业总目标要求的行为，每个职能部门的活动必须是企业总行为的有机组成部分。适应性是指企业的营销组织机构必须适应外界环境的变化，能对瞬息万变的市场环境做出迅速反应和决策。高效率是指营销组织要发挥对所有其他职能部门行使协调控制的职能，能有效地调动组织中员工的积极性，高质量、高速度地完成营销目标。

11.3.2 影响市场营销组织设计的因素

1．战略因素

企业营销战略对营销组织设计有直接的影响。营销组织设计时必须考虑企业的营销战略，简单的战略，要求简单轻松的组织机构形式来执行；当组织成长，战略随之复杂，营销组织就必须适应新的战略变化的需要。

2．规模因素

企业规模对营销组织设计具有明显的作用。企业规模大，营销组织就复杂；企业规模小，营销组织就简单。复杂的营销组织内部具有更高的专业化和横向纵向的分工，信息传输、收集及整理也比较复杂。

3．技术因素

营销组织活动需要利用一定的技术并根据一定技术水平的物质手段来进行。技术及技术设备的水平不仅影响组织活动的效果和效率，而且会作用于组织活动的内容划分、职务的设置和业务人员的素质要求。

4．环境因素

任何营销组织都存在于一定的社会之中，社会环境对营销组织必然发生影响。① 对职务和部门设计的影响，外部社会分工方式影响着营销组织内部工作内容；② 对各部门工作关系的影响，环境不同使营销组织中各项工作完成的难易程度也不同，如产品供求状况不同，对营销组织和人员重视程度就有差异；③ 对营销组织机构总体特征的影响，外部环境是否稳定，对营销组织机构的要求也不一样，与稳定环境中的营销相对应的设计为机械式组织机构，与动荡环境中的营销相对应的设计为有机式组织机构。此外，人文环境对营销组织设计的影响也日益凸显。

11.3.3 市场营销组织机构的类型

1．职能型组织机构

职能型组织是指按市场营销职能分工实行专业化的管理。即在上层营销主管下面，设立职能机构和人员，把相应的管理职责和权力交给这些机构，各职能机构在自己的业务范围内可以向下级下达命令和指示，直接指挥下属，如图 11-2 所示。

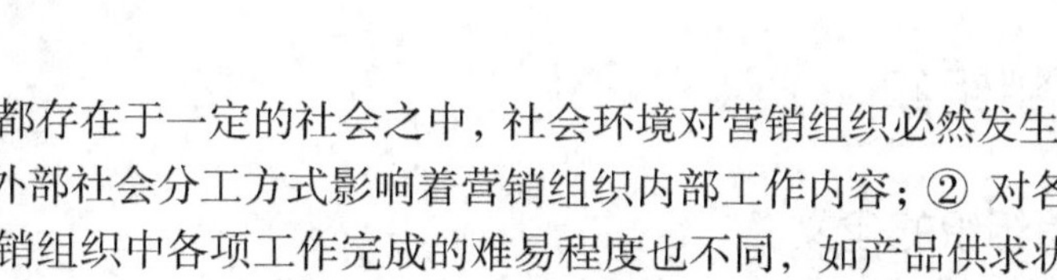

图 11-2　职能型组织机构示意图

这种组织机构的优点是：结构简单，便于管理，通常适用于单一市场或单一产品的企业。缺点是：没有一个部门对某个产品的营销活动负完全责任，会出现某些产品和市场的营销计划不完善的状况；各个部门会强调各自的重要性，以便争取更多的权力和预算，出现难以协调的局面。

2．产品型组织机构

产品型组织是指在保留职能管理的基础上，加强对具体产品的营销管理，即在一个产品经理负责下，设置几个产品大类经理负责各具体产品，如图 11-3 所示。

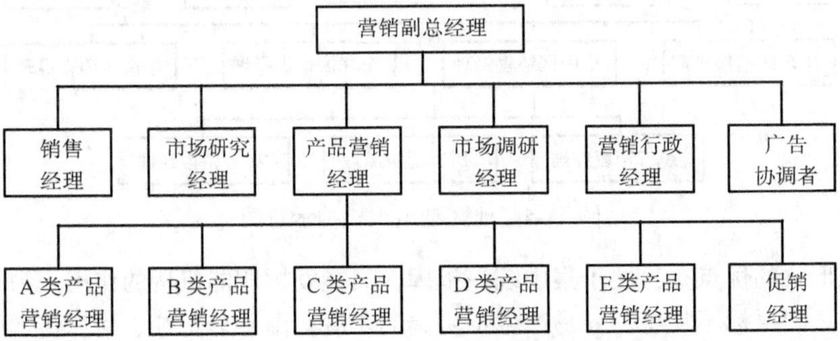

图 11-3　产品型组织机构示意图

产品型组织的优点是：一位经理负责一类产品，便于提高管理水平和提高营销效果。缺点是：各个产品经理会强调各自的重要性。

3．市场型组织机构

市场型组织是指一名市场主管经理管理几名市场经理，市场经理开展工作所需要的职能性服务由职能部门给予提供，如图 11-4 所示。

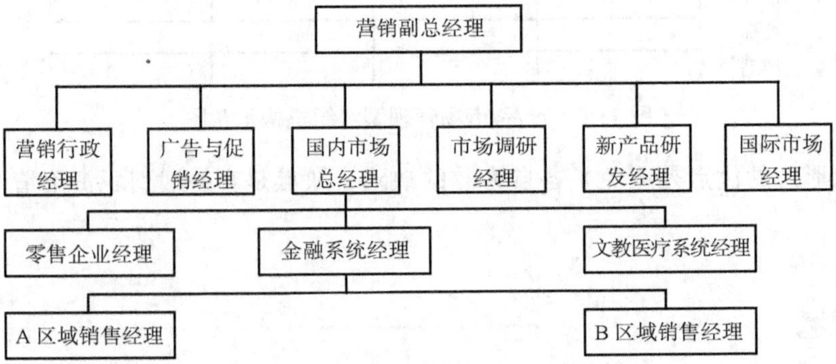

图 11-4　市场型组织机构示意图

市场型组织的优点是：企业经营活动是按照满足各类不同顾客的需求来组织和安排的，有利于企业加强对顾客的了解和市场开拓。缺点是：类似于产品型组织机构的缺点。

4. 地区型组织

地区型组织是指在营销副总经理之下，按层次分设区域销售经理、地区销售经理、地方销售经理。以全国市场为目标的企业，其营销组织往往是按地理标准划分的，如图 11-5 所示。

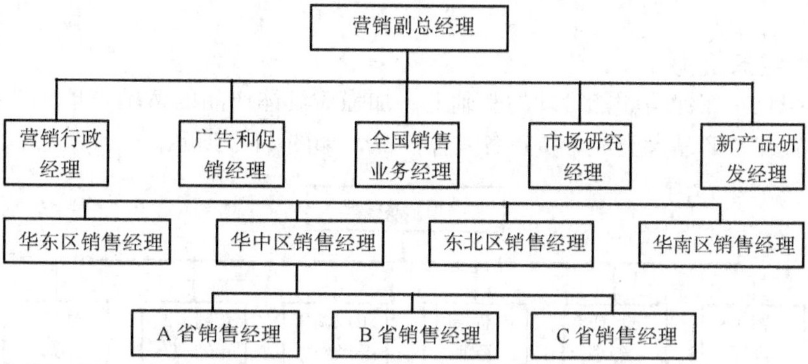

图 11-5 地区型组织机构示意图

这种组织形式的优点是：便于集中统一指挥，又能发挥职能机构的作用。缺点是：地区经理与职能部门之间目标不易统一，易产生不协调的矛盾，由于分工细、信息传递路线长，整个组织适应性降低。

5. 产品/市场管理型组织机构

产品/市场管理型组织是按大类产品进行设置，然后设并列的产品经理与市场经理，产品经理负责主管产品的销售计划和利润目标等短期的营销实绩，市场经理则负责对该类产品需求变化趋势的研究，以及对该类产品中有发展潜力的市场进行选择与开发，如图 11-6 所示。

	男式服装	女式服装	老年服装	儿童服装
合成纤维				
纯棉				
纯毛				

图 11-6 产品/市场管理型组织机构示意图

这种组织形式的优点是避免了各自为政的缺陷，缺点是容易遇到职责不清而相互推诿的问题。

小思考

① 假设某公司在产品和市场两方面的多样化程度都非常高，该公司适合采用哪种组织机构对企业的营销活动进行有效的管理？② 全国连锁超市适合采用哪种市场营销组织机构？

11.3.4 市场营销组织设计的要求

1．工作划分与工作专门化

把实现营销目标必须进行的活动，划分成相应工作岗位，使每项工作专门化，每项工作安排一个人去完成。

2．工作归类与部门化

按照劳动分工的原则将组织中的活动专业化，即按照职能相似性、任务活动相似性或产品相似性的原则把营销组织中的专业技能人员分类集合在一个部门内。一个营销组织中的各项工作可以按各种原则进行归并。常见的有职能部门化、产品部门化、地区部门化、顾客部门化等。

3．确定营销组织层次

确定营销组织中每个部门的职位等级数，营销组织层次的多少与管理幅度的大小有直接关系，管理层次与管理幅度呈反比关系。当营销组织规模一定时，根据环境及营销状况，可以设计成扁平式组织，也可设计成锥形组织。

4．建立职权关系

任何营销组织中的各个部门及每个管理层次，必须设置一系列的职位，而且在每个职位上配置合适的人选，每个人都要具有与职位相称的职务，负有一定的责任，承担一定的义务，同时具有完成工作、履行职责的能力。

小思考

分工是社会化大生产的客观要求，因此市场营销组织设计的越具体越好，这种做法你赞同吗？为什么？

11.4 市场营销实施和控制

11.4.1 市场营销实施

1．市场营销实施的含义

市场营销实施是指企业为实现其战略目标，致力于将营销战略和计划转化为具体的行动方案的过程。也就是说，要有效地调动企业的全部资源投入日常营销活动中去。

市场营销实施是一个艰巨而复杂的过程。美国的一项研究表明，90%被调查的计划人员认为，他们制定的战略和战术之所以没有成功，是因为没有得到有效的实施。

2. 市场营销实施中的问题及其原因

企业在实施营销战略和营销计划过程中为什么会出现问题？正确的营销战略为什么不能有效实施？原因主要有以下几点。

（1）营销计划脱离实际

企业的营销计划通常是由上层的专业计划人员制定的，而实施则要依靠营销管理人员。由于这两类人员之间往往缺少必要的沟通和协调，导致计划人员只考虑总体而忽略实施中的细节，结果使计划过于笼统和流于形式。计划制定人员不了解计划实施过程中的具体问题，所定计划脱离实际，计划人员和营销管理人员之间没有充分的交流与沟通，营销人员不理解需要他们去实施的计划。

（2）长期目标与短期目标相矛盾

营销计划通常着眼于企业的长期目标，有的涉及今后3～5年的营销活动。但企业通常是根据短期工作绩效（如销售量、市场占有率或利润率等指标）来评估和奖励实施计划的营销人员，所以营销人员常常选择短期行为。

（3）因循守旧的惰性

企业目前的经营活动往往是为了实现既定的营销目标，新的计划如果不符合企业的传统和习惯就会遭到抵制，因此，要想实施一个全新的计划，常常需要打破企业传统的组织机构和营销关系，才能有效地实施新计划。

（4）缺乏具体明确的实施方案

有些战略计划之所以失败，是因为计划人员没有制定明确而具体的执行方案。只有制定一个详细的实施方案，规定和协调各部门的活动，编制详细周密的项目时间表，明确各部门经理应负的责任，市场营销的实施才有保障。

3. 市场营销实施的过程

（1）制定行动方案

为了有效地实施营销计划，必须制定详细的行动方案，这个方案应明确实施的关键性决策和任务，并将执行这些决策和任务的责任落实到个人或小组，并做出具体的行动时间表。

（2）建立组织机构

企业的正式组织在营销计划的实施过程中有决定性的作用，组织将战略实施的任务分配给具体的部门和人员，规定明确的职权界限和信息沟通渠道，协调企业内部的各项决策和行动。

企业的战略不同，相应建立的组织机构也应有所不同。也就是说，企业的组织机构必须同企业营销计划相一致，必须同企业本身的特点和环境相一致，才能保证组织分工明确，责任到人，协调配合以形成合力。

（3）设计决策和报酬制度

这些政策和制度直接关系计划实施的成败。企业必须根据营销目标和营销计划的实施方案，制定科学的政策和设计合理的制度，把员工的工作精力和积极性引导到实现企业的目标上来。

（4）开发人力资源

企业营销计划最终是由企业内部的工作人员来实施的，所以人力资源的开发至关重要。一方面要合理确定各类人员比例，使之形成合理的结构；另一方面要加强人力资源的开发，加强对员工的考核、选拔、培训和激励等，从而提高员工的工作责任心和工作效率。

（5）建设企业文化

企业文化是指一个企业内部全体人员共同遵循的价值标准、基本信念和基本行为准则，企业文化对企业经营思想和领导风格、对职工的工作态度和作风均起着决定性的作用。企业必须加强文化建设，加强员工凝聚力，激发员工的工作热情和积极性，让员工以良心和责任感来自愿地为企业的目标贡献自己的力量。

（6）市场营销计划实施各要素间的协调配合

为了有效地实施营销计划，企业的行动方案、组织机构、决策和报酬制度、人力资源开发、企业文化建设等要素要协调配合，才能形成合力，从而形成强大的执行力。

小思考

在市场营销实施过程中，你认为最关键的是什么？

表11-2列举了企业在实施营销计划时应该回答的问题。营销计划能否顺利实施，取决于企业能否按营销目标要求回答并解决这些问题，以及能在多大程度上协调地开展上述几个方面的活动。

表11-2　市场营销计划实施问题分析表

营销计划实施要素	营销计划实施所要回答的问题
1．制定行动方案	（1）营销计划实施的任务有哪些？哪些是关键性的？ （2）如何完成这些任务？采用什么样的措施？ （3）本企业拥有什么样的实力？
2．建立组织机构	（1）本企业组织机构是什么样的？ （2）各部门的职权是如何划分的？信息是如何沟通的？ （3）临时性组织，如专题工作组的作用是什么？
3．设计决策和报酬制度	（1）重要制度有哪些？ （2）主要控制因素是什么？ （3）产品和信息是如何沟通的？
4．开发人力资源	（1）本企业人员的技能、知识和经验各是什么？

续表

营销计划实施要素	营销计划实施所要回答的问题
4. 开发人力资源	（2）他们的期望是什么？ （3）他们对企业和工作的态度如何？
5. 建设企业文化	（1）是否具有共同价值观？ （2）共同价值观是什么？它们是如何传播的？ （3）企业管理人员的管理风格是什么？ （4）如何解决矛盾？
6. 各要素的配合	（1）各要素是否与营销战略相一致？ （2）各要素之间是否协调配合？

11.4.2 市场营销控制的含义

1. 市场营销控制的含义

市场营销控制就是依据营销计划，检查衡量营销计划的执行情况，并根据偏差调整营销活动，或者调整营销计划。其目的是确保营销活动按拟订的计划和目标运行。

营销控制在营销管理中的作用有两个方面。一方面是检验作用，它检验营销各项工作是否按预订计划运行，同时也检验营销计划的正确性和合理性。另一方面是调整作用，它调整营销活动或计划，使两者相协调。所以市场营销控制，实际上就是市场营销管理者通过经常性的监测系统和预警系统，在事前、事中或事后检查或监测营销活动的运行状况，衡量预订计划与实际执行情况是否存在偏差。如果存在偏差，就要找出原因，并采取有效措施及时“纠偏”，以保证营销计划的完成。营销控制是营销管理中的一个重要职能。

相关链接

魏文王问名医扁鹊：“你们家兄弟三人，都精于医术，到底哪个最好呢？”扁鹊回答说：“长兄最好，中兄次之，我最差。”魏文王又问：“那么为什么你最出名呢？”扁鹊答说：“长兄治病，是治于病情发作之前，由于一般人不知道他事先能铲除病因，所以他的名气无法传出去，只有我们家的人知道。中兄治病，是治于病情初起之时，一般人以为他只能治轻微的小病，所以他的名气只及于本乡里。而我治病，是治于病情严重之时，一般人都看到我在经脉上穿针管来放血、在皮肤上敷药等，所以以为我的医术高明，因此名气比较大。”

2. 市场营销控制的步骤

市场营销控制一般分为六个步骤，如图 11-7 所示。

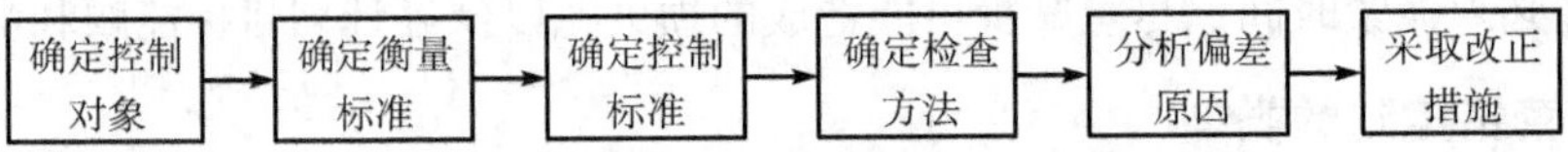

图 11-7　市场营销控制的步骤

（1）确定控制对象

确定控制对象，即确定对哪些营销活动进行控制。如果企业实行控制的范围广，可获得更多的信息，有利于营销管理。在实际营销活动中营销控制的对象包括销售收入、销售成本和销售利润三个方面。其他营销活动（如市场调查的效果、新产品开发、销售人员的工作效率、广告效果等）也应通过控制加以评价。所以企业可以根据实际情况对控制对象加以选择。

在确定控制对象的同时，还应确定控制的量，即控制频率。一般来说，对于影响重大的、容易脱离控制、容易出现问题的对象应加大控制频率。

（2）确定衡量标准

一般情况下，企业的营销目标就可以作为营销控制的衡量标准，如销售额指标、销售增长率、利润率、市场占有率等。当进行营销过程控制时，问题就比较复杂，需要建立一套相关的标准。一般将衡量的标准细化。

（3）确定控制标准

控制标准是衡量标准定量化，即以某种衡量尺度表示控制对象的预期活动范围或可接受的活动范围。企业制定控制标准一般应允许有一定的浮动范围，不可绝对化。如一个推销员的推销额的确定，要考虑主观因素，也要考虑客观因素（如产品不同，负责的市场区域发展潜力不同，各个市场竞争强度不同，广告强度不同等）。因此必须对不同的推销员制定相应的、切合实际的标准。为了激励推销员的工作热情，可实行两个标准；一是基本标准，是必须完成的；二是奖励标准，达到这个标准必须付出较大的努力，因此能获得相应的奖励。

（4）确定检查方法

确立了控制标准后，就要把控制标准与实际结果进行比较，检查的方法有很多种，如直接观察法、统计法、问卷调查法等。

任何检查都是在一定的时间和范围前提下进行的。时间间隔确定多长，主要取决于控制对象是否经常变动，范围是全面检查、局部检查，还是单项检查，这要根据实际需要进行决策。

（5）分析偏差原因

执行结果与计划发生偏差的情况是经常出现的，原因主要有两种：一种是实施过程中的问题，这种偏差较容易分析；另一种是计划本身的问题。而这两种原因通常是交织在一起的。要真正确定产生偏差的原因，就必须深入了解情况，尽可能多地占有相关资料，从中找出问题的症结。

（6）采取改正措施

针对存在的问题，应提出相应的改进措施，提高工作效率，这是营销控制的最后一个步骤。

采取改正措施必须抓紧时间，尽量减少可能造成的损失，以保证计划目标能顺利实现。

3. 市场营销控制的类型

市场营销控制有四种主要类型，即年度计划控制、赢利能力控制、效率控制和战略控制（见表 11-3）。

表 11-3 市场营销控制类型

控制类型	负 责 人	控制目的	控制方法
年度计划控制	最高主管 中级管理人员	检查计划目标是否完成	销售情况分析 市场占有率分析 营销费用率分析 财务分析 用户反应跟踪
赢利能力控制	营销主管人员	审查企业盈亏原因	各产品、地区、细分市场、分销渠道的赢利能力分析
效率控制	管理人员 营销控制人员	评估与提高经费开支的效率及效果	人员推销效率 广告效率 营业推广效率 分销效率
战略控制	最高主管 市场营销审计人员	检查企业是否最大限度地利用了市场营销机会	市场营销审计

（1）年度计划控制

年度计划控制的中心是目标管理，即保证企业年度计划中规定的各项目标能够顺利实现。

年度计划控制步骤如下：① 管理者应将年度计划的指标分解为每季、每月的指标；② 随时跟踪掌握指标的完成情况；③ 及时发现与实际计划的差距并分析原因；④ 采取补救措施，调整实施步骤或修正计划。年度计划控制可按管理层次分头进行，即最高主管负责控制整个企业的计划执行结果，而各部门经理只负责控制本部门计划目标的实施。

年度计划控制的方法有以下五种。

1）销售情况分析。销售情况分析是对销售计划目标与销售实绩进行的评估，这种评估可采用两种主要方法。

- 销售差异分析。用以衡量各个不同因素对销售实绩产生的影响。
- 个别销售分析。从产品、销售地区及其他方面来探究其未能实现销售目标的原因。

2）市场占有率分析。主要分析企业实际市场占有率与预期的市场占有率之间的差异，根据企业选择的市场范围不同，分析市场占有率有三种不同的衡量尺度。

- 全部市场占有率。全部市场占有率以企业的销售占行业总销售的百分比来表示。
- 细分市场占有率。大多数企业的目标市场都不止一个细分市场。所以除了了解总体市场占有率外，还有必要测算各细分市场占有率，即在一定时期内，企业产品在某一细分市场的销售量（额）占该市场同类产品销售总量（额）的百分比。有的企业规模较小，在总体市场上与大企业相比处于劣势，市场占有率很低，然而该企业在某个细分市场实施密集性营销策略，取得了很大优势，占据了较高市场占有率。细分市场占有率能全面反映企业的营销状况。
- 相对市场占有率（相对于三个最大竞争对手）。相对市场占有率是指企业的销售额（量）与三个最大竞争对手的总销售额（量）的百分比。例如，某公司有 30%的市场占有率，最大的三个竞争对手的市场占有率分别为 20%、10%、10%，形成 30%对 40%的局面，则该公司的相对市场占有率是 30/40，即 75%。一般来说，相对市场占有率高于 33%，即被认为是实力较强的公司。

3）营销费用率分析。年度计划控制还要求企业在实现营销目标时，保证其费用支出的合理性。

营销费用包括推销人员费用、广告费、促销费、市场调查费、营销管理费等。在销售额一定的情况下，营销费用越低，企业的效益就越好。营销费用率分析的目的是监督营销费用的支出情况，确保其不超出年度计划的指标。

销售费用率受各种随机因素的影响而上下波动，一般允许有适当的偏差，但如果波动超出正常范围，就应引起注意。

4）财务分析。为了使企业能从整体上分析企业的费用、利润情况，从而进一步合理使用资金，企业需要对财务状况进行分析。主要是通过企业在市场营销方面一年来的销售利润率、资产收益率、投资报酬率和资金周转率等指标了解企业的财务状况。

5）用户反应跟踪。在定量分析的基础上，企业还应当采取定性分析来描述市场的变化。为此，企业需要建立一套系统来跟踪用户，了解顾客对本企业及其产品的态度变化情况，以便在用户态度对销售产生影响作用之前就对其变化进行监控，适时采取行动。

（2）赢利能力控制

赢利能力控制是对企业营销组合中各类因素的获利能力进行分析，其结果可帮助营销管理者决策需要发展，或者缩减或淘汰的产品及市场。

1）市场营销成本分析。市场营销成本是指与市场营销活动有关的各项费用支出。市场营销成本包括直接推销费用、促销费用、仓储费用、运输费用及其他市场营销费用等。这些成本连同企业的生产成本构成了企业总成本，直接影响企业的经济效益。

2）赢利能力分析。赢利能力分析包括分析销售利润率、资产收益率、净资产收益率、资产管理效率等内容。

对赢利能力的控制主要是监控上述两个方面，成本应尽量降低，成本的降低就意味着利润的提高。

（3）效率控制

效率控制的目的是监督和检查企业多项营销活动的进度与效果，包括人员推销效率、广告效率、营业推广效率、分销效率等。

（4）战略控制

战略控制又称市场营销审计，是对企业的目标、政策和策略进行控制，以保证企业的可控因素与外界不断变化的营销环境保持和谐统一。一次完整的市场营销审计活动的内容是十分丰富的，概括起来包括以下六个方面的内容。

1）营销环境审计。要求分析宏观环境和微观环境的各种因素对营销战略的影响程度及发展趋势。

2）营销战略审计。要求对企业的各种营销目标和营销战略进行检查，评价它们与当前的和预测的营销环境的适应程序如何。

3）营销组织审计。要求评价对环境的预测所必需的执行力、营销组织能力如何。

4）营销制度审计。这是对企业的计划和控制制度的质量进行检查。

5）营销效率审计。要求检查不同营销组织的赢利率和成本支出情况。

6）营销功能审计。深入评价营销组合的各主要组成部分：产品、价格、分销、推销队伍、广告、促销和公共关系。

本章小结

在现代市场营销活动中，必须十分重视市场营销管理。市场营销管理是企业为了实现营销目标，创造、建立和保持与目标市场之间的互利交换关系，而对设计方案、商品或服务进行的分析、计划、执行和控制。

市场营销计划是企业实现预订的市场营销目标，对未来市场营销活动进行规划和安排的过程。市场营销计划的内容一般包含八个方面，营销计划的制定程序如下：描述宗旨、评估状况、确定目标、确定前提条件、制定计划方案、评估备选方案、挑选可行方案、制定辅助计划、编制预算。

市场营销组织是企业内部涉及市场营销活动的一定人员，按照一定的程序，为一定的营销目标而组织的合作性统一体。市场营销组织的类型有职能型组织、产品型组织、市场型组织、地区型组织、产品/市场管理型组织，它们各有优劣，企业应根据具体情况灵活选择。

市场营销实施是企业为实现战略目标，而将营销战略和计划变为具体营销方案的过程。

市场营销实施过程包括制定行动方案，建立组织机构，设计制度，开发人力资源，建立企业文化，各要素间的协调配合等。

市场营销控制是对营销计划的实施情况进行检查，确保营销活动按期望目标运行。营销控制分六个步骤，常见的营销控制类型有年度计划控制、赢利能力控制、效率控制、战略控制等。

复习思考题

1．基本概念

市场营销管理　　市场营销计划　　市场营销组织　　市场型组织　　市场营销控制　　潜在需求

2．填空题

（1）大多数企业的市场营销计划包含（　　）、（　　）、（　　）、（　　）、（　　）、（　　）、（　　）、（　　）八个方面内容。

（2）企业市场营销实施过程一般包括（　　）、（　　）、（　　）、（　　）、（　　）、（　　）六项内容。

（3）影响市场营销组织设计的因素有（　　）、（　　）、（　　）、（　　）四项内容。

（4）企业营销控制的类型有多种，常见的有（　　）、（　　）、（　　）、（　　）四种。

（5）市场营销管理的实质是（　　）。

3．选择题

（1）当企业拥有单一的产品大类，面对各种不同的消费群体，使用不同的分销渠道时，建立（　　）组织机构是可行的。

A．职能型　　B．地区型

C．产品型　　D．市场型

（2）市场营销计划不能有效实施的原因有（　　）三种。

A．营销计划脱离实际　　B．营销人员素质低

C．长期目标与短期目标相矛盾　　D．因循守旧的惰性

（3）最常见的市场营销组织形式是（　　）。

A．职能型　　B．地区型

C．产品型　　D．市场型

（4）市场占有率分析有（　　）三种不同的衡量尺度。

A．全部市场占有率　　B．细分市场占有率

C．服务市场占有率　　D．相对市场占有率

（5）对于不规则需求，市场营销管理的任务是（　）。

A．激发市场营销　　B．转变市场营销

C．协调市场营销　　D．减少市场营销

4．判断题

（1）设计市场营销组织实质就是研究如何配置人力资源。（　）

（2）市场型组织的缺点是缺乏整体观念，内部管理多头领导，容易引起部门冲突。（　）

（3）市场营销审计是市场营销控制的最重要的方法之一。（　）

（4）市场营销控制是事后的，对提高企业营销效率不起多大作用。（　）

（5）有害需求就是某种产品或服务的需求水平超过了实际提供的水平。（　）

5．简答题

（1）市场营销实施的内容包括哪些？

（2）如何进行销售分析？

（3）在营销控制中，赢利控制和效率控制包括哪些指标？

实训题

1．案例分析

国内某家知名企业原来是专门生产洗衣机的厂家，在企业的发展中，采取了多元化发展策略，开始生产电视机、空调、冰箱、计算机，并涉足家庭装修行业。伴随着企业产品的变化，企业开始对原来分布在全国各地的营销组织进行整合，他们把原来各地的一个组织分解为相互独立的多个组织，成立了洗衣机商品部、电视机商品部等。

请问：（1）这家企业为什么进行组织整合？

（2）它原来的营销组织类型属于哪一类？变化以后的呢？

（3）这种整合有什么优越性？会带来什么样的问题？

2．课堂讨论

（1）讨论以下企业应该采用何种市场占有率分析方法？

1）牛奶公司的雪糕产品。

2）电信公司的移动电话服务。

（2）一家小型计算机公司主要有三个方面的业务：销售个人计算机、为连锁店建立 POS 系统、为学校建立校园网络。你认为这家公司有建立市场营销组织的必要吗？如果有，请你为它

设计策划市场营销组织类型和方案。

3．营销实训

（1）实训题目：××企业市场营销控制策略。

（2）背景资料：假如你是某企业市场营销主管，目前本企业市场营销效率和效益还有待提高。请你了解企业和同行企业在市场营销实施与控制方面的做法，在对比分析的基础上提出一个较好的市场营销实施和控制方案。

（3）任务要求：① 在本地区选择两个企业进行调查，详细了解营销实施和控制的具体制度和做法。② 根据本企业资源条件，提出一个有效的市场营销实施和控制方案。③ 每位学生做一份不少于 1 000 字的作业。④ 附该企业的相关资料。

第 12 章

市场营销创新

◇ 本章学习目标 ◇

1. 了解文化营销、知识营销、绿色营销、网络营销、服务营销等现代新的营销理念和营销方式。

2. 熟悉市场营销的最新发展动态，拓展视野，具有市场营销方面的创新思维和创新能力。

3. 初步掌握各种创新营销模式的基本策略并能应用于实践。

12.1 文化营销

12.1.1 文化营销概述

文化是一个应用十分频繁和广泛的概念。一般可从广义和狭义两个角度理解文化的概念。从广义上讲，文化包括物质层面的东西，也包括精神层面的东西。从狭义上讲，文化主要指精神层面的东西，如哲学、宗教、艺术、道德及部分物化的精神，如制度、行为方式等。在现代社会中，文化的功能正在从各个方面影响人们的工作与生活。在社会的各个领域，人们对价值观、文化传统的充分重视，使文化的价值功能凸显出来。传统的营销理论体系基本上是以有形产品为中心，而文化营销是有意识地通过发现、甄别、培养或创造某种核心价值观念，实现企业经营目标的一种营销方式。

1. 文化营销的含义

与传统营销活动相比，文化营销是有意识地通过发现、甄别、培养或创造某种核心价值观念，来达到企业经营目标的一种营销形式。文化营销强调通过顺应和创造某种价值观或价值观念的集合来达到某种程度的满足感。因此可以说，价值观是文化营销的基础，而核心价值观念的构建是文化营销的关键，只有通过发现顾客的价值群并加以甄别和培养或企业顺应需求，努力创造核心价值观念，才会使文化营销得以成功。

2．文化营销的功能

（1）文化营销提供了实施产品差异化战略的崭新思路

产品差异化是企业获取竞争优势的主要因素。文化在构筑差别使用价值和传递差别价值信号方面都有重要作用。从使用价值的角度看，在产品中注入丰富的文化内涵，可以使产品的使用价值区别于竞争对手，并提高产品的附加值。从价值方面看，消费者一定是买他们认同的价值，而这种文化的认同感，所需的经济代价小，激发的差异性具有持久性。

（2）利用文化的亲和力在企业和消费者之间建立共同愿望，从而提高企业经营业绩与竞争优势

利用文化营销，企业可将其内部的文化向外扩散，并且融合到外部的大环境中，以此为基础，建立起企业内部成员与外部消费者及潜在消费者所分享的共同愿望，使企业的经营业绩更上一层楼。

12.1.2 文化营销策略

从文化的角度来看，文化市场营销的产品是指提供给市场，在人们选取、使用或消费中满足人们某种欲望或需要的一切实体和价值观念的综合体现。文化市场营销是指在营销过程中更加重视文化的作用，以文化带动营销。

1．产品

文化对产品的影响主要体现在人们的品位上。文化品位不同，产品的设计、产品的样式就有明显的差异。产品的包装随着产品本身的发展和社会选择的多样化，强调以文化为导向，追求顾客的满意度。

实例

哈尔滨某酒厂厂长认为，白酒是中国传统的文明象征，喝酒喝的是文明和风格，喝酒讲酒德。他在电台主持了一个很受欢迎的直播节目——《老庄话酒》。这一做法，光大了中国酒文化，也取得了产品文化营销的成功。

2．定价

产品定价受诸多因素的影响，而且定价方法也很多。但每一种文化对定价策略的选择及应用都有自己的偏好，而且消费者的价值需要与文化有关。如宝洁公司在将“海飞丝”打入中国市场时，尽管其售价高出许多当地品牌 3 ~ 4 倍，但由于适合了现代消费者追求时尚及从众的消费心理，所以其销量反而扶摇直上。

3. 分销渠道

市场营销人员在进行渠道设计时必须考虑所属的不同文化范畴。因为一个成功的企业营销人员要想在特定的文化环境中建立起完善的分销体系，就必须准确地把握当地的消费者对中间商的接受程度，他们传统的购买渠道及特有的购买方式。如在意大利，儿童食品是通过药房来销售的，而在德国任何一家零售店都可以买到儿童食品。

4. 促销方式

和传统的促销相比，文化营销更加注重促销中的文化内涵。在众多的促销工具中，影响最为广泛、最为深远的是广告，在文化营销中广告传递的不仅是某一产品或企业的相关信息，而且是文化传播的一种有效途径。然而在不同的社会文化背景下，针对同一产品，不同的广告人创意不同，相应的广告效果也有所不同。如富豪汽车的产品定位和广告定位因地而异，在美国强调经济耐用和安全；在法国强调地位和休闲；在墨西哥强调价格。无怪其销售量在全球取得了令人瞩目的成就。

小思考

海尔集团推出动画片《海尔兄弟》的举措是在进行文化营销吗？

12.1.3 品牌文化营销

品牌文化营销是产品文化营销的进一步发展。品牌文化包括整个社会对品牌的信任和保护，包括消费者用名牌的行为，反映消费者的价值选择；也包括厂商创立名牌，生产名牌的行为，作为厂商同品牌文化营销有着密切的关系。厂商创造名牌的过程，就是不断积累品牌文化个性的过程。当品牌竞争在质量、价格、售后服务等物质要素上难以有突破时，给品牌注入文化的内涵，其身价就不仅是物质因素的总和，而是更高境界的较量。如唐朝诗人王维的名句："红豆生南国，春来发几枝？愿君多采撷，此物最相思。"从此，红豆便成为世间最纯洁美好的情感的象征。江苏红豆集团生产的红豆衬衫也从其他同类品牌中脱颖而出，成为一个颇具文化内涵的品牌。

12.1.4 企业文化营销

企业文化营销是企业根据自身文化内涵的特色，选择恰当的方式进行系统革新和有效的沟通，以在消费者心目中树立鲜明个性的企业形象，并以此达到企业经营目标的一种营销方式。

企业文化营销的核心就在于寻找为顾客所接受的价值信条作为立业之本，从而促进顾客对整个企业包括其产品的认同。IBM公司的经营宗旨是：尊重人，信任人，为用户提供最优服务及追求卓越的工作业绩。IBM的价值观曾经具体化为IBM的"三原则"，即为职工利益，为顾客利益，为股东利益。后来“三原则”又发展为以“尊重个人”、“竭诚服务”、“一流主义”为内容的“三信条”，成为IBM的核心和灵魂，并为企业树立了良好的企业形象。

相关链接

在国外的汽车产业里，汽车文化内涵对消费者的影响力度要比厂商研发新车型的力度大得多。德国车的严谨、法国车的浪漫、英国车的高贵、日本车的精明，这些不同车系所具有的特殊文化气质在消费者心中形成了鲜明的差异化形象和产品定位。

文化营销通过文化理念的设计创造来提升产品及服务的附加值，契合了消费者消费的个体性、情感性、感觉个性等精神层面，成为汽车营销的一项重要内容。汽车文化营销的核心是树立品牌文化，即在品牌设计、品牌实施策略和产品服务中形成有助于品牌识别的文化个性。目前国际上的几大汽车品牌都具有丰富的文化内涵，大大提高了品牌含金量。品牌的文化内涵正逐步成为我国消费者购买汽车的决定性因素之一。

2003年是中国汽车市场有史以来竞争最激烈的一年，各种进口、合资和自主汽车品牌逐鹿中华，狼烟四起。在汽车技术越来越同质化的竞争格局下，文化营销受到各路厂商的重视，各种汽车文化营销活动方兴未艾，走进大众生活。“奇瑞QQ”所倡导的主题为“时尚、前卫”的文化营销活动数次引发“奇瑞QQ”浪潮和“奇瑞QQ”现象讨论，使“奇瑞QQ”成为汽车文化营销的典范。

“奇瑞QQ”是奇瑞汽车公司2003年6月向市场新推出的微型轿车品牌，是国内第一款专为年轻人张扬个性与快乐而造的轿车，从名字到式样、色彩，都充满了青春活力。它别具特色的时尚、前卫文化内涵成为汽车文化营销的突出亮点，给2003年的车市吹来一股强劲旋风，一上市就产生热烈反响。

在品牌名称上采用网络名词，突破了非古即洋的传统狭隘思路。“QQ”是网络时代年轻人几乎无人不知、无人不用的网络沟通工具，在网络中有“我找到你”之意，用“QQ”做品牌名称，朗朗上口、简洁明快、易于记忆和传播，极富带有“新经济”特征的时代感和亲和力，突显了时尚的个性，易于赢得大众好感。

在外观上具有鲜明的设计风格，其外形动感灵性、线条流畅；活泼的前大灯仿佛两只对世界充满好奇和渴望的大眼睛；弧形的进气窗，玲珑的标志，活力十足又不失亲和憨厚；再配上各种国际流行色调出的略带卡通感觉的鲜艳色彩，将当代年轻人“追求自我、弘扬个性、秀出本色”的心理特征描绘得淋漓尽致。

内饰设计力求愉悦和舒适，处处皆以体贴周到的构思体现出青春的快乐。可容5人的内部空间，容纳了更完善的装备，也容纳了更多舒适、更多快乐。

在汽车配置上装载奇瑞公司独有的车内数码音响产品“I—SAY”数码视听系统，它集MP3播放、移动存储、文本合成器等多种数码产品的功能于一身，将汽车音响的功能从单纯的收音机、CD机和磁带机扩展到与计算机、互联网相连的信息终端，成为会说话的“QQ”，这是“奇瑞QQ”在轿车人性化魅力方面的新突破，堪称目前小型车时尚配置之最。

在汽车市场日趋成熟和理性的今天，“奇瑞QQ”的成功与辉煌充分展示了汽车品牌文化内涵的独特魅力，为国内汽车市场文化营销树立了典范。作为中国自主品牌汽车，“奇瑞QQ”还为民族汽车产业的发展带来了信心和力量。我们期待更多的国内汽车厂商以文化营销为利器，在硝烟弥漫的汽车市场中取得竞争优势。

12.2 知识营销

12.2.1 知识营销概述

知识营销作为一种新的营销方式，是在知识经济的市场环境下应运而生的，是营销创新的一个重要内容。

知识营销是指企业通过深入浅出地向消费大众传播新产品所包含的科学技术知识及其对人们生活的影响，使消费者不仅知其然，而且知其所以然，进而萌发对新产品需求的一种营销行为。它以知识产品的科普宣传为突破口，培育和创新市场，通过指导消费者正确使用不断出现的高新技术产品，来启动消费的营销革命，对于促进高科技含量产品的销售具有重要作用。

知识营销作为与知识经济相适应的一种新的营销观念，更重视知识、信息和智力，它是凭借知识和智力在日益激烈的市场营销竞争中获胜的。因此，它不只关注物质的分配，更强调知识的分配，重视建立新的产品概念、市场标准和市场秩序。

12.2.2 知识营销的特点与优势

1. 知识营销的特点

知识营销是以创造未确定的市场为目标，以新知识、高科技概念取胜，是外向型的营销模式。知识营销的特点具体表现在以下几个方面。

（1）用知识推动营销

知识营销是以知识拉动需求，培育创造市场。它将市场看做动态的、上升的。企业要满足目标市场的需要，关键是让顾客了解产品，喜欢和偏爱产品。而技术发展变化加快，人们的知识增长速度特别是对高新技术产品的认识水平，远远没有技术发展得那么迅速。因此，知识营销就必须从产品“知识”的宣传入手，努力在消费者心中树立起新的产品概念、新的理念，培植公众的知识能力，然后以此为圆心，逐步扩大宣传半径，以形成广泛的市场需求，从而为产品顺利到达消费者手中营造大的环境，以便形成良好的购买氛围。

（2）用文化增加产品的附加值

进入知识经济时代，人们的消费观念发生了很大变化。对产品的认识不仅停留在质量、价格等理性层面上，而更关注产品的文化、知识、个性、品位等情感因素。这样便对营销提出了新的要求。知识营销注重在营销活动中向消费者传递与产品有关的知识、技能，让公众不仅享受物质使用的收益，同时使他们得到文化、知识的熏陶。因此，知识营销更注重突出产品的文化，通过增加产品的附加值来吸引消费者。

（3）创新是知识营销的核心

知识经济时代产品需要不断创新，营销工作也要不断创新。特别是新知识、新技术手段在营销活动中的不断应用，使市场营销的目标市场选择、市场调研、营销组合策略等各个环节发生重大变化，形成新的营销格局和模式，使营销活动更具有针对性，手段也更多样化，使消费者真正进入最大满意度的状态。

2. 知识营销的优势

（1）市场理念——创造顾客

在知识经济时代，企业充分利用知识资源、智力资源创造顾客要求，掌握市场主导权，从而实现企业更快更好的发展。这就正如盛田昭夫所言："我们的计划是用新产品领导公众，而不是去问公众想要什么东西。公众并不知道生产什么，而我们知道。因此，我们不应做大量的市场调研，而是对产品及其用途进行重新思考，力求通过对公众的教育和宣传来创造一个市场。"

（2）市场定位——产品领先

传统营销是根据顾客需求生产产品、推销产品，而知识经济时代，企业必须发挥知识营销的魅力，寻找恰当的发展轨道，找到适合发展的市场生存空间，从而可以自始至终地保持企业产品的领先地位。

（3）追求营销资源共享

进入知识经济时代，企业的竞争日趋激烈，企业已难以在某个行业或产品中获得营销的超额利润，而且企业仅靠内部资源就可取得巨大成功的条件已不存在，因此，企业要想获得超额利润，就必须充分利用各种知识和信息资源。

小思考

电视台的健康知识栏目与某保健品的健康讲座的区别是什么？

12.2.3 知识营销策略

1. 建立新产品概念

现代企业都会想方设法地用新的概念影响消费者的思维方式，让消费者更容易接受新的产品、新的生活理念。为此，知识营销就是要研究如何在消费者心目中建立新的产品概念、新的生活理念，提高消费者的认知能力，为进一步的产品营销活动打下知识基础。

2. 用科学知识推荐产品

很多高科技产品，人们不了解其性能，因而购买不积极，用科普知识加大产品的推荐，使顾客了解有关产品的使用机理、功能及相关的知识，使消费者对产品的认识从感性上升到理性，由无形到有形，真切地感到产品的好处。

3. 配合公益活动

面对竞争日趋激烈的市场，消费者选购商品时越来越注重选择信誉好、服务全面、质量可靠的商家。因此，企业必须站在战略的高度注重企业形象的树立、品牌知名度的提高，所以，知识营销应在宣传产品的同时配合一定的公益活动，为消费者提供全方位的服务。如海尔集团投资近千万元送“知识下乡”，为 139 个县的农民放映电影 10 000 场，并广泛向农民兄弟赠送科学适用、指导性强的《农村手册》，在宣传国富民强的同时大力提倡国货。这一寓战略性知识营销于公益活动的高招，不但增强了对农民兄弟的凝聚力，更打出了“海尔”名声，为海尔走向农村做好了铺垫。

4. 售前、售中、售后服务到位

随着产品知识和信息含量的与日俱增，消费者就更需要时刻与产品保持同步。于是就需要提高相应的服务水平。运用更广泛的知识、更熟练的技能，更周到、更细致的服务，让消费者对产品有一个深入的了解，真正做到买的开心，用的放心，并由此使消费者增加知识，真正从产品中受益。如昂立公司通过知识营销构筑起特有的昂立营销方式，创下了知识营销的又一个奇迹。昂立公司从提出“清除体内垃圾”到“送您一把健康金钥匙”，彻底改变了消费者的保健观念，建立起全新的保健产品新概念。在满足消费者提高保健水平要求的同时，也使社会的整体文明水平和知识素质得到了提升，同时为企业带来了巨大的经济效益，使三者的利益达到了完美的统一。

总之，知识营销作为一种新的营销观念，要发挥它的有效作用，企业经营者就必须转变观念和思维方式，在实际应用中将企业产品、营销人员素质、营销方式与企业目标结合起来，一同置于知识经济的大背景下统筹管理，才能赢得顾客，赢得市场。

相关链接

贝因美公司是坐落于西子湖畔的一家从事婴幼儿食品的企业。目前是国内的知名品牌，并与中国市场上的其他国际大品牌，如旁氏、雀巢形成了角逐之势。

面对国际知名企业，贝因美要扩展市场，绝不能硬打硬拼，只能出奇制胜。该企业扬己所长，以知识营销为指导方针，建立起独特的知识营销体系，即通过育婴工程传播育婴知识；通过爱婴工程提升“贝因美”品牌形象。

在育婴工程中开展的工作有：① 在全国各地设立贝因美育婴咨询服务中心，以会员制形式向目标消费者提供各类服务。服务对象主要是 3 周岁以下婴幼儿的年轻妈妈。② 开通

12 条育婴免费咨询电话。③ 独家创建中国育婴网。④ 免费向全国新生儿家长发送 1 000 万份《科学喂养手册》。⑤ 建立用户数据库，进行跟踪服务。

在爱婴工程中开展的主要工作：对特殊困难的婴幼儿家庭进行资助，向特殊新生儿提供人道主义援助。

贝因美紧紧围绕育婴和爱婴工程，将科普宣传与产品促销融为一体，在探索知识营销的市场运作中取得了巨大成功。

12.3 绿色营销

12.3.1 绿色营销概述

绿色营销是市场营销在近年发展的一个新阶段，并成为 21 世纪营销的主流。

20 世纪 70 年代，随着环境问题的加重，以保护环境、保护地球为宗旨的环境保护运动在全球轰轰烈烈地发展起来，各国相继爆发了以“绿色食品”为主导的“绿色革命”。与此同时，一种旨在改善生活品质的消费观念——绿色消费也应运而生。伴随绿色消费，以消除和减少产品对生态和社会环境影响的营销实践——绿色营销逐步发展起来。

关于绿色营销的定义，理论界从不同的角度有不同的表述。从“绿色”着眼来为绿色营销下定义，是指企业通过使环境保护和自身利益的协调一致，制造和发现市场机遇，采取相应的营销方式以满足顾客的绿色要求，并从中获利和发展的过程。绿色营销的宗旨是在达到人们从环境中获得绿色消费的同时，还环境以绿色。从永续经营角度定义绿色营销，是指企业在营销中重视和保护生态环境，防治污染以保护生态，充分利用再生资源以造福后代，从而实现永续经营的过程。从绿色消费的角度定义绿色营销，是指企业以绿色观念作为其经营哲学，以绿色文化作为其价值观，以消费者的绿色消费为中心和出发点，通过制定和实施相应的营销策略，满足消费者的绿色需求来实现企业的经营目标。从利益相统一的角度来定义绿色营销，是指企业在市场营销过程中注重地球生态环境的保护，促进经济与生态的协调发展，为实现企业的自身利益、消费者利益及社会利益三者的统一，对营销活动的 4P 进行策划和实施的过程。

上述定义各有所长，又各有局限性。总之，绿色营销包含三层含义：① 节约原材料，保护地球资源，以保证企业永续发展需要的各种资源；② 确保产品的安全使用、卫生和方便，以满足人们身心健康和生活品质提升的要求；③ 引导绿色消费，培养人们的绿色意识，优化人们的生存环境。由此可知，绿色营销的目的是求得企业、环境与社会的和谐均衡共生。

小思考

人们大多知道有绿色食品，你知道家用电器有绿色的吗？

12.3.2 绿色营销组合策略

1. 绿色营销的产品策略

绿色营销的基础是绿色产品，绿色产品可以从狭义和广义角度理解。从狭义角度看，是指没有受到任何污染的纯天然食品或天然植物制成的产品。从广义角度看，是指生产、使用及处理过程中，符合环保的要求，对环境无害或危害较小，节约能源，有利于资源再生和回收利用的产品。

在绿色营销中，绿色产品策略包括以下几个方面。

1）从产品的整体概念考虑产品的设计、产品形体及售后服务，要节约资源及使用无公害养护型的新能源和资源。

2）企业在选择生产何种产品及应用何种技术时，必须考虑尽可能地减少对环境的不利影响。

3）生产中要考虑安全性，应采用少废无废的工艺和高效的设备，物料应循环使用。

4）包装物应选择低杂质等无毒害少公害、易处理分解的材料，并在包装物上说明处理废包装物的知识。

5）考虑产品的功能延伸和再利用，废弃物的回收和处理的方便性，并提供相应的服务来方便消费者处理废弃物，减少其对环境的污染。

2. 绿色营销的价格策略

制定绿色价格必须考虑以下几个因素。

1）树立"环境有偿使用"和"排污者付费"的观念，摒弃环境投资白花钱的思想。要看到随着人们环保意识的普遍加强，国家环保政策的实施，会使绿色产品的成本相对降低，使薄利多销成为可能。

2）投资环保也是在为企业树立良好的绿色形象，扩大销售领域。

3）通过特有的绿色标志，顺应绿色消费者求新求异，崇尚自然的心理，以淡化消费者的价格反应。

4）绿色产品具备加价的市场基础。随着人们绿色意识的不断加强，绿色产品会越来越受到人们的青睐，绿色产品的市场需求量巨大，有推动价格上涨的潜力。

基于以上考虑，实践中绿色产品一般采取以下定价策略。

1）心理定价策略。绿色产品往往能满足消费者的某种心理需求，如环境保护、利他主义、回归自然、安全、追求时尚等，这些都为绿色产品进行心理定价提供了依据。

2）随行就市定价策略。随行就市定价策略是指企业根据市场上相同或相似的绿色产品的价格水平来制定价格。

3）新产品定价策略。新开发的绿色产品属于新产品，许多改进的绿色产品可以视同新产品，这些产品可以采用新产品定价策略。

3. 绿色营销的渠道策略

开辟绿色通道是有效地展开绿色营销的重要环节，既关系到绿色产品在消费者心目中的定位，也关系到绿色营销的成本。目前绿色渠道的模式有以下几种。

（1）直接渠道

绿色产品由生产者直接零售给消费者的渠道类型。直接渠道使消费者与生产者直接接触，最大限度地确保绿色产品的品质。

（2）间接渠道

选择绿色信誉好，可提供多项专门服务的中间商，借其声誉，推出企业的绿色产品。绿色中间商主要包括绿色商店和绿色专柜，推出系列绿色产品，产生群体效应，便于消费者识别和购买。

（3）售后服务

售后服务主要包括折价回收本企业以前的旧产品和回收旧包装。目前已有一些中间商和制造商成立回收中心、专业废品收购企业，以节约资源，减少对环境的危害。

4. 绿色营销的促销策略

（1）绿色人员推销

推销人员通过直接向消费者宣传产品的功能、产品的使用方法及其对环境的保护作用，或者当场回答消费者的提问，来激发消费者兴趣，促进消费者购买绿色产品。

（2）绿色广告

绿色广告主要是突出宣传企业的绿色形象，把绿色产品传递给广大消费者，以刺激消费需求。

（3）绿色公关

企业应通过良好的公共关系活动，显示自己在绿色领域的努力，在公众心目中留下良好印象。

（4）绿色营业推广

通过免费试用样品、赠送礼品和产品保证等形式来鼓励消费者试用新的绿色产品，提高企业知名度。

实例

绿色住宅具有五大特征，即环保、节能、自然、舒适和健康。追求舒适和健康是绿色住宅的基础；追求环保是绿色住宅的核心内容；追求节能和自然是绿色住宅与大自然和谐的完美境界。

位于北京房山的北潞春小区是我国首座绿色住宅小区。该小区一是不烧煤，使用天然气；二是建架空平台，实现了人车分流；三是在水处理、垃圾处理、供热等方面均采用了成熟的现代技术，使垃圾不出区便可处理，废水可变成中水，用于绿地灌溉、洗车、洗路；四是采用分户燃气采暖系统和复合墙体相结合的综合节能措施。创造了无垃圾、无污水、无噪声和无有害气体排放，人与自然协调和可持续发展的绿色生态环境。

12.4 网络营销

12.4.1 网络营销的内涵

网络营销是指企业以电子信息技术为基础，以计算机网络为媒介和手段而进行的各种营销活动（包括网络调研、网络新产品开发、网络促销、网络分销、网络服务等）的总称。网络营销是企业营销实践与现代信息通信技术、计算机网络技术相结合的产物。从这个角度看，互联网实际上具备许多营销的特征。

1）互联网其超越时空限制与具备传送文字、声音、动画和影像的多媒体能力，较之传统的媒体，在表现的可能性和丰富性上要杰出得多，正可以发挥营销人员的创意。

2）互联网可以展示商品目标，连接资料库提供有关商品信息的查询，可以和顾客进行双向沟通，可以收集市场信息，可以进行产品测试与消费者满意度调查等，是产品设计、商品信息提供及顾客服务的最佳工具。

3）互联网上的促销是一对一的、理性的、消费者主导的、循序渐进的，同时也是一种低成本与人性化的促销，因此，符合分级与直销的发展趋势。

4）互联网使用者数量快速成长并遍及全球，使用者多属年轻、中产、高教育水平的阶层，因此，是一项极具开发潜力的市场渠道。互联网上的营销可使商品信息提供、货款回收、售后服务一气呵成。因此，也是一种全过程的营销渠道。

小思考

互联网营销会给传统的市场营销带来冲击吗？

12.4.2 网络营销的特点

1. 市场全球化

互联网在全球范围内的迅速崛起给企业带来新的商机，使企业商业活动向着区域化、全国化、全球化方向发展，使企业面临着一个更广阔、更具有选择性的全球市场。网络营销使小企业也能与大企业一样，在全球范围内开展营销活动，同时也可以使任何一个互联网使用者能够向任何一家营销企业提出自己对产品或服务的需求信息，买卖双方通过计算机互联网可以直接进行交易洽谈、成交。

2．产品个性化

传统的营销产品都是规模生产而满足顾客的一般需求，而利用网络营销能对顾客的个别需求做出一对一的反应，生产出富有个性的产品，满足顾客的个别需求，甚至顾客可在网上设计自己喜欢的产品。

3．价格公开化

顾客通过网络能对提供有关意向产品的企业进行查询，了解产品价格等信息。顾客也可通过网络对所需要的商品进行全球性的比较和选择，这样将大大提高价格的透明度，使顾客有了更大的选择权。

4．渠道直接化

由于厂商通过网络直接与顾客进行联系，商品可直接从厂商到顾客手中，大大缩短了商品的流通过程，使消费渠道更加直接化，加速了商品流、资金流、信息流，这也因此大大降低了中间商的作用。

5．服务大众化

企业通过网络一天 24 小时，每周 7 天全天候地为顾客服务。对于每一个顾客无论其经营规模大小、无论位于世界哪一个角落，只要有互联网，都可享受到全方位的服务。每一位顾客都可以通过网络满足自己的需求。

6．交易虚拟化

由于互联网的虚拟性，网络营销也具有虚拟的一面。在网络中，企业是虚拟的，商场是虚拟的，商品也是虚拟的，网上支付也是虚拟的电子化货币。这一切对习惯于在真实世界消费的消费者来说可能会很久都不习惯，因此，也带来一些新的问题需要解决。

12.4.3 网络营销的类型

1．企业与企业之间的网络营销

企业与企业之间的网络营销是指企业贸易伙伴之间利用网络进行产品推销、贸易洽谈、合同传递、单据票证的发送、货款结算和售后服务的提供。这是目前应用范围最为广泛、最为成功的一种网络营销模式。

2．企业与消费者之间的网络营销

企业与消费者之间的网络营销是指企业利用互联网为消费者提供商品或服务。这种购物类型的最大特征为消费者主导性，购物意愿掌握在消费者手中。由于这种营销类型节省了客户和企业双方的时间，大大提高了交易效率，节省了时间，因而成为电子商务的一个最热门的话题。

3. 企业与政府机构的网络营销

企业与政府机构的网络营销是指企业利用互联网向政府组织机构提供商品或服务。当然也包括政府机构利用互联网发布采购信息，或者为企业提供纳税、更换营业执照、获取政府信息等商务活动。

12.4.4 网络营销的操作步骤

1. 获取互联网的域名，建立 Web 服务器与企业的网页

域名是接入互联网用户在网上的名称，是一个企业或机构在互联网上的标志，在网上人们就是通过域名来查找入网单位的网络地址。互联网上域名在世界范围内是唯一的。目前，国际域名的申请由 Inter NIC 指定的注册中心受理。而国内的二级地址与域名由中国互联网信息中心（CNNIC）负责。由于域名实际上与商标有类似的意义，成为企业形象的一部分，所以域名注册一般有以下三种：一是以企业名称做域名，以借助于企业原有的知名度，进一步在网上树立企业的良好形象；二是以产品名称或品牌为域名，以树立网络品牌，更好地促进产品销售；三是为某些品牌独立注册域名，以突出产品个性和特色，培养、尊重和强化消费者的忠诚度。

建立 Web 服务器，是指建立一套基于互联网上使用的符合 WWW（World Wide Web）标准的计算机系统。WWW 系统主要提供的是多媒体信息的浏览与发布，也支持各点之间的计算机相互通信和资源访问。Web 服务器企业可以自建，也可以托管。

设计网页。网页是网络营销的门户，网页设计既要能吸引用户，又能体现企业的营销策略。良好的网页结构必须做到：一要信息分类，科学准确；二要信息主次区别有序，重点突出；三要特别重视主页的设计；四要留出可调整的位置；五要文字与图形的布局合理；六要建立方便实用的网页菜单；七要提供友好的购物信息工具，包括提供友好的搜索引擎，高效的购物篮等；八要提供周到的售后服务。

2. 营销定位

网络营销定位包括顾客定位与产品定位两个方面，即需要企业通过互联网营销的产品面向哪类顾客，解决的是顾客哪类需要，这些顾客需要什么产品和服务，顾客关心的问题又是什么，他们愿意在网络上购物而不是在传统的商店中购物的目的与动机何在。这些问题都关系到顾客的切身利益和网络营销策略的制定，因此，必须定位准确。

3. 提供适当的营销信息内容

开展网络营销，企业必须认真考虑在网页上安排的营销信息内容是否具有吸引力。一般来说，设计的主页中应包括以下内容：企业名称；列出向上网者介绍的各项信息和产品标题，这些标题在于详细的说明和图片相连；电子邮箱地址；上网者的通信地址、电话、传真号码；上次修改的日期；简单地说明本周内的销售信息焦点，并放在首页；商品价目表显示所有产品的说明、价格和订货信息；注册信息，要求用户给出有关个人身份信息，以便与用户建立联系等，

让用户全面了解有关企业和产品的信息。

4．将信息转变为 HTML 格式，便于计算机识别

企业有关信息编写后，必须将这些信息转换为国际互联网所能阅读的格式，这种格式称为 HTML。这需要编辑程序。

5．将编辑后的信息资料在互联网上发布

企业要将准备与互联网连接的文件信息复制到一台与互联网连机的计算机中。然后用 ETP 软件将编写的内容传送到网络服务商的服务器上，当网络服务器显示输入完毕的信息，并经过上网者的检查后，上网发布信息的任务就算完成。

6．在电子商店销售商品

电子商店是指在互联网上开设出售商品和提供服务的商店，也称虚拟商店。其形式主要有两种：一种是有自己独立的网络服务器构成的商业站点；另一种是集中在某一“购物中心”中的商家网站，这是规模较小的商家租用别人的 Web 服务器，在上面开设主页，类似于传统商业街上开设的一个店面。在电子商店销售商品的方法为：① 在网上显示电子商店的订货电话号码；② 可以使用电子邮件订购；③ 使用一般在线订货方式订货。

7．在电子商店上付款

8．寄送产品

9．与用户保持联系

12.4.5 网络营销组合策略

网络营销是迎合信息科技的发展，来创新与重组营销方式。

1．产品服务策略

适合在网络上销售的产品通常具有下述特征：① 具有高科技感或与计算机相关；② 以网络族为目标市场；③ 市场需要涵盖较大的地理范围；④ 不大容易设店销售的特殊产品；⑤ 网络上销售的费用远低于其他渠道的产品；⑥ 消费者经由网络上的信息，即可做出购买决策的产品。当然顾客可以通过互联网，在企业的引导下对产品和服务进行选择和自主设计。企业可以利用互联网络与顾客交流，了解消费者个性化的需求，为他们提供定制化的产品服务。

2．价格策略

在网络营销中由于价格竞争与信息对称等原因，产品价格趋于较低水平。企业应充分审视所有渠道的价格结构后，再设计合理的线上交易价格。同时，由于不需分销商的介入，企业对于产品的最终零售价格（即线上交易价格）最好能够在全世界范围内有效地统一起来，而且能根据企业经营需要随时改变价格体系。

3. 促销策略

在网络营销中营销者也经常采用一些促销策略，如使用优惠卡、建立会员制、一对一行销、提供免费送货、无条件更换保证、降低价位等。当然也有一些企业先借助电视及其他媒体预先树立起品牌形象，当品牌形象一旦建立，消费者愿意主动了解这个产品的特色时，网络营销便可以充分利用其低廉的价格，提供详尽的资料，充分发挥它的功能。

4. 渠道策略

网络营销直通消费者个人或用户，使得销售针对性加强，商品直接展示在顾客面前，并直接接受顾客订单，任何一个单个用户对企业都具有重要意义。这种直接互动和超时空的购物方式，决定了网络营销渠道策略的特殊性。许多企业组建会员网络、分销网络、快递网络、服务网络、生产网络等进行营销，取得了很好的效果。

总之，网络营销直接互动与超越时空的电子购物，无疑是营销渠道上的革命。

实例

未来幻想书店，位于斯坦福大学附近，原本采用邮件订购的方式，可惜生意平平。后来在一网络工程师的建议下，这家书店将业务上网，不断将新书信息及优惠折扣消息公布在各地网络论坛电子公告栏及全球信息网上。结果从各地雪片似飞来的订单使折价生意的订单大大改观。目前这家书店除了提供线上目录及订书服务外，并在网络提供电子公告栏，宣布店内的签名活动；更与其他出版商首页链接，给上网人的提供附加值型服务，凭借信息的吸引力来增加顾客的再访率。

12.5 服务营销

12.5.1 服务的概念和特征

1. 服务的概念

服务是一种涉及某些无形因素的活动、过程和结果，它包括与顾客或他们拥有的财产间的互动过程和结果，并且不会造成所有权的转移。具体地说，第一，服务只包括活动，不包括服务过程中所出售的物质产品；第二，有些活动如信用、提供信息等，只有在同其他物质产品或服务的销售结合在一起时，才会成为服务；第三，如果服务的提供是借助于物质产品完成的，那么，消费者对这些物质产品拥有使用权，而不拥有所有权，如宾馆的服务设施。

2. 服务的特征

与有形产品相比，服务具有以下共同特征。

（1）不可感知性

服务的不可感知性可从三个方面来理解。一是服务的很多元素是看不见、摸不着、无形无质的；二是顾客在购买服务之前，往往不能肯定他能得到什么样的服务；三是顾客对服务的评价一般比较主观，大多用经验、信任、感受和安全等方面的语言来描述服务。

（2）不可分离性

不可分离性是指服务与服务提供者不能分离，不管这些提供者是人还是机器，因为服务的生产过程和消费过程是同时、同地进行的。服务人员提供服务给顾客时，也正是顾客消费服务之时，顾客只有而且必须加入服务的生产过程才能最终完成消费。

（3）品质差异性

品质差异性是指服务的质量水平经常变化，很难像有形产品那样实现标准化。主要体现在三个方面：一是同一位服务人员提供单一的一种服务时，每次服务质量也可能会有差异；二是同一种服务对不同的顾客而言，其质量和效果是不一样的，消费者的知识、经验、诚实和动机影响着对服务的感知；三是服务人员在服务的不同次数、购买和消费过程中，即使是同一服务人员向同一位顾客的服务也可能会存在差异。

（4）不可储存性

服务的无形性及服务的生产与消费的同时进行，使服务不可能像有形的消费品那样被储存起来，以备将来出售或消费。

（5）缺乏所有权

服务在生产消费过程中不涉及任何东西的所有权转移，服务产品在交易完成后便消失了，消费者并没有实质性地拥有服务产品，也就不存在所有权的转移问题了。

12.5.2 服务营销组合策略

传统的市场营销组合由4P构成，即产品、价格、渠道和促销，它们是相互关联、相互依赖的，而且企业要根据自己的细分市场和目标市场定位，安排相应的市场营销组合。而许多实践证明4P的战略不足以涵盖服务企业的需要，因为服务业的一个显著特点就是生产和消费同时进行，顾客常常出现在公司的工厂里，直接与公司职员相互接触，甚至参与服务的生产过程中去，同时又因为服务的无形性，使得顾客常常寻找有形的线索来帮助他们判断和评价质量。因此，营销人员得出以下结论：可以用一些附加的变量更好地与目标顾客沟通，满足目标顾客的需求。有的学者认为除了传统的4P外，服务营销组合还包括：人（People）、有形展示（Physical Evidence）和过程（Process），将服务市场营销组合修改或扩充成为7个要素（7P）。

1. 产品

服务产品必须考虑的要素是提供服务的范围、服务质量、服务水平、品牌、保证及售后服务等。服务产品的这些要素组合的差异相当大，例如，一家供应数样菜色的小餐馆和一家供应各色大餐的五星级大饭店的要素组合就存在着明显差异。

2．定价

定价方面要考虑的要素包括：价格水平、折让和佣金、付款方式和信用。价格是一种识别方式，顾客可从一项服务的价格感受其价值的高低。

3．渠道或地点

由于服务产品的生产过程和消费过程的不可分离，所以服务产品的分销渠道类型及其涵盖的地区都必须考虑顾客消费方便，这是影响服务市场营销的一个重要因素。

4．促销

包括人员推销、广告、公关等各种市场营销沟通方式。

5．人

在服务企业担任生产和操作性角色的人，他们承担着服务表现和服务销售的双重任务，在顾客看来他们是服务产品的一部分。因此，市场营销管理者必须和作业管理者协调，必须重视雇用人员的选拔、训练、激励和控制。

6．有形展示

有形展示包括的要素有：实体环境（装潢颜色、陈设、声音）、服务提供时所需用的装备实物（如旅游者乘坐的汽车）及其他实体性线索，如干洗店洗好的衣物加上的包装等。

7．过程

人的行为在服务企业很重要，而服务过程也同样重要。表情愉悦、专注和关切的工作人员，可以减轻必须排队等候服务的顾客的不耐烦感，还可以平息顾客在技术上出问题时的怨言或不满。整个服务系统的运作政策和程序方法的采用、服务供应中的机械化程度、员工决断权的适用范围、顾客参与服务操作过程的程度、咨询与服务的流动等，都是市场营销管理者必须关注的事项。

实例

一次韩国一家大集团的副总裁到澳大利亚出差，当他住进丽滋·卡尔登饭店后，打电话给该饭店客房服务部门，要求将浴室内放置的润肤乳液换成另一种品牌的产品。服务人员很快满足了他的要求。

事情并没有结束，三周后，这位副总裁住进美国新墨西哥的丽滋·卡尔登饭店后，他发现浴室的架子上已经摆着他所熟悉的乳液，一种回家的感觉在他心中油然而生。

“凭借信息和多一点点的用心，丽滋·卡尔登饭店使宾至如归不再是口号。”丽滋·卡尔登饭店澳大利亚地区品质训练负责人琴·道顿女士道出了丽滋·卡尔登饭店成功的秘密。

在丽滋·卡尔登饭店全球联网的计算机档案中，记载了超过24万个客户的个人资料，这是每一位顾客和卡尔登员工共同拥有的秘密，使顾客满意在他乡。

本章小结

文化营销是有意识地通过发现、培养或创造某种核心价值观念，来达到企业经营目标的一种营销形式。核心价值观的构建是文化营销的关键。

知识营销是企业通过向消费者大众传播新产品所包含的科学知识及对人们生活的影响，使消费者不仅知其然，而且知其所以然，进而萌发对新产品需求的一种营销行为。知识营销主要通过建立新产品概念，用科学知识推荐产品，配合公益活动，售前、售中、售后服务到位等策略来实现。

绿色营销是企业在营销过程中重视和保护生态环境，防治污染，促进经济与生态的协调发展，实现永续经营。绿色营销包括树立绿色营销观念，实行绿色生产，使用绿色包装，获得绿色标志，制定绿色价格，开辟绿色渠道，引导绿色消费等。

网络营销是以电子信息技术为基础，以计算机网络为媒介和手段而进行的各种营销活动。网络营销对传统营销在产品、价格、促销、渠道等方面造成巨大的冲击，代表市场营销未来的发展趋势。

服务是一种无形的产品，具有一种抽象的使用价值。与有形产品相比，服务具有不可感知性、不可分离性、品质差异性、不可储存性等特征。企业应根据这些特点来设计服务营销策略。

复习思考题

1．基本概念

文化营销　　知识营销　　绿色营销　　网络营销　　服务营销

2．填空题

（1）企业文化营销主要包括（　　　）、（　　　）、（　　　）三个方面。

（2）知识营销的特点包括（　　　）、（　　　）、（　　　）三个方面。

（3）绿色营销的目的是求得（　　　）、（　　　）与（　　　）的和谐均衡共生。

（4）网络营销的特点包括（　　　）、（　　　）、（　　　）、（　　　）、（　　　）、（　　　）六个方面。

（5）服务的特征包括（　　　）、（　　　）、（　　　）、（　　　）、（　　　）五个方面。

3．选择题

（1）知识营销的优势包括（　　）。

A．市场理念——创造顾客　　B．市场细分——目标顾客

C．市场定位——产品领先　　D．追求营销资源共享

（2）绿色营销包括（　　）。

A．绿色人员推销　　B．绿色广告

C．绿色宣传　　D．绿色公关

（3）网络营销的类型包括（　　）。

A．企业与企业之间的网络营销　　B．企业内部的网络营销

C．企业与消费者之间的网络营销　　D．企业对政府机构的网络营销

（4）服务产品包括（　　）服务等。

A．核心　　B．便利　　C．期望　　D．辅助

4．判断题

（1）从狭义上讲，文化包括物质层面的东西，也包括精神层面的东西。（　　）

（2）知识营销就是要研究如何在消费者心目中建立新的产品概念，新的生活理念，提高消费者的认知能力，为进一步的产品营销打下知识基础。（　　）

（3）绿色营销是随着绿色消费和保护生态环境等逐步发展起来的。（　　）

（4）互联网上的促销是一对一的、理性的、人性化的促销。（　　）

（5）服务的很多元素是看不见、摸不着的、无形无质的。（　　）

5．简答题

（1）简述文化营销产生的内在原因。

（2）简述知识营销策略。

（3）分析为什么绿色营销成为21世纪营销的主流？

（4）简述网络营销的类型。

（5）什么是服务？如何理解服务的定义？

实 训 题

1．案例分析

（1）世界闻名的万宝路香烟以其男子汉气概的形象而著称，起初只是少量消费者，销路也平平。针对这种情况，广告公司设计了硬铮铮的美国牛仔形象——广告中牛仔马上的英姿飒爽与飙马的形象，无不显示出男子汉阳刚之美。万宝路借助于这一牛仔广告一举成为业界名牌。由此可见，万宝路香烟的真正魅力在于其所蕴涵的英勇男子汉的文化价值。这种文化价值正好迎合了当代美国崇尚西部牛仔风情的心理需求，因此在美国销路大开。同样是万宝路香烟，其在中国香港的广告形象是年轻、洒脱、事业有成的农场主；而在日本则又转化成一个日本牧童，

远离城市和现代文明，过着一种田园诗歌般的生活。正是因为万宝路香烟的产品定位随着消费者需求改变而改变，因此，它在全世界畅销就不足为奇了。

请问：万宝路香烟成功的原因是什么？对你有何启发？

（2）沃尔·马特是近 20 年来美国发展最快的零售商。20 世纪 70 年代公司年销售额只有 8 000 万美元。1995 年的销售额已达 936 亿美元。至今，公司已拥有 2 133 家沃尔·马特购物广场，遍布美国、墨西哥、加拿大、巴西、阿根廷、南非、印度尼西亚、中国等国。沃尔·马特从小小的零售商店迅速成长为大型零售集团，其成功之道在于理念和手段。所谓理念是指该公司创始人沃尔顿先生倡导的尽量降低经营成本，实行低价销售。沃尔·马特提出“帮顾客节省每一分钱”的宗旨和“天天平价，始终如一”的口号。1984 年以来，沃尔·马特的经营成本已从占销售额的 19.1%减少到 1995 年 11 月前的 15.8%，而美国其他较大零售商的经营成本（同期）凯·马特是 20%，西尔斯是 30%，世界上大多数零售商的经营成本则在 40%以上。沃尔·马特之所以能维持这一较低的经营成本，得利于其拥有先进的技术手段，那就是计算机联机销售网络。沃尔·马特拥有世界上最大的私有卫星系统，并利用这个系统与 3 800 家供货商实现计算机联网。总部的计算机与 16 个发货中心及 1 000 多家商店连接，做到及时销售，大大压缩了产品的时间成本，减少存货风险，加速资金周转。

请问：沃尔·马特的成功对你有何启发？

2．营销实训

（1）实训题目：文化（或知识、绿色、网络、服务）营销实例简介。

（2）背景资料：

面对目前激烈竞争的市场，不少商家都在营销创新上下工夫，而且很多企业都很有成效。请你去调查当地 1～2 家在营销创新方面有成绩的企业，将他们成功的做法介绍给大家（从文化营销、知识营销、绿色营销、网络营销、服务营销中任选一项即可）。

（3）任务要求：

1）选择 1～2 家在营销创新方面有成绩的企业调查。

2）将它们的营销创新的成功经验介绍给大家。

3）每位同学交一份，字数不少于 1 000 字。

4）附调查企业的基本情况文字资料。

参考文献

[1] 张卫东．市场营销：理论与实训[M]．北京：电子工业出版社，2006.
[2] 侯贵生．市场营销综合实训教程[M]．重庆：重庆大学出版社，2005.
[3] 方光罗．市场营销学[M]．大连：东北财经大学出版社，2004.
[4] 何永祺．基础市场营销学[M]．广州：暨南大学出版社，2004.
[5] 陈育林．市场营销[M]．北京：中国科学技术出版社，2003.
[6] 梅洪常．市场营销学[M]．重庆：重庆大学出版社，2003.
[7] 张文贤，高伟富．高级市场营销学[M]．上海：立信会计出版社，2000.
[8] 郭国庆．市场营销学[M]．武汉：武汉大学出版社，2003.
[9] 吴健安．市场营销学[M]．合肥：安徽人民出版社，2003.
[10] 杜明汉．市场营销学[M]．北京：中国财政经济出版社，2005.
[11] 江苦尘．市场营销[M]．北京：中国科学技术出版社，2003.
[12] 贺慈浩，贺燕敏．市场营销学[M]．北京：科学出版社，2000.
[13] 王方华．市场营销学[M]．上海：复旦大学出版社，2002.
[14] 吕一林．现代市场营销学[M]．北京：清华大学出版社，2004.
[15] 陈信康．市场营销学案例集[M]．上海：上海财经大学出版社，2003.
[16] 王德章．市场营销学[M]．哈尔滨：黑龙江人民出版社，1999.
[17] 杨德昌．市场营销基础[M]．北京：中国财政经济出版社，2002.
[18] 刘志迎．市场营销[M]．合肥：合肥工业大学出版社，2004.
[19] 菲利普·科特勒，加里·阿姆斯特朗．科特勒市场营销教程[M]．俞利军译．北京：华夏出版社，2000.
[20] 唐纳德·勒曼．营销实务分析[M]．刘艳红等．广州：企业管理出版社，2004.
[21] 宋小敏等．市场营销学[M]．武汉：武汉工业大学出版社，1997.
[22] 彼得·圣吉．第五项修炼[M]．郭进隆等译．上海：上海三联书店，2004.
[23] 王飞．直复营销管理[M]．北京：中国发展出版社，2001.
[24] 徐鼎亚．市场营销学[M]．上海：复旦大学出版社，2003.
[25] 何志毅．战略管理案例[M]．北京：北京大学出版社，2001.
[26] 江林．消费者心理与行为[M]．北京：中国人民大学出版社，1997.